发现宁县·义渠国都

主编 黄留珠

西北大学
出版社

图书在版编目（CIP）数据

发现宁县·义渠国都/黄留珠主编. —西安：西北大学出版社，2017.6

ISBN 978 - 7 - 5604 - 4006 - 4

Ⅰ.①发…　Ⅱ.①黄…　Ⅲ.①宁县—地方史　Ⅳ.①K294.24

中国版本图书馆 CIP 数据核字（2017）第 161647 号

发现宁县·义渠国都　　黄留珠　主编

责任编辑	卢　顿	
装帧设计	田　霁	
出版发行	西北大学出版社	
地　　址	西安市太白北路 229 号	
邮　　编	710069	
网　　址	http://nwupress.nwu.edu.cn	
E - mail	xdpress@nwu.edu.cn	
电　　话	029 - 88303593　88302590	
经　　销	全国新华书店	
印　　装	陕西博文印务有限责任公司	
开　　本	720 毫米×1020 毫米　1/16	
印　　张	18	
字　　数	230 千字	
版　　次	2017 年 7 月第 1 版　2017 年 7 月第 1 次印刷	
书　　号	ISBN 978 - 7 - 5604 - 4006 - 4	
定　　价	96.00 元	

寻义渠文化之根

探民族融合之源

丙申年·腊月十六

张岱之

做好义渠戎国历史文化研究这篇大文章

义渠历史是中国古代史的重要组成部分。春秋战国时期是中国社会大变革、大动荡的时代,也是中华民族大融合、文化大融合的重要时期。义渠作为一度雄踞中国西北部势力最强、疆域最大的少数民族方国,无论是在中国社会变革方面,还是在民族融合、文化融合方面,都是一支不可忽视的政治力量,其在此过程中发挥的作用是不应被埋没和篡改的。如果我们忽略或轻视了存史八百余年的义渠戎国在这个时期的存在和作用,中国古代历史无疑是残缺的、不客观且不完整的。相反,尊重了这段历史和存在,只会让中国古代史更加生动和鲜活。中华民族历来都不是单一的民族,而是一个由许多民族组成的复合体。民族融合从远古到今天,一直都没有停止过。探寻中华民族融合的历史过程和融合方式,也一直是史学界和社会界孜孜以求的事情。义渠作为融合中华民族大家族的少数民族,其生存、发展到融入、融合的历史过程,是中华民族融合的典型见证,研究义渠民族融合历史,可使人们对中华民族的融合历史"窥一斑而见全豹"。因此,我们应从历史的高度来重视和研究义渠,要弥补义渠这一历史空白,使其客观而又完整的回归历史,回归人们的视野。

一、义渠戎是融入华夏的少数民族之一

义渠戎国之名最早见于史籍是在春秋时期。《竹书纪年》记载:商代武乙"三十年(前1118),周师伐义渠乃获其君以归"。《史记·匈奴列传》:"秦穆公得由余,西戎八国服于秦,故自陇以西,……岐、梁山、泾、漆之北有义渠……"。《后汉书·西羌传》："及平王之末，……泾北有义渠之戎"。

义渠戎起于商代，他们与居住在陇东和北方的狄族后裔獯鬻相互为邻，又相互攻击，后来又与居住在北豳地（今宁县一带）的商属先周部落（姬姓）经常发生冲突。强盛于春秋战国末期，义渠戎君称王、筑城数十。在战国初期和中期，义渠戎国甚为强大，疆域广袤，与朐衍戎（今宁夏盐池）、乌氏戎（泾川安定，今平凉县西北）、楼烦戎（晋北）相接壤。在此期间，曾多次战胜秦国。直至战国后期，义渠戎国为秦灭。

从文化人类学的角度看，民族的习俗是在长期生产、生活活动中逐渐形成起来的，民族习俗成为巩固民族团结的重要纽带。对于义渠族来说也是如此，虽然从历史的大舞台上退了出来，但作为一个古代民族，仍然以其旧有部落形式，生活在陇东等地。史书称："战国世，大荔、义渠称王。及其衰亡，余种皆反旧为酋豪云。"此种情形一直延续到西汉。在这漫长的演变过程中，以华夏族为基础，不断融合国内其他民族，包括豳地的义渠族在内，出现了一个新的更大民族——汉族，共同创造了灿烂的历史文化，推进了民族融合的步伐。

二、义渠戎国建都宁县得到专家学者的普遍认同

都城是一个国家和民族的政治、文化中心，每一个都城都是特定时期的文明发展的丰碑。都城的文化影响了整个国家，而都城的变迁则是国家政治状况的晴雨表。中国历史的演进，与都城的确立、变迁和发展紧密关联。义渠国都建在什么地方？引起了专家学者的关注。从20世纪80年代开始，汪受宽、薛方昱、李仲立、刘得桢等学者先后提出了"西沟村"说、"义渠故城即宁州城"说、"寨子河"说、"西峰附近"说等。近年来，随着对义渠戎国历史文化研究的不断深入，"义渠故城即宁州城"之说，得到众多学者的认同。

"京师者何？天子之居也。京者何？大也。师者何？众也。"《春秋公羊传》说出了古人建都的首要条件是"天子之居"，即王权中心。

其次，才是规模宏大和人口众多。《管子》也说："凡立国都，非于大山之下，必于广川之上。高毋近旱，而水用足；下毋近水，而沟防省。因天材，就地利，故城郭不必中规矩，道路不必中准绳。"甘肃省地方史志办公室原副编审薛方昱从文献史料、地形环境、出土文物等三个方面研究考证后认为，春秋战国时的义渠国都，就是今宁县县城西北1公里的庙咀坪。细观庙咀坪之地形，符合古代建城的这些要求。它在大山之下，广川之上，高而近水，近水而又不受洪水威胁。曾出土大量新石器时代庙底沟类型的仰韶文化以及齐家文化，在遗址中住室、窖穴、灰炕分布很多，这说明早在五千多年前，这里已是人类聚落的宜居场所。同时由于它背靠高山，三面临水，地形险要，周围适宜农业，成为古代建都立邑的理想之地。在义渠戎国之前，这里即为先周公刘所建古豳国所在地，故又称为"公刘坪""公刘邑"。

还有，查陇东春秋战国时的故城，如密国都城（今灵台县西20公里的百里）、共国都城（在泾川县北2.5公里的水泉寺）、郁郅城（今庆阳县城），均处河谷阶地，作为义渠这样一个大国的都城，当然不会例外。

三、义渠戎国历史文化研究的历史和现实意义

中华民族是由多个民族长期演变、不断融合发展而形成的大家庭，已有五千多年的文明史。在古代中国曾出现过许多神秘的国度，义渠戎国就是其中的一个。克服义渠戎国年代久远、文献资料少等困难，对其历史文化进行研究，还其真面目，具有重要的历史和现实意义。

一是西北地区特别是陇东历史悠久，文化遗产丰厚。早在60万年前，这里已有人类活动。传说中的黄帝部落，乃至商周秦汉的先民，都在这里留下生产和生活遗迹。特别是义渠戎国，以此为根据地，不断扩张，先后灭掉了地处今平凉的乌氏，居今宁夏盐池、灵武一带的朐衍，地跨陇山东西及宁夏陕北黄土高原，与强秦抗衡达数百年之久。后世由于地处偏僻，远离全国政治经济中心，故而社会经济发展相对

滞后,境内优秀的历史文化遗产尘封雾锁,除当地的历史学者投入研究外,未能在全国引起足够的重视。随着西部大开发和"一带一路"国家战略的深入推进,为深入开展义渠戎国历史文化研究提供了良好的机遇。

二是"首届中国·义渠戎国历史文化研讨会"促进了深入研究义渠戎国历史文化的步伐。2016年3月,北京师范大学、西安交通大学、西北大学、兰州大学、西北师范大学,以及陕西省社会科学院、甘肃省政府文史馆等科研院校的汪受宽、陈学凯、黄留珠、赵丛苍、李清凌、赵逵夫等20余名专家学者会聚宁县,从义渠戎的族属、社会性质、活动地域和特有文化,义渠戎国与先周、秦国的关系等多个角度进行探讨,取得了积极的成果,在全国史学界引起较大反响。

三是义渠戎国历史文化的研究、保护和开发刻不容缓。随着我国社会经济的发展,文化旅游在我国旅游格局中的地位越来越重要。"十三五"时期,宁县提出围绕打造"5A级山水园林、生态宜居宜游景区"的目标,并将义渠戎国历史文化作为核心内容。为了深入研究义渠历史文化,由西北大学黄留珠教授等提出倡议,邀请相关专家学者组成团队,共同编撰《发现宁县·义渠国都》一书,无疑是起了个好头。我相信:只要坚持"三个结合",即坚持历史与文化相结合,坚持传承与创新相结合,坚持研究与开发相结合,并深入地坚持下去,一定会取得更多、更丰硕的成果。

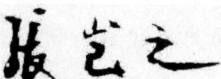

2017 年 1 月 13 日

于西北大学中国思想文化研究所

集群贤智慧，为义渠立传

义渠是我国历史上一个重要的少数民族，也是融入华夏的民族之一，而甘肃宁县正是历史上义渠戎国的国都所在地。随着电视剧《芈月传》的热播，过去只有少数研究者才知晓的古老义渠戎国，突然一下子进入了千家万户，成为普通老百姓热议的话题，尤其芈月与义渠王那段离奇、神秘而又悲壮的爱情故事，更是引起人们的无限遐想。一时间，古义渠戎国国都所在地宁县成为大家十分向往的胜地。在这种大背景下，宁县不失时机地于 2016 年 3 月，召开了"首届中国·义渠戎国历史文化研讨会"，决计全面展开义渠戎国历史文化研究，以突显当地的文化特色，并进而带动其他事业的发展。应该说，这是一个具有远见卓识的举措，充分反映了宁县领导集体和宁县人民的文化自觉和文化自信。

我非常有幸受邀参加了这次盛会。在会上，我所提的以这次会议为契机，尽快建立义渠历史文化研究机构，出版研究刊物，进一步加强宣传的建议，得到了主办方的积极响应。会后不久，宁县即成立了义渠历史文化研究院，创办《豳风》杂志。在他们的影响和感染下，会后几个热心人倡议编撰一部为义渠立传性质的书，并定名为《发现宁县·义渠国都》(以下简称《国都》)。或许因为我近年编过几部还算有影响的书籍的缘故，大家推举我担任这部书的主编。对此，虽深感诚惶诚恐，但也实在难却朋友的信赖。特别是宁县领导和民众积极进取、执著认真的精神，令我感动，使我不能不接受这项任务，为深入研究义渠历史文化做一点力所能及的工作。

由于我的老师、西北大学名誉校长张岂之先生已经为《国都》写了序言,对义渠戎国的历史文化及今天研究义渠戎国的重要意义等重大问题做了全面、系统的论述,所以这里我谨打算再就《国都》一书的基本特点,谈点粗浅的认识,以供读者阅读时参考。

首先,这是一部集群贤智慧、由众多专家学者集体劳动的成果。

《国都》全书,由"历史篇:梦回义渠、壮怀激烈"和"文学篇:遥望义渠、穿越古今"两部分组成。前者是对义渠民族的历史研究,分别就义渠的政治史、生存之道(属经济史、生态史范围)、军事史、文化史、风土习俗以及疆域、国都等,做了尽可能细致的考证叙述。后者则是对义渠戎族、义渠戎国及宁县地区的文学叙事,其中不仅有对民间故事传说、逸闻趣事、地方掌故的描绘,而且有个人对古义渠戎国、宁县大地体察的即兴式灵感性歌咏。为了做到广采博纳、兼收并蓄,我们在全面吸纳"首届中国·义渠戎国历史文化研讨会"成果的基础上,又特别组织有关专家学者,从不同的视角撰成专文收入书中,如此不仅大大充实了全书的内容,而且也大大扩展了全书的学术视野。像这样集群贤智慧、由众多专家学者集体劳作而形成的一部专著,应该说是厚重的,具有相当的权威性。

其次,这是第一部全面而系统研究义渠戎国历史文化的著作。

义渠戎是我国远古时期游牧民族的一支,大约在周文王末年建立国家。其后不久,义渠即吞并了周边彭卢、郁郅等西戎部落,先后筑城25座,扩大了疆域。此后义渠戎国存续长达八百年之久,直到公元前272年为秦所灭。秦在义渠旧地设置郡县直接进行统治,义渠人亦逐渐汉化融入华夏大家庭之中。由于时代久远,加之古代史官对少数民族的偏见,因而传世典籍中有关义渠的记载仅有只言片语,不成系统。而后世关于义渠的考古资料也相当稀少,难成序列。这,就给义渠历史文化研究造成了极大的困难。所以长期以来一直没有一部全面系统研究义渠戎国历史文化的专著面世。本书的编写,正是为填补这一空白而作。本着对历史负责的精神,参与本书写作的专家学者,除了从浩如烟海的文献资料中努力寻求有关义渠戎国的蛛丝马迹之外，还多次到宁县地区进行实地考察，按照"尊重历史、富有感情、合理推理、古为今用"的原则，创造性地开展工作，力求全方位、多层面、系统真实地还原义渠戎国的原貌。承担文学篇的作家们，还在宁县广泛开展各种采风活动，从现实透视历史，运用文学手段展现义渠波澜壮阔的历史画卷。如此历史与文学两方面展开，使全书学术性与可读性相融相济，别具一格。

第三，这是一部具有尝试性、探索性的作品。

鲁迅称赞第一个吃螃蟹的人是令人佩服的"勇士"。从一定的意义上讲，本书的编撰是具有"第一个吃螃蟹"的性质的。"尝试""探索"亦为其追求的目的之一。目前，关于义渠戎国历史文化的研究，各种观点林立，所形成的共识不多。这虽然增加了编写本书的困难，但同时也为我们的工作提供了更广阔的空间。因此在筹划本书时，我们有意将历史与文学并举，做了大胆的"尝试""探索"。如果本书能够起到某种抛砖引玉的作用的话，那么我们也就深感欣慰了！

历史上陕、甘长期曾是一家，陕、甘分治，最后完成于清康熙前期，是较晚的事。所以陕、甘之间，天然存在一种特殊的关系和缘分。我虽然长期在陕西工作生活，但对甘肃却始终有着难以忘怀的感情，因为我少年时代曾有一段甘肃生活的经历。今天我有机会为曾哺育我的地方做点力所能及的工作，深感荣幸。也许这是冥冥中上苍的一种安排。我衷心感谢上苍！

以上拉杂写来，虽乏文采，却都属大实话。是为序。

黄留珠

2017 年 1 月 21 日

草讫于西北大学南校区望山居

目录
Contents

文学篇

遥望义渠　穿越古今

梦回义渠　壮怀激烈

义渠戎国的政治史

彭建英　王　梦　石　科

义渠又写作"仪渠"①，是先秦时期主要活动于今甘肃东部、陕西北部、宁夏东部等区域内的一支戎人。商周时期已见载于史籍，但甚简略，不得其详。春秋战国时期为西戎八国之一，与同样地处西陲的秦国冲突不断，后被秦所灭。迄今为止，关于义渠戎的研究论著虽不少，但因传世文献记载有限，相关考古材料因缺乏文献的切实支撑，对理清义渠戎的相关问题，并无太大推进。学界已有成果，意见分歧者众，一致者少。本文旨在此前学界研究的基础上，重点梳理和揭示义渠戎人（国）在政治层面与中原政权之间的互动关系，兼及目前学术界聚讼纷纭的有关义渠戎族属、族称及国都所在地等问题的讨论，并进而分析讨论义渠亡国后其族众的去向及其在中原政治历史舞台上的后续影响和贡献。

一、义渠戎的族属、族称及族徽

（一）义渠戎的族属

关于义渠戎的族属问题历来众说纷纭，大致有六种意见。其中代表性的观点有三，分别为"羌说""狄说"与"戎说"。

1. 义渠为羌说

持此种观点的学者以孙傅瑗、马长寿、黄烈以及舒大刚等诸先生为代表。孙傅瑗先生在其《中国上古时代种族史》一文中称：

---

① 　吴毓江：《墨子校注》，北京：中华书局，1993 年，第 268 页。

"义渠羌之别种"①，但未做进一步的阐释。之后直到二十世纪八九十年代，关于义渠为羌说，再次盛行一时。其中马长寿先生的研究尤值得一提，在其所著《氐与羌》一书中，详细讨论了义渠戎人的族属问题，最后得出以下结论：义渠人与氐、羌人相近，或也属于氐、羌语系②。此后黄烈先生在其相关研究中再次论证并肯定义渠"为羌说"，认为"义渠是羌人所建立的国家"。③ 舒大刚先生则更多的是接受并认同马长寿先生的观点，并从语言学的角度做了一定补充。④

关于义渠为羌说的依据主要有以下五点。

其一，义渠戎的火葬习俗与氐、羌同。

《墨子·节葬》篇中记有义渠戎人奉行火葬习俗："秦之西有仪渠之国者，其亲戚死，聚柴薪而焚之，熏则烟上，谓之登遐，然后成为孝子"⑤。

而据马长寿先生考证，中国古代部族在接受佛教文化以前而自行火葬者，除义渠外，唯有氐、羌。⑥

在《荀子·大略》篇中就记有关于氐、羌实行火葬的记载："氐羌之虏也，不忧其系垒也，而忧其不焚也"⑦。

其二，义渠安国两次巡行氐、羌。

马长寿先生认为汉宣帝（前73—前49）之所以两次派义渠安国至西羌各地巡行，正是由于他是义渠戎人的后裔，对西羌的语言风土十分熟悉的原因。这也从侧面印证了义渠属羌。

其三，范晔对义渠族属的处理。

马长寿先生认为范晔在撰写《后汉书·西羌传》时，将义渠置

---

① 孙傅瑷："中国上古时代种族史"，载《学风》，1934 年第 2 期，第 12 页。
② 马长寿：《氐与羌》，上海：上海人民出版社，1984 年，第 97 页。
③ 黄烈：《中国古代民族史研究》，北京：人民出版社，1987 年，第 124 页。
④ 舒大刚：《春秋少数民族分布研究》，北京：文津出版社，1994 年，第 166 页。
⑤ 吴毓江：《墨子校注》，北京：中华书局，1993 年，第 268 页。
⑥ 马长寿：《氐与羌》，上海：上海人民出版社，1984 年，第 97 页。
⑦ 王先谦：《荀子集解》，上海：中华书局，1988 年，第 501 页。

于此传传首加以叙述，即是将义渠列入"西戎"的范围之内。①

其四，义渠戎人的分布区域。

黄烈先生认为义渠戎人所分布的区域正是商代羌人和羌方所在的地区，因此他们很有可能是商代羌人后裔中未被融化的一部分的重新集结。②

其五，"义渠"源于羌语"赐支"（析支）。

舒大刚先生从语言学的角度入手，认为"义渠"即羌语中的"赐支"（析支）。因羌人将河曲称为赐支，而"赐支"快读即为"渠"或"曲"，"义"则为语词前的前赘，无特殊含义。舒大刚先生的此种推论，在一定程度上将义渠戎的起源推至"河曲羌"时期，分布地域则主要在今兰州市以西地区。③

2. 义渠为戎说

持此种观点的学者有辰伯、吕思勉、金景芳、赵俪生、杨建新以及周伟洲等诸先生。辰伯先生在其《西王母与西戎》一文中称"义渠，亦为西戎一大强国也"④。吕思勉先生亦主张"义渠者，诸戎之最强者也"⑤，显然是将义渠的族属划归为戎之一类。金景芳先生亦持相同意见，认为"义渠是战国西方之戎中最为强大的国家"⑥。赵俪生先生的看法与上述三位先生意见大致相合，并进一步指出"义渠，西戎之国，在今庆阳一带"⑦，但并未给出具体解释。此后杨建新先生再次肯定这一说法，主张义渠戎"是一支到战国末期仍然存在的戎族，对我们认识整个戎族有很大的参考价值"⑧。在主张义渠为戎的观点中，周伟洲先生的意见尤其值得注意，他指出：

---

① 马长寿：《氐与羌》，上海：上海人民出版社，1984年，第97页。
② 黄烈：《中国古代民族史研究》，北京：人民出版社，1987年，第77页。
③ 舒大刚：《春秋少数民族分布研究》，北京：文津出版社，1994年，第166页。
④ 辰伯："西王母与西戎"，载《清华周刊》，1931年第36卷第6期，第47页。
⑤ 吕思勉：《吕思勉读史札记》，上海：上海古籍出版社，1982年，第403页。
⑥ 金景芳：《中国奴隶社会史》，上海：上海人民出版社，1983年，第414页。
⑦ 赵俪生：《日知录导论》，成都：巴蜀书社，1992年，第214页。
⑧ 杨建新：《中国西北少数民族史》，北京：民族出版社，2003年，第25页。

"将义渠称为'西戎'之一种较为合宜,不必一定说其为羌或狄。因为'羌'在先秦时也有广、狭之分,与西戎同;然义渠居地原为白狄所居,其部内有原白狄部落似无可疑①,有助于加深对义渠戎的族属及其族众构成的认识。"

上述主张义渠为戎的意见,多未提供所据为何。杨建新先生则在主张义渠为戎说的同时,对义渠为羌说提出两点批判性意见:

其一,《墨子》中所提到的义渠丧葬习俗虽与氐、羌同,但并未直接指出义渠为氐、羌,若不假思索将其与《吕氏春秋》中的"氐羌之民"直接划归等号,恐有牵强之处;其二,《史记》《汉书》《后汉书》均主张义渠属戎。杨先生认为,这三部书中均有关于氐、羌的记载,但其作者并未将义渠列入氐、羌,反而归为戎,其可信程度比之后人推测较高。②

3. 义渠为狄说

李白凤、王宗维和薛方昱等学者持此种观点。其中李白凤先生在其《东夷杂考》一书附录《义渠考》中认为义渠应为白狄种:

> 甘肃平凉一带,殷称犬方,周称獯鬻、獫狁(也作"猃狁"),后称犬戎,亦称昆戎、西落鬼戎,汉称匈奴,遂与羌方相混。究其地望,即《史记》之义渠也。……是义渠本白狄种,当始于殷代,……自殷逮周屡叶征伐,战国时始灭于秦。其境有今甘肃之安化、合水、正宁、环宁、泾川诸县;秦始置县,东汉乃废,《汉书》之光禄大夫义渠安国即其裔也。③

此后王宗维先生在其《西戎八国考述》一文中肯定了李白凤先生关于义渠族属的推定,但同时质疑义渠的居住地问题,以及是否应该将犬戎、西落鬼戎、獫狁、匈奴等混为一谈。④甘肃省地方史志

① 周伟洲:《陕西通史(民族卷)》,西安:陕西师范大学出版社,1997年,第43页。
② 杨建新:《中国西北少数民族史》,北京:民族出版社,2003年,第11页。
③ 李白凤:《东夷杂考》,成都:巴蜀书社,1981年,第190—191页。
④ 王宗维:《西戎八国考述》,收于《西北历史研究》,西安:三秦出版社,1987年,第31页。

办公室原副编审薛方昱先生在其《义渠戎国新考》一文中主张"义渠戎，其先为商代的獯鬻，西周的玁狁，由于该部族信仰犬图腾之故，西周末年至春秋初又称其为犬戎，这一部族原居于陇西洮河流域，其族源于羌人一支的狄人。"①

关于义渠为狄说的依据，主要由王宗维先生提出。同时他还对义渠为羌说所依凭的论据，一一做出质疑，并对义渠为狄说提出自己的看法。② 至于其说的准确性，笔者认为尚有待考证。

其一，义渠戎人的部落西汉时仍然存在。据《汉书·匈奴传》的记载可知，张掖郡就辖有多达数千人的义渠部众，且拥有相当势力。③ 王宗维先生判断，西汉时期的张掖郡南有羌人，北有匈奴，而义渠居中间却独立存在，即可说明其与羌、匈奴不同。

其二，西汉时中原人对义渠后裔族属仍有清晰的了解和区分。有两个例子可资证明：第一，《汉书·晁错传》载晁错上书汉文帝，建议其用义渠戎人来防御匈奴，其中提到"降胡义渠""饮食长计与匈奴同"④；第二，《史记·卫将军骠骑列传》附《公孙贺传》载"贺，义渠人，其先胡种"⑤。尽管汉代称胡者除西域人外，多指称匈奴。但此处的"义渠胡"，明显与匈奴有别。

除上述三种关于义渠族属的主要看法外，尚有"义渠为匈奴说""义渠为氐说"与"义渠为吐火罗说"，其代表性学者分别为蒙文通、黄树先以及岑仲勉等先生。其中"匈奴说"受到多位学者的质疑，"氐说""吐火罗说"则仅为一家之言，恕不逐一置评。在此仅拟在对之前学界影响较大的几种意见辨析基础上，提出我们的意见。

---

① 薛方昱："义渠戎国新考"，载《西北民族学院学报》，1988年第2期，第19页。

② 王宗维："西戎八国考述"，收于《西北历史研究》，西安：三秦出版社，1987年，第31—32页。

③ 《汉书》（卷94）《匈奴传》，北京：中华书局，1962年，第3783页。

④ 《汉书》（卷49）《晁错传》，北京：中华书局，1962年，第2282—2283页。

⑤ 《史记》（卷111）《卫将军骠骑将军列传附公孙贺传》，北京：中华书局，1959年，第2941页。

关于义渠戎的族属，笔者认为与先秦时期的羌一样，当源出于西边庞大的西戎系统，为诸戎之一支。当然后来在长期发展演化进程中，先后融入了部分羌人乃至狄人等不同族众，并在与中原的长期互动中，最终形成一支具有独特文化特征和自我认同的民族势力。因早期羌、戎分布区域常有交错甚至重叠，族众亦常有互融、分化或重组，习俗有相近或相似之处（如行火葬），遂导致后世对羌、戎关系认识的混乱和分歧。但从仅有的材料仍不难获知，早在殷商时期，羌与义渠各有其名，已有清晰的分野。之后随着先秦时期羌人的频繁迁徙，导致羌、戎之间交融互动增加，东迁的羌、戎分布于关内和陇西等地，逐渐形成许多小国或部落集团，义渠戎国即为其中之一。① 此时所谓义渠戎国的族众中自必有一定数量的羌人融入其中。

前述舒大刚先生在肯定马长寿先生主张义渠为羌说的观点的同时，进而将义渠戎人溯源至"河曲羌"，并尝试从语言学上找到证据。此说从长时段的戎羌关系演化角度审视，似有源流倒置之嫌，但有一点可以肯定，即后来的义渠戎人中应融入了部分羌人甚至就有河曲羌中东迁的部分族众。

考古学上的证据，似可为我们的意见提供一定的佐证。迄今为止，义渠地区的考古文化最具代表性的为寺洼文化，又分为寺洼类型与安国类型。② 其年代介于齐家文化（距今约 4000 年）和西周文化（距今约 3500 年）之间。寺洼类型文化主要分布于洮河流域以及陇山（六盘山）以西的渭水流域。安国类型文化主要分布在甘肃东部的泾水、渭水等地。毫无疑问，这是当地的早期人群创造的土著文化。若联系文献中关于"泾北有义渠之戎"③ 的记载，或可将寺洼文化安国类型视为由义渠戎人创造的考古学文化。寺洼类型的时

---

① 马长寿：《氐与羌》，上海：上海人民出版社，1984 年，第 92 页。
② 甘肃省博物馆："甘肃古文化遗存"，载《考古学报》，1960 年第 2 期，第 27 页。
③ 《后汉书》（卷 87）《西羌传》，北京：中华书局，1965 年，第 2872 页。

间应早于西周①，安国类型晚于寺洼类型，其存在时间大致在早周至西周早期。②

此前考古学界对于寺洼文化的族属存在分歧，或主张为羌③、先羌④，或认为属狄⑤。但这种认识或只是基于后来春秋战国至秦汉时期，甘青地区羌、狄人群比较活跃的史实及相关考古学文化所呈现的种种关联性和相似性而做出的一种推论，似并未关照到这一地区每一支文化的独特性。如夏鼐先生推测寺洼文化的族属应为氐羌，其主要依据即为寺洼遗址墓葬所出土盛有骨灰的陶罐以及文献记载中关于羌人行火葬的习俗。⑥ 此后周星、刘庆柱等学者的意见和思路也大致相同。⑦ 胡谦盈先生则认为寺洼文化中的安国类型，乃由獯鬻戎狄所建立。此后，薛方昱先生在其《义渠戎国新考》一文中从文献学的角度出发，指出商中叶时期，确有獯鬻戎狄等入侵豳地，并肯定胡谦盈先生关于寺洼文化族属的看法。⑧ 但更大的可能性，则是由当地的土著人群，即与氐羌一样同样奉行火葬的义渠戎人所创造的青铜器文化，只是受到外来文化（狄）因素的影响。

如此则综合考古和文献材料，我们可尝试做出这样的推论：义

---

① 甘肃省文物考古研究所：“甘肃省文物考古工作十年”，收于《文物考古工作十年》，北京：文物出版社，第152页。

② “‘安国文化’遗存是一种古代少数民族地区的青铜文化，在早周以至西周早期，这种文化较长期地存在甘肃东部（主要在泾河流域以及渭水上游地区），而且还波及周人政治、经济、文化中心的关中地区西部的宝鸡一带。”宝鸡市博物馆、渭滨区文化馆：“宝鸡竹园沟等地西周墓”，载《考古》，1978年第5期，第296页。

③ 夏鼐：“临洮寺洼山发掘记”，载《中国考古学报》第4册，1949年，第97页。

④ 周星：“黄河上游史前遗存及其族属推定”，载《西北史地》，1990年第4期，第27页；刘庆柱：《中国考古发现与研究》，北京：人民出版社，2010年，第300页。

⑤ 胡谦盈：“试论寺洼文化”，载《考古集刊》，1982年第2期。中国社科院考古研究所：《新中国三十年考古新发现与研究》，北京：文物出版社，1982年，第355页。

⑥ 夏鼐：“临洮寺洼山发掘记”，载《中国考古学报》第4册，1949年，第97页。

⑦ 周星：“黄河上游史前遗存及其族属推定”，载《西北史地》，1990年第4期，第27页；刘庆柱：《中国考古发现与研究》，北京：人民出版社，2010年，第300页。

⑧ 薛方昱：“义渠戎国新考”，载《西北民族学院学报》，1988年第2期，第19页。

渠戎人活跃地区的寺洼文化遗存，确呈现出与羌、狄两种文化的某些关联性和相似性。但并不能因此据以断定此考古学文化的族属即为羌或狄。结合文献记载，我们认为与羌人同属戎羌族系的义渠戎人，亦奉行火葬习俗，因居住区域的交错甚或重叠，后当有部分羌人融入其中。待商中叶，獯鬻戎狄入侵豳地，后亦与之相融，从而以古豳地为中心，形成一支独具特色的戎文化。

（二）义渠戎的族称

"义渠"在汉语词汇中，无特殊含义，应为译自戎羌族系人群语言的名称。

而此前学界对"义渠"一词的词义，有三种不同意见。

其一，认为是羌语。任乃强先生主张"义渠"是羌语，"其人是羌族别支，渠字在羌语中是河水的意思"[①]。此后薛方昱先生在肯定此说的基础上，提出自己的新解读："关于义渠一名，疑为古羌语，本地名也，其意为'四水'，即四条河水相汇的地方。"[②]

其二，认为是藏语。郑张尚芳先生认为："'义'古音 * ngal，相当于藏文 ngar'强大、威猛'之意。'渠'古音 * ga > gja，相当于藏文 rgja，意为'大''汉族'。'大'一义与汉语'渠巨'相同，而 rgja 不但用以称汉族，也用以称农区藏族。"[③]

其三，认为是音译。王宗维先生曾提出："《竹书纪年》所记周族所伐的义渠，同燕京、余无、始乎诸戎一样，是自己的族名，译为汉语，这是音译，不能割裂。因此义渠也是一个完整的族名，不能分割开来，加以汉字意义的解释。"[④]

新近亦有学者主张："义渠本身就是族称，为其族自称，和匈

---

① 任乃强：《任乃强民族研究文集》，北京：民族出版社，1990 年，第 391 页。

② 薛方昱："义渠戎国新考"，载《西北民族学院学报》，1988 年第 2 期，第 20 页。

③ 郑张尚芳："蛮夷戎狄语源考"，收于《扬州大学中国文化研究所集刊》，南京：江苏古籍出版社，1998 年，第 106—107 页。

④ 王宗维："西戎八国考述"，收于《西北历史研究》，西安：三秦出版社，1987 年，第 29 页。

奴、鲜卑等民族一样，既是国名，也是族名，最后成为氏名。"① 此意见大致与上述王宗维先生主张相同，此从。若与义渠国都遗址四水相汇的地理环境②相联系，则"义渠"当为其自称，殆无疑义。

（三）义渠戎的族徽

发掘于二十世纪七十年代的陕西泾阳高家堡早周墓，共出土随葬品青铜器11件，其中一件尊的腹底有铭文ᘏ，葛今先生判断应为铸器者的族徽③。

随后李白凤先生对此铭文作进一步解释。他认为ᘏ乃"洰"字，此后又逐渐演变成今天的"渠"字。且甲骨文中多用"口"或山来表示城郭，如"鲁"字的甲骨文写作𩵋，"卫"字写作𧗸。在此基础上，李先生主张ᘏ乃"古国"的族徽，而根据器形与文字，认为应为殷商晚期之物。④ 若此推论成立，则为我们提供了关于义渠戎人生活习俗方面的一个细节。

从出土刻有此铭文青铜尊的墓葬所在地来看，当在义渠戎人活动的区域；时间上亦与义渠戎人活跃的时段相合。但可惜没有其他证据或材料可资佐证，仅可作为一说，远非确论，仍需有新的考古材料作支撑，以及历史学家与古文字学家的进一步解读。

（四）义渠戎的分布区域及国都所在

与前述三个问题相关又颇受学界关注的又一个有关义渠戎的问题，则是其分布区域和王城或国都所在，顺置于此，略加考论。关于义渠戎人的分布区域，《史记·匈奴列传·索隐》引韦昭注云："义渠本西戎国，有王，秦灭之。今在北地郡"⑤。《史记·匈奴列

---

① 辛迪："义渠考"，载《内蒙古师范大学学报》，2004年11月第33卷第6期，第91页。

② 薛方昱："义渠戎国新考"，载《西北民族学院学报》，1988年第2期，第21—22页。

③ 葛今："泾阳高家堡早周墓葬发掘记"，载《文物》，1972年第7期，第5页。

④ 李白凤：《东夷杂考》，济南：齐鲁书社，1981年，第191页。

⑤ 《史记》（卷110）《匈奴列传》，北京：中华书局，1959年，第2884页。

传·正义》引《括地志》云："宁、原、庆三州，秦北地郡，战国及春秋时为义渠戎国之地，周先公刘、不窋居之，古西戎也。"① 此后史学家多依此认为义渠戎国所在地就在秦之北地郡。

对于义渠戎国所辖范围及其族众活动区域，目前学界较为统一的看法是"义渠的疆域肯定不止北地一郡"②。持有此观点的学者除马长寿先生外，尚有金景芳③、任乃强④、黄烈⑤等先生，立论所据大致相同，以下简略述之。

据文献记载，秦惠文王改元十年（前315），"秦伐义渠，取徒泾二十五城"⑥，对此李贤注曰："徒泾，县名，属西河郡。"⑦ 马长寿先生据此考订，认为义渠东界已经过上郡而至西河郡内。⑧ 汉代西河郡，沿黄河两岸而置，徒泾二十五城的位置在河西，则义渠最东已至黄河西岸。⑨ 而义渠的南部依据秦躁公十三年（前430）"义渠侵至渭阴"⑩ 的记载来看，应已达到关中平原。⑪

另，《史记》《汉书》中同载秦灭义渠与秦置陇西、北地、上郡有关联，马长寿先生据此推测，义渠戎国的辖地除北地郡外，还应包括陇西郡、上郡部分区域。⑫

由此可知义渠戎人的属地，应大致包括今甘肃东部、陕西北部、宁夏东部的大片区域。

---

① 《史记》（卷110）《匈奴列传》，北京：中华书局，1959年，第2884页。

② 马长寿：《氐与羌》，上海：上海人民出版社，1984年，第95页。

③ "北地郡相当于今甘肃庆阳西北，包括宁夏贺兰山、青铜峡以东及甘肃环江、马莲河一带。徒泾诸城在今陕西黄河西岸地区。可见义渠疆域之广。"金景芳：《中国奴隶社会史》，上海：上海人民出版社，1983年，第414页。

④ "义渠之戎建成国家，约略与姬周的始末同，其境域几乎占有现今甘、宁、陕北，河套以南，及于陇坻之地。"任乃强：《羌族源流探索》，重庆：重庆出版社，1984年，第65页。

⑤ 黄烈：《中国古代民族史研究》，北京：人民出版社，1987年，第74页。

⑥ 《后汉书》（卷87）《西羌传》，北京：中华书局，1965年，第2874页。

⑦ 《后汉书》（卷87）《西羌传》，北京：中华书局，1965年，第2875页。

⑧ 马长寿：《氐与羌》，上海：上海人民出版社，1984年，第96页。

⑨ 黄烈：《中国古代民族史研究》，北京：人民出版社，1987年，第74页。

⑩ 《后汉书》（卷87）《西羌传》，北京：中华书局，1965年，第2874页。

⑪ 黄烈：《中国古代民族史研究》，北京：人民出版社，1987年，第74页。

⑫ 马长寿：《氐与羌》，上海：上海人民出版社，1984年，第96页。

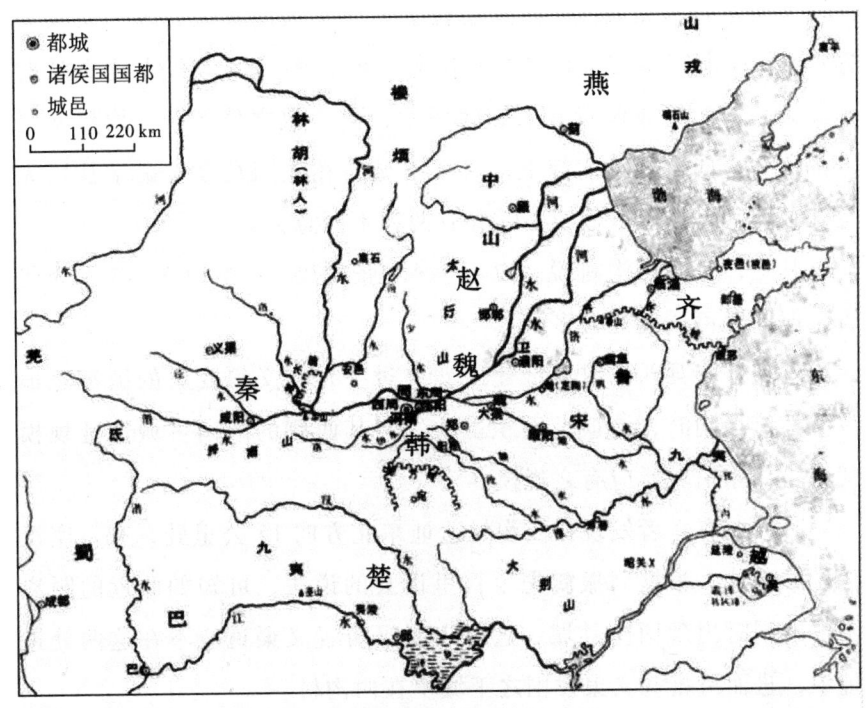

战国诸侯称雄形势图（前350）

从文献记载来看，义渠戎人在历史上确实曾有过组织化程度较高的政治形式，即所谓义渠戎国的存在，似为筑城而居①，有自己的政治中心即国都，那么义渠国都究竟在何处？

关于义渠戎国的王城所在，唐以前的文献语焉不详。《元和郡县图志》宁州条记有：禹贡"雍州之域。古西戎地也，当夏之衰，公刘邑焉。周时为义渠戎国。"②《读史方舆纪要》宁州条记："义渠城，在州西北。"③乾隆时期所修《庆阳府志》宁州条记载："义渠故城。在州西北，春秋时为义渠戎国，秦灭之，始置北地、上郡。

① "是时义渠、大荔最强，筑城数十，皆自称王。"［南朝］范晔：《后汉书·西羌传》，北京：中华书局，1965 年，第 2874 页。

② ［唐］李吉甫：《元和郡县图志》，北京：中华书局，1983 年，第 64 页。

③ ［明］顾祖禹：《读史方舆纪要》，北京：中华书局，2005 年，第 2769 页。

汉置义渠道，属北地郡。西魏始置宁州。"① 《国策地名考》义渠条称："今甘肃宁州有义渠城。凡庆阳一府，皆其地。"② 上述文献对于义渠故城的具体位置并未交代清楚，但一致之处在于，均将义渠古都所在指向宁州境。综上，义渠王城所在地当在今甘肃宁县境无疑，但就其具体位置而言，学界有两种不同意见。

其一，宁县西沟村说。以习生③、张耀民④、李仲立⑤等人为代表。但此说可质疑处较多。

首先，宁县西沟村遗址建筑残件过少，与义渠戎国的国都之地位似不符。同时，该遗址面积虽大，但其西侧的战国古城遗址规模却较小，非王城所应有之规模。⑥

其次，有学者发现在西沟村遗址东北方向 15 公里处，有一座汉代古城遗址。根据周振鹤先生百里设县的说法，可知如此近的距离不可能同时出现两座县城，这就表明汉所置义渠道应不在这两处遗址中，进而可推知义渠戎国之王城不在西沟村。⑦

另外，考证李仲立等人所引之文献，与史籍记载有出入。⑧

故对义渠王城西沟村说存疑。

其二，庙咀坪遗址说（位于今宁县县城西 1 公里处）。此说以薛

① 《中国地方志集成·甘肃府县志辑》（第 22 册）《乾隆新修庆阳府志》，凤凰出版社、上海书店、巴蜀书社，2009 年影印本，第 266 页。

② 《续修四库全书》编委会：《续修四库全书》（第 0423 册）《国策地名考》，上海：上海古籍出版社，2002 年影印本，第 108 页。

③ 习生："义渠故国考辨"，载《庆阳师专学报》，1994 年第 4 期，第 45—47 页。

④ 张耀民："义渠都城考证琐记——义渠国都在今宁县焦村乡西沟村"，载《西北史地》1996 年第 1 期，第 10—12 页。

⑤ 李仲立、刘得祯、路笛："甘肃宁县西沟发现战国古城遗址"，载《考古与文物》，1998 年第 4 期，第 15 页。

⑥ 张多勇、李并成："义渠古国与义渠古都考察研究"，收于《历史地理》（第 33 辑），上海：上海人民出版社，2015 年，第 284 页。

⑦ 张多勇、李并成："义渠古国与义渠古都考察研究"，收于《历史地理》（第 33 辑），上海：上海人民出版社，2015 年，第 285 页。

⑧ 张多勇、李并成："义渠古国与义渠古都考察研究"，收于《历史地理》（第 33 辑），上海：上海人民出版社，2015 年，第 285 页。

方昱先生为代表，主要依据如下：

首先，结合《元和郡县图志》《大清一统志》《庆阳府志》等文献的相关记载，以及西汉北地郡、安定郡一些属县的分布情况，考定汉之义渠道应为今宁县。①

其次，从庙咀坪遗址所处位置考察，该遗址位于马莲河、城北河、九龙川以及水门沟四水交汇之处，恰与学界考订"义渠"之名乃"四水"之意相符。另从其所处地势和自然环境来看，亦十分适合建都。②

此后，又有学者针对此种观点作进一步补充。

> 义渠戎国在黄土残垣早胜塬建都，距离关中较近，气候较为温和，降雨量相对陇东、陕北地区较为丰沛，易于农耕；占据此地，控制岭北地区，威胁以长安为都的西周和战国秦，加之这一地区易于养马，人善骑射，义渠戎国以此为据点，成为与周秦抗衡的基地。③

加上2016年3月和11月笔者和其他学者两次对宁县相关遗址的实地考察，我们倾向于认为义渠戎国国都所在，为今宁县庙咀坪遗址的可能性较大，当然最终定论尚需进一步的考古发掘提供更具说服力的证据。

二、义渠戎国与中原政权的政治关系述略

作为商周时期由西戎之一支所建的一个重要方国，义渠戎国的兴衰在很大程度上与其和中原政权或政治势力的互动关系，密切相关。而迄今所见文献中有关义渠戎国的记载重点，也多置于此。"义渠"一词最早出现于《竹书纪年》中。至西周，则仅见于《逸周

---

① 薛方昱："义渠戎国新考"，载《西北民族学院学报》，1988年第2期，第21页。
② 薛方昱："义渠戎国新考"，载《西北民族学院学报》，1988年第2期，第21—22页。
③ 张多勇、李并成："义渠古国与义渠古都考察研究"，收于《历史地理》（第33辑），上海：上海人民出版社，2015年，第289页。

书》。此后很长时间不见有关义渠戎的记载，有学者推测"大概是被其他戎狄部落所统治。"① 再次出现于历史视野中是在周平王末年，此时主要活动于"泾北"② 地区，且成为西戎八国之一。吕思勉先生称义渠为"诸戎之最强者也"③，可见殆至春秋战国时期，中原动荡，群雄逐鹿，西边的义渠戎国则臻于强盛。并与位于西陲的秦国展开长达数百年的斗争，最终被秦所灭。

（一）义渠戎与商、周

关于义渠与商的互动，史籍中仅见一条："武乙三十年（前1118），周师伐义渠，乃获其君以归。"④ 此条史料出于今本《竹书纪年》，古本《竹书纪年》中不曾记载。学术界历来认为今本乃范钦伪造，但近年来有一些不同的看法。如王玉哲先生指出："《竹书纪年》及《尚书》的《尧典》，大家都知道其写作的时间很晚，讲西周及西周以前的历史，都不敢引用。可是自甲骨文出，这些书里往往有整套的商代史料，可以与甲骨文互相发明。所以，我们对许多古代史料，不要轻易抛弃，应当运用科学方法，去伪求真，深入地加以研究。绝对不要因为其中杂有一些后世的色彩，就一笔抹杀。"⑤

因此我们不妨将此条史料作为义渠与商朝的互动表现。从此条仅见的记载中，大致可以获知，商末义渠戎已是西部势力不可小觑的一支戎人势力。另，史料记载中被擒获的义渠君，不可等同于后世组织化程度很高的政治体的君主。笔者认为，虽可将此条史料作为我们认识殷商时期义渠戎国与中原关系的参考，但不可忽视《竹

① 王宗维："西戎八国考述"，收于《西北历史研究》，西安：三秦出版社，1987年，第22页。

② 《后汉书》（卷87）《西羌传》，北京：中华书局，1965年，第2872页。

③ 吕思勉：《吕思勉读史札记》，上海：上海古籍出版社，1982年，第403页。

④ 王国维："今本竹书纪年疏证"，收于方修铭、王修龄主编：《古本竹书纪年辑证》，上海：上海古籍出版社，1981年，第228页。

⑤ 王玉哲：《中华远古史》，上海：上海人民出版社，2000年，第401—402页。

书纪年》一书确实成书较晚的事实，为战国时期魏国人所作。王宗维先生就曾指出，《竹书纪年》中关于春秋以前的诸多史料虽有史实依据，但其中夹杂有春秋至战国时期的用语。[①] 因此，这很有可能是后人对此段历史的"书写"，故当时商朝所擒获的也只是义渠部落的首领而非君主。换言之，当时的义渠可能只是活动于商王朝周边的部落，或并未建立国家。

义渠再次出现于史籍中是在西周成王时期。据《逸周书》记载："义渠以兹白，兹白者若白马，锯牙，食虎豹。"[②] 此条史料主要记载的是成周之会时义渠所献之物，周成王时期较商王武乙三十年相距不远，可见当周灭商后义渠亦归附周朝。

另《逸周书·史记解》中记有："昔者，义渠氏有两子，异母，皆重。君疾，大臣分党而争，义渠以亡。"[③] 王国维先生认为此处所记之事即武乙三十年，周人伐义渠之事。[④] 此后数百年间不见义渠的记载，再次出现时已成为诸戎之最强者及西戎八国之一。

纵观商周时期义渠与中原王朝的政治互动，因实力对比较为悬殊，大多处于被动的一方，在政治关系上则表现为或被征伐（商代），或来朝贡（西周）。虽有一定实力，但显然难以与中原政权相对抗。而至春秋战国时期，义渠已发展成为秦霸西戎的最大阻碍，竟与秦相持长达数百年之久。义渠戎的坐大和强盛，除了其内部自身组织化程度提升如国的形成、拥有自己的政治中心、内聚力增强等因素外，西周末中原动荡、群雄逐鹿则为其提供了有利的外部环境。

（二）义渠戎与秦

先秦时期立国于西陲的秦国，原本与西戎的关系就极为密切。

---

① 王宗维："西戎八国考述"，收于《西北历史研究》，西安：三秦出版社，1987年，第1页。
② 黄怀信："逸周书校补注译"，西安：西北大学出版社，1996年，第352页。
③ 黄怀信："逸周书校补注译"，西安：西北大学出版社，1996年，第375页。
④ 王国维："今本竹书纪年疏证"，收于方修铭、王修龄主编：《古本竹书纪年辑证》，上海：上海古籍出版社，1981年，第228页。

在传说时代，秦人的先祖——大业为颛顼之后。至舜帝时，赐姓嬴氏。商末戎胥轩在西戎定居，并与申戎结姻，生中潏。关于中潏，《史记·秦本纪》中记有："其（中衍）玄孙曰中潏，在西戎，保西垂。"① 周孝王时，秦人非子因放牧有功，"邑之秦，使复续嬴氏祀，号曰秦嬴"②，这就是"秦"之所来。周宣王时，秦庄公因助周破西戎有功，被封为"西垂大夫"③。至犬戎杀周幽王于骊山之下，"秦襄公以兵送周平王。平王封襄公为诸侯，赐之岐以西之地。曰'戎无道，侵夺我岐、丰之地，秦能攻逐戎，即有其地。'与誓，封爵之。"④ 至秦文公十六年（前750），"文公以兵伐戎，戎败走。于是文公遂收周余民有之，地至于岐，岐以西献于周。"⑤ 据周伟洲先生考证，至武公十一年（前686），"秦的领地西起甘肃天水西、东到陕西华县，关中大部为秦所有。"⑥ 至春秋初年，秦穆公也曾想入主中原，但在函谷关东之新安为晋军所败后，秦穆公认识到向西开疆拓土的重要性，这才有了"秦用由余谋伐戎王，益国十二，开地千里，遂霸西戎"之说。由此可见秦国的形成、发展乃至强盛，均与西戎有很大的关联。而义渠，作为"诸戎之最强者"⑦，必然在秦国的崛起进程中扮演重要角色。

关于义渠戎与秦的政治互动，学术界历来有两种意见。其一主张始自秦穆公时期；其二认为始自秦厉共公时期。笔者倾向于第一种说法。以下拟从两个问题入手，对此说略作申述：其一，"八戎""西戎八国"与"益国十二"之关系；其二，派由余出使秦国之戎王为谁？

先讨论第一个问题。"八戎"见于《史记·商君列传》：

---

① 《史记》（卷5）《秦本纪》，北京：中华书局，1959年，第174页。
② 《史记》（卷5）《秦本纪》，北京：中华书局，1959年，第177页。
③ 《史记》（卷5）《秦本纪》，北京：中华书局，1959年，第178页。
④ 《史记》（卷5）《秦本纪》，北京：中华书局，1959年，第179页。
⑤ 《史记》（卷5）《秦本纪》，北京：中华书局，1959年，第179页。
⑥ 周伟洲："周人、秦人、汉人和汉族"，载《中国史研究》，1995年第2期，第15页。
⑦ 吕思勉：《吕思勉读史札记》，上海：上海古籍出版社，1982年，第403页。

赵良曰："夫五羖大夫，荆之鄙人也。……相秦六七年，……施德诸侯，而八戎来服。由余闻之，款请相见。"①

由余来秦，是在秦穆公三十四年，即公元前626年。而"八戎来服"是在此前，由此王宗维先生考订"'八戎之说'，最晚在缪公（穆公）三十年（前630）已经出现"②。

八戎来服图——约在秦穆公三十四年，即公元前626年，西戎八国臣服于秦，义渠戎国即为其中之一。

此后《史记·秦本纪》记载秦穆公三十七年（前623）"秦用由

---

① 《史记》（卷67）《商君列传》，北京：中华书局，1959年，第2234页。
② 王宗维："西戎八国考述"，收于《西北历史研究》，西安：三秦出版社，1987年，第6页。

余谋伐戎王，益国十二，开地千里，遂霸西戎。"① 王宗维先生认为"此十二国中当然包括'八戎'，但'八戎'指什么，十二国指什么，尚无法考证清楚。"②

后司马迁在作《匈奴列传》时又将"十二国"写作"西戎八国"：

> 秦穆公得由余，西戎八国服于秦，故自陇以西有縣诸、绲戎、翟、獂之戎，岐、梁山、泾、漆之北有义渠、大荔、乌氏、朐衍之戎。③

王宗维先生认为："此处的'西戎八国'与前述之十二国大致是一回事，'西戎八国'说的来源，是'八戎'说。"④

若此论无差，则早在秦穆公三十年，臣服于秦的"八戎"中就包括有义渠戎。这就将义渠戎与秦国的往来提前至秦穆公时期甚至更早。

其二，关于"戎王使由余"至秦中的"戎王"身份问题，学术界争论已久，大体来说有两种意见。

第一，认为戎王应为义渠王，代表学者有黄烈⑤、岑仲勉⑥二位先生。

第二，认为戎王应为縣诸王，代表学者有林剑鸣⑦、杨建新⑧二位先生。

我们倾向于认同黄烈先生的看法，理由如下：首先，西戎八国中义渠和大荔较为强大，而大荔在东，无法"开地千里"，义渠则辖地较广，符合上述条件；其次，根据《史记·秦始皇本纪·正义》

---

① 《史记》（卷5）《秦本纪》，北京：中华书局，1959年，第194页。
② 王宗维："西戎八国考述"，收于《西北历史研究》，西安：三秦出版社，1987年，第6页。
③ 《史记》（卷110）《匈奴列传》，北京：中华书局，1959年，第2883页。
④ 王宗维："西戎八国考述"，收于《西北历史研究》，西安：三秦出版社，1987年，第7页。
⑤ 黄烈：《中国古代民族史研究》，北京：人民出版社，1987年，第74页。
⑥ 岑仲勉：《两周文史论丛》，北京：中华书局，2004年，第183页。
⑦ 林剑鸣：《秦史稿》，上海：上海人民出版社，1981年，第45页。
⑧ 杨建新：《中国西北少数民族史》，北京：民族出版社，2003年，第24页。

所注："韩安国云：'秦穆公都地方三百里，并国十四，辟地千里'，陇西、北地郡是也。"① 而陇西、北地一带正是义渠戎的中心区域。上述主张戎王为"緜诸说"者，并未提供太多可靠依据，多为猜测，可信度较低，故不从。

综上可知，义渠戎国在秦穆公时期就已与秦国在政治层面有密切联系，而任用由余出使秦国可看出义渠戎王应为一位有抱负的国君，借此和实力正在上升的近邻秦国建立或改善关系。

此后至秦惠公年间（前500—前490），据《史记·匈奴列传》记载："其后义渠之戎筑城郭以自守，而秦稍蚕食。"② 由此可见，此时的义渠戎已发展为一个定居且农业生产居于重要地位的民族。

秦厉共公六年（前471），"义渠来赂"③，关于此条史料，独《史记·六国年表》中有记，至于义渠为何来赂，所献何物，暂不可知。秦厉共公三十三年（前444），"伐义渠，虏其王。"④ 这是自秦穆公之后秦国第一次攻打义渠。

躁公十三年（前430），《史记·秦本纪》中载："义渠来伐，至渭南。"⑤《史记·六国年表》与之略有不同，记作"义渠来伐，侵至渭阳。"⑥ 据杨建新先生考证，渭南（渭阳）大约在泾渭之间。⑦

此后百余年间，秦与义渠之间的关系基本保持稳定，因为在此期间秦的主要目标在于东方诸国。

秦惠文王七年（前331），"义渠内乱，秦惠文王遣庶长操将兵定之，义渠遂臣于秦。"⑧ "操"人名也，"庶长"则为秦爵名或官

---

① 《史记》（卷5）《秦本纪》，北京：中华书局，1959年，第195页。
② 《史记》（卷110）《匈奴列传》，北京：中华书局，1959年，第2885页。
③ 《史记》（卷15）《六国年表》，北京：中华书局，1959年，第689页。
④ 《史记》（卷5）《秦本纪》，北京：中华书局，1959年，第199页。
⑤ 《史记》（卷5）《秦本纪》，北京：中华书局，1959年，第199页。
⑥ 《史记》（卷15）《六国年表》，北京：中华书局，1959年，第702页。
⑦ 杨建新：《中国西北少数民族史》，北京：民族出版社，2003年，第25页。
⑧ 《后汉书》（卷87）《西羌传》，北京：中华书局，1965年，第2874页。

名。秦惠文王十一年（前327），"县义渠，义渠君为臣。"① 据《史记·秦始皇本纪·正义》所引《地理志》可知秦所设之县，即后世北地郡之义渠道。秦惠文王更元六年（前319），"秦伐义渠，取郁郅。"②"郁郅"县名，属于北地郡，今庆城县县城。

秦惠文王更元七年（前318），《战国策·秦策二》记有"义渠君之魏"一事：

> 义渠君之魏，公孙衍谓义渠君曰："道远，臣不得复过矣。请谒事情。"义渠君曰："愿闻之。"对曰："中国无事于秦，则秦且烧焫获君之国。中国为有事于秦，则秦且轻使重币，而事君之国也。"义渠君曰："谨闻令。"居无几何，五国伐秦。陈轸谓秦王曰："义渠君者，蛮夷之贤君，王不如赂之以抚其心。"秦王曰："善。"因以文绣千匹，好女百人，遗义渠君。义渠君致群臣而谋曰："此乃公孙衍之所谓也。"因起兵袭秦，大败秦人于李帛之下。③

关于此事的时间，根据上文所引文献"居无几何，五国伐秦"可知，应与五国伐秦在同一年。关于此事件的真伪，学界有不同的看法。

吕思勉先生考证，此事件应取自《战国策》。《战国策》是由纵横家所书，多为假说，并非属实，且当时的义渠未必能够向东越过秦国出使魏国。④

黄烈先生则持肯定意见，并对义渠王的态度给予极大的肯定，认为此时的义渠王较之前代（秦穆公时义渠王），政治上成熟许多，对女色和物质也有了一定的抵抗力。⑤

我们倾向于认同黄烈先生的观点。原因有二：其一，《史记·秦本纪》中记有秦惠文王更元七年（前318），"韩、赵、魏、燕、齐

① 《史记》（卷5）《秦本纪》，北京：中华书局，1959年，第206页。
② 《后汉书》（卷87）《西羌传》，北京：中华书局，1965年，第2874页。
③ 范祥雍：《战国策笺证》，上海：上海古籍出版社，2006年，第246页。
④ 吕思勉：《吕思勉读史札记》，上海：上海古籍出版社，1982年，第403页。
⑤ 黄烈：《中国古代民族史研究》，北京：人民出版社，1987年，第76页。

帅匈奴共攻秦"①，据学者考证此处的匈奴应为义渠无疑②，则正与前引文献中所谓"五国伐秦"相印证；其二，秦惠文王更元八年（前317），当秦在秦东地区大败五国后，义渠则在秦之西的李帛大败秦军，不妨将此视为"义渠君之魏"后的回应。

此后，义渠戎国与秦之间的政治关系，与前期的相安无事或平稳关系相比，似变得趋于紧张。当与这一时期秦的西向发展有关。文献记载中，秦对义渠戎国的武力讨伐明显增多。秦惠文王更元十年（前315），"秦伐义渠，取徒泾二十五城。"③ 徒泾的位置前已述及，此外陈槃先生提出不同看法，认为应在今甘肃泾川县④，可备一说。武王元年（前310），秦再"伐义渠"。⑤

及秦昭襄王时期，"义渠王朝秦，遂与昭王母宣太后通，生二子。至王赧四十三年（前272），宣太后诱杀义渠王于甘泉宫，因起兵灭之，始置陇西、北地、上郡焉。"⑥ 立国数百年的义渠戎国，至此国灭，其族众和地域纳入秦之版图。

关于"宣太后诱杀义渠王于甘泉宫"一事，多数学者认为主此事者为秦昭襄王。秦昭襄王之所以得继王位，得益于其母宣太后，由此他又不得不受制于宣太后的势力，其中义渠为最大的一支，消灭义渠，剪除太后党羽，昭襄王才能得以顺利亲政。⑦ 此说或不殊，但毕竟推测多于实证，深入详细的解读尚有待于后来者。

综上，义渠戎国与秦之间政治关系的演进，大体上可分为两个阶段，即秦惠文王七年"义渠内乱"之前为第一阶段，义渠戎国整体实力处于强盛状态，而作为其近邻的秦，尚为中原诸霸中势力较

---

① 《史记》（卷5）《秦本纪》，北京：中华书局，1963年，第207页。

② 辛迪："义渠考"，载《内蒙古师范大学学报》，2004年第6期，第90页。

③ 《后汉书》（卷87）《西羌传》，北京：中华书局，1965年，第2874页。

④ 陈槃："春秋时代之秽、孤竹、盁由、义渠"，收于《中研院历史语言研究所集刊论文类编》（先秦卷），北京：中华书局，2009年，第777页。

⑤ 《史记》（卷5）《秦本纪》，北京：中华书局，1959年，第209页。

⑥ 《后汉书》（卷87）《西羌传》，北京：中华书局，1965年，第2874页。

⑦ 辛迪："义渠考"，载《内蒙古师范大学学报》，2004年第6期，第91页。

弱的一国，并未对其构成太大威胁。义渠戎国则多通过外交手段（如由余使秦、赂秦等）来保持或改善与秦之间的关系，偶或有武力攻伐，但整体关系尚属平稳，从而保持其国势的稳定和强盛；以秦惠文王七年为节点，进入双方关系的第二阶段，因其内乱，加之秦的西向发展和崛起，导致双方关系趋于紧张，不仅表现为秦对义渠武力攻伐的频繁，更重要的是由之前对义渠戎国地域的蚕食，继之在其地置县，进而建立起臣属关系，到攻占义渠戎国数十城池，直至诱杀其国君，致其亡国，并最终郡县其地，纳入秦之统辖之下，使之成为中原政权之组成部分。

三、亡国后义渠戎人的去向问题

关于秦灭义渠后，义渠戎人的去向问题，迄今为止学界大致有四种看法：归匈奴说、与秦融合说、延续至西汉说、综合说。

主张归匈奴说者，主要为蒙文通先生。在其著《周秦少数民族研究》一书中提出：

> 盖义渠即灭，余众北走，于后为匈奴。[①]

此说即直接将后来的匈奴等同于义渠，但学界对此反对者众。

与秦融合说，主要代表为黄烈先生。在其所著《中国古代民族史研究》一书中认为：

> 义渠人究竟哪里去了，史籍中没有记载，但从种种迹象来看，义渠人并没有"遗脱逃走，西踰洴陇"，而是走上了与秦人融合的道路。义渠人已有了定居的生活，也没有外逃的记载，他们的唯一出路是成为秦民，与华夏族融为一体。他们在史籍上消失了，只能是融合，而不是逃离。[②]

黄烈先生此说言义渠戎国灭后"唯一出路是成为秦民"一句过于绝对，恐与事实不符。当然也不可否认，亡国后义渠中确有一部分成为秦民，与秦人融合。

---

① 蒙文通：《周秦少数民族研究》，上海：龙门联合书局，1958年，第107页。
② 黄烈：《中国古代民族史研究》，北京：人民出版社，1987年，第77页。

延续至西汉说，主要代表为王宗维先生。在《西戎八国考述》一文中提出：

> 义渠部落，西汉时仍然存在，其中的一部分还有相当势力。① 如汉昭帝元凤二年（前79）所记张掖郡属国千长义渠王骑士射杀匈奴犁汙王。②

综合说，以何光岳先生为代表。此说是对以上三种意见的综合，主张义渠亡国后，其族众大部成为秦的臣民，另有一部分逃入匈奴，还有一部分义渠人南迁入四川茂汶县。③

从文献记载所见义渠亡国后其族众的相关信息来看，我们认为何光岳先生的看法更客观稳妥。《史记》《汉书》有关传记记载来看，义渠亡国其余众或仍沿用"义渠"④ 旧称，或被称为"降胡"⑤或"胡种"⑥，恰恰表明其去向的多样化，流入中原的以部或族称为氏，如义渠安国；或已采用汉化的姓名，如公孙贺；流入匈奴者则被称为"胡种"，被中原人视同匈奴。

四、西汉时期义渠后裔相关情况举例

秦昭襄王三十五年（前272），宣太后诱杀义渠王于甘泉宫，秦遂灭其国。后一年（前271），秦设立北地、陇西、上郡于原义渠戎国境内，开始推行郡县治。《后汉书·西羌传》载：

> 戎本无君长，夏后氏末及商周之际，或从侯伯征伐有功，天子爵之，以为藩服。春秋时，陆浑、蛮氏戎称子。战国世，大荔、义渠称王。及其衰亡，余种皆反旧为酋豪云。⑦

---

① 王宗维："西戎八国考述"，收于《西北历史研究》，西安：三秦出版社，1987年，第6页。
② 《汉书》（卷94）《匈奴传》，北京：中华书局，1962年，第3783页。
③ 何光岳：《东夷源流史》，南昌：江西教育出版社，1990年，第520—527页。
④ 《汉书》（卷94）《匈奴传》，北京：中华书局，1962年，第3783页。
⑤ 《汉书》（卷49）《晁错传》，北京：中华书局，1962年，第2282页
⑥ 《史记》（卷111）《卫将军骠骑将军列传附公孙贺传》，北京：中华书局，1959年，第2941页。
⑦ 《后汉书》（卷87）《西羌传》，北京：中华书局，1965年，第2875页。

关于义渠戎族的活动区域，据薛方昱先生考证主要在今甘肃陇东的平凉、庆阳地区，宁夏的固原、吴忠地区，陕西的延安市和咸阳市北部的彬县、长武、旬邑。通过上文谈到秦设立三郡于义渠戎国之故地，足以证明其当时地域较其他诸戎所据地域为大。《后汉书·西羌传》有载：

> 洛川有大荔之戎。① 其注云：大荔国，古戎国，秦获之，改曰临晋。

大荔国是战国时期与义渠戎国并列的强戎势力之一，亡于秦后，仅设临晋县（今临猗县）辖之。② 故义渠戎国虽亡，但是作为一支强大的民族势力并不会随即完全消失，而返归其原有部落酋长统辖即上引文献所谓"余种反旧为酋豪"的方式继续存在。下文即拟以义渠亡国之后其所出之著名族人（以下简称为义渠人）为例，揭示义渠戎人后裔在西汉初期至宣帝时期一系列历史活动及其历史影响，借以呈现义渠戎人的完整演化历史及其融入中原的大致情形。

（一）抗击匈奴　以功封侯

西汉与匈奴之间的战争，为汉武帝刘彻一生中非常辉煌壮烈的篇章。以元光二年（前133）的马邑之战为开端，至征和三年（前90）发起的最后一次燕然山远征，四十余年间，汉武帝倾全国之力，发动了对匈奴的十五次战争。从文献记载来看，自马邑之战始，汉武帝时期的义渠戎人即以将帅身份参与了西汉政府打击匈奴的多次战事。其中尤以公孙贺、公孙敖为著。

公孙贺，"义渠人，其先胡种。"③ 父亲公孙浑邪在汉景帝时期，因镇压吴楚七国之乱有功，被封为平曲侯，并且著述十余篇。④ 公孙

---

① 《后汉书》（卷87）《西羌传》，北京：中华书局，1965年，第2872页。
② 《后汉书》（卷87）《西羌传》，北京：中华书局，1965年，第2873页。
③ 《史记》（卷111）《卫将军骠骑将军列传附公孙贺传》，北京：中华书局，1959年，第2941页。
④ 《汉书》（卷66）《公孙刘田王杨蔡陈郑传》，北京：中华书局，1962年，第2877页。

贺在汉武帝为太子时曾为太子舍人，后娶卫子夫姐君孺为妻。公孙贺以显赫的出身和上层的婚姻关系，在汉武帝时期受到宠信。故在汉武帝即位之初，便任其为太仆卿，主要掌皇帝的舆马和马政。

元光二年（前133）在汉武帝首次发动对匈奴的战争之时，公孙贺便以太仆出任轻车将军跟随大行令王恢、护军将军韩安国、骠骑将军李广以及材官将军李息，屯军三十万于马邑谷中准备诱杀匈奴，后被匈奴发觉，无功而返。大行令王恢为此次出征匈奴的主事者之一，一起出征的韩安国、李广和李息皆为当时名将，义渠戎人公孙贺亦名列其中，参加此次西汉对匈奴的作战，足见其在汉武帝朝之重要地位。元光五年（前130），公孙贺又一次以轻车将军身份出云中，跟随车骑将军卫青、卫尉李广出征匈奴。公孙贺在这次战役中，虽未取得战功，但多次出征匈奴，仍说明其颇受汉武帝重用。

元朔五年（前124），公孙贺为骑将军出云中，与车骑将军卫青、游击将军苏建、强弩将军李沮、轻车将军李蔡、大行令李息和岸头侯张次公攻打匈奴。此次战役，西汉军队大捷，"汉兵夜至，围右贤王，右贤王惊，夜逃，独与其爱妾一人壮骑数百驰。溃围北去。"① 公孙贺也因此役被封为南窌侯。《史记·卫将军骠骑将军列传》言：

> 骑将军公孙贺从大将军获王，以千三百户封贺为南窌侯。②

元朔六年（前123），公孙贺为左将军，跟随大将军卫青、后将军李广等人出定襄，再次斩杀匈奴万余人而还。

元鼎五年（前112），汉武帝以诸侯王所献助祭的酎金成色不好或斤两不足为借口而夺所封诸侯王之爵，公孙贺亦牵涉其中而失侯。后公孙贺又凭借与卫子夫姐君孺的姻亲关系和此前抗击匈奴之战功，

---

① 《史记》（卷111）《卫将军骠骑将军列传附公孙贺传》，北京：中华书局，1959年，第2925页。

② 《史记》（卷111）《卫将军骠骑将军列传附公孙贺传》，北京：中华书局，1959年，第2926页。

最终获得浮沮将军一职出五原，以立战功而重获重用和封赏。但未能如愿，"复以浮沮将军出五原二千余里，无功。"① 不过公孙贺以前在抗击匈奴过程中的战功应该并未被汉武帝忘记，故数年后又从浮沮将军迁为太仆卿，并且在太初二年（前103）代替石庆出任宰相，重获封侯即葛绎侯。《汉书·公孙刘田王杨蔡陈郑传》载：

> 后八岁，遂代石庆为丞相，封葛绎侯。②

公孙贺起初并不敢接受，因汉武帝时期朝廷多事，督责大臣，三代丞相皆坐罪以死，石庆亦数次被谴，迫于无奈公孙贺最终出任丞相，且对左右官僚言"主上贤明，臣不足以称，恐负重责，从是殆矣。"③

后其子公孙敬声继任太仆卿，父子二人均为汉武帝时期的公卿，为当时朝野上下所羡慕，显贵一时。其后，公孙敬声因擅自挪用北军军费（汉武帝时期因经常对外作战，设置南军系统与北军系统），事泄下狱。适值汉武帝诏捕京师大侠朱安世不能得，公孙贺为救其子，遂自请捕朱安世以赎子罪，获准。后反遭身陷囹圄的朱安世告发，称公孙敬声与汉武帝女阳石公主私通，因陷巫蛊之祸。最终公孙贺、公孙敬声父子俱死狱中，遭族诛。④

同一时期另一位义渠人后裔是公孙敖⑤，汉武帝初期，以郎事任职。元光五年（前130），公孙敖以大中大夫为骑将军，跟随车骑将军卫青、卫尉李广出兵讨伐匈奴，李广为匈奴所俘，公孙敖亡七千余人，后随李广逃回，但论律当斩，"骑将军公孙敖亡七千余骑；卫尉李广……皆当斩，赎为庶人。"⑥ 后盖因人际关系的广泛和资产的

---

① 《汉书》（卷66）《公孙刘田王杨蔡陈郑传》，北京：中华书局，1962年，第2877页。
② 《汉书》（卷66）《公孙刘田王杨蔡陈郑传》，北京：中华书局，1962年，第2877页。
③ 《汉书》（卷66）《公孙刘田王杨蔡陈郑传》，北京：中华书局，1962年，第2878页
④ 《史记》（卷111）《卫将军骠骑将军列传附公孙贺传》，北京：中华书局，1959年，第2925页。
⑤ 《史记》（卷111）《卫将军骠骑将军列传附公孙敖传》，北京：中华书局，1959年，第2942页。
⑥ 《史记》（卷111）《卫将军骠骑将军列传附公孙敖传》，北京：中华书局，1959年，第2923页。

雄厚，重返朝廷，任护军都尉。

元朔五年（前124），公孙敖以护军都尉从车骑将军卫青出击匈奴，取得重大胜利。公孙敖因此被封为合骑侯。史称：

> 乃诏御史曰："护军都尉公孙敖三从大将军击匈奴，常护军，傅校获王，以千五百户封敖为合骑侯。"①

元狩二年（前121），公孙敖与骠骑将军霍去病出击匈奴，但因其失期，导致战事失利，"合骑侯敖坐行留不与骠骑会，当斩，赎为庶人。"②此次公孙敖又通过疏通关系，出任校尉，再获随大将军出征匈奴的机会，但并未取得战功。此后，公孙敖以因杆将军筑受降城，并出击匈奴，因伤亡众多，被捕下狱当斩，后诈死，逃跑散落民间。"后发觉，复狱。坐妻为巫蛊，族。凡四为将军，出击匈奴，一侯。"③

综上，作为义渠后裔的公孙贺、公孙敖，在融入中原的过程中，既曾有过以功封侯的辉煌，亦与同一时期的汉人官僚一样，承受了特定时代官场风云的险恶，经历颇为曲折。

（二）智斩楼兰王　功封义阳侯

西汉自汉武帝建元三年（前138）张骞初使西域，至太初四年（前101）李广利征服大宛国，已渐将势力扩展至西域，史称"自贰师将军伐大宛之后，西域震惧。"④不过直到汉昭帝（前94—前74）时期，匈奴依然在西域地区保有一定的影响力，"先是龟兹、楼兰皆常杀汉使者，语在西域传。"⑤西汉政府此前经营西域的成果受到来

---

① 《史记》（卷111）《卫将军骠骑将军列传附公孙敖传》，北京：中华书局，1959年，第2926页。

② 《史记》（卷111）《卫将军骠骑将军列传附公孙敖传》，北京：中华书局，1959年，第2931页。

③ 《史记》（卷111）《卫将军骠骑将军列传附公孙敖传》，北京：中华书局，1959年，第2942—2943页。

④ 《汉书》（卷96）《西域传上》，北京：中华书局，1962年，第3873页。

⑤ 《汉书》（卷70）《傅常郑甘陈段传》，北京：中华书局，1962年，第3001页。

自匈奴的威胁。在此背景下，遂有"北地人傅介子"① 以骏马监自请出使大宛国，其实际目的乃是责问龟兹、楼兰帮匈奴遮杀汉使之事。西汉政府获准傅介子出使大宛之请。此处之所谓北地人，乃是义渠戎人之别称。由前文可知，秦灭义渠戎国，于其故地设立北地等三郡，并且文献记载亦称"义渠公孙贺、傅介子"②，可见宣帝时出使西域的傅介子为义渠戎人无疑。

汉昭帝时期，傅介子出使大宛，到达楼兰、龟兹两国，责问其罪，并在龟兹率随从杀匈奴使者以归。《汉书·傅常郑甘陈段传》载：

> 介子从大宛还到龟兹，龟兹言："匈奴使者从乌孙还，在此。"介子因率其吏士共诛斩匈奴使者。③

傅介子以其非凡的胆识和智慧，问责于龟兹、楼兰，并击杀了在龟兹的匈奴使者，以张汉朝国威，后被拜为中郎将，迁平乐监。

傅介子责问楼兰、龟兹，击杀匈奴使者，并未彻底消除匈奴在西域的影响力。傅介子遂有二使西域之请，借刺杀亲匈奴的楼兰国王以示威于西域诸国，获大将军霍光同意。昭帝元凤四年（前77），傅介子以赏赐西域部分政权之名，进入楼兰国境内。起初并不受楼兰王礼遇，故傅介子诳其王曰："汉使者持黄金锦绣行赐诸国，王不来受，我去之西国矣。"④ 楼兰王因贪汉财物，追回傅介子，并赐以酒宴，反被傅介子诱杀于帐中。《汉书·傅常郑甘陈段传》记其事云：

> 饮酒皆醉，介子谓王曰："天子使我私报王。"王起随介子入账中，屏语，壮士二人从后刺之，刃交胸，立死。其贵人左右皆散走。⑤

---

① 《汉书》（卷70）《傅常郑甘陈段传》，北京：中华书局，1962年，第3001页。
② 《汉书》（卷69）《赵充国辛庆忌传》，北京：中华书局，1962年，第2999页。
③ 《汉书》（卷70）《傅常郑甘陈段传》，北京：中华书局，1962年，第3001页。
④ 《汉书》（卷70）《傅常郑甘陈段传》，北京：中华书局，1962年，第3002页。
⑤ 《汉书》（卷70）《傅常郑甘陈段传》，北京：中华书局，1962年，第3002页。

又以汉兵将至，震慑其国人勿动，并宣称"王负汉罪，天子遣我来诛王，当更立前太子质在汉者。汉兵方至，毋敢动，动，灭国矣。"① 后终持楼兰王首级归报朝廷。傅介子因此得封义阳侯。史载：

> 平乐监傅介子持节使诛斩楼兰王安归首……不烦师众，封介子为义阳侯，食邑七百户。士刺王者皆补侍郎。②

傅介子死后，其子傅敞有罪不得继承爵位，封赏中断。至汉平帝时，因为继功臣绝世之事，"复封介子曾孙长为义阳侯。王莽败，乃绝。"③

北地义渠人傅介子，二使西域，责问龟兹、楼兰两国，击杀匈奴使者，智斩楼兰王，以非凡胆识和过人智慧，有效维护西汉对西域的经营，保障丝路畅通。扬西汉声威于西域，打击、消除匈奴对西域的控制，维护中西交通。直至今天，在义渠故地今甘肃庆阳市宁县付家村，据传有其后裔为其所建宗祠，吸引海内外傅氏子孙前来拜谒。

（三）措置失当　导致羌乱

西汉初年，匈奴正盛，走月氏，破东胡，臣服诸羌。故西汉政府处理边疆事务的重点在北边的匈奴，对西羌一则寻机内迁，二则防止其与匈奴联合，即所谓"隔绝羌胡，使南北不得交关"。西汉时期发生过两次较大的羌乱，第一次是在汉武帝元鼎五年（前112），在匈奴的鼓动和怂恿下，十余万羌民以先零羌为盟主共同寇边。此次羌乱终被平定，但羌汉矛盾并未随之消解反而在累积；殆至汉宣帝时发生第二次羌乱。汉宣帝元康四年（前62），匈奴使者至羌中，联络诸羌，欲攻打丝路重镇鄯善、敦煌，隔绝丝路。汉宣帝遂遣义渠安国巡察羌中。《资治通鉴》胡三省注言："战国时，西戎有义渠君，为秦所灭；子孙以国为姓。"④ 由此可知，肩负西汉政府处理诸

---

① 《汉书》（卷70）《傅常郑甘陈段传》，北京：中华书局，1962年，第3002页。
② 《汉书》（卷70）《傅常郑甘陈段传》，北京：中华书局，1962年，第3002页。
③ 《汉书》（卷70）《傅常郑甘陈段传》，北京：中华书局，1962年，第3003页。
④ 《资治通鉴》（卷25）胡注，北京：中华书局，1957年，第836页。

羌事务重任的义渠安国即为先秦时期义渠戎人后裔。

西汉政府本欲"遣义渠安国行视诸羌，分别善恶"①，但安国在到达羌中之后，并未完全遵照西汉政府的意旨，而是召先零羌豪酋三十余人，诛杀其中不服从郡县管理、策划解仇结盟、侵扰西汉边郡的羌豪，后又纵兵击杀诸羌种人，斩首千余级，从而导致第二次羌乱。《汉书·赵充国辛庆忌传》记其事云：

> 于是两府复白遣义渠安国行视诸羌，分别善恶。安国至，召先零诸豪三十余人，以尤桀黠，皆斩之。纵兵击其种人，斩首千余级。于是诸降羌……攻城邑，杀长吏。②

义渠安国意识到处置不当，遂率三千骑兵至浩亹（今甘肃永登县大通河东）以备诸羌，但以败终，"安国以……三千备羌……为虏所击，失亡车重兵器甚众。"③ 后西汉政府启用颇富经验的后将军赵充国，采用各个击破的方式，才最终讨平羌乱。

义渠安国在处理诸羌事务时，并未完全遵照西汉政府"区别善恶"的意旨，而是一味屠杀先零羌诸豪及其种人，导致大规模羌乱的发生。西汉政府任人非当，存在失误之处，即过分信任义渠安国在处理诸羌事务上的能力，但这次羌乱的爆发，其责多在义渠安国。义渠安国所为自然无可称道之处，但从西汉政府对他的信任和重用，或仍从一个侧面说明义渠戎人的后裔在西汉处理边疆民族事务中的某种特殊重要性。

总之，义渠戎国作为一支相对独立的民族势力在亡于秦后虽不复存在，但其族众即义渠戎人及其后裔，在融入中原的过程中，虽有义渠安国这样的败军之将，但亦不乏因军功而获封侯的显达之人。尤其自西汉初至宣帝时期，在抗击匈奴、经营西域方面多有贡献，其中公孙贺、公孙敖及傅介子等即为其中的勇武之辈。正如《汉

---

① 《汉书》（卷69）《赵充国辛庆忌传》，北京：中华书局，1962年，第2973页。
② 《汉书》（卷69）《赵充国辛庆忌传》，北京：中华书局，1962年，第2973页。
③ 《汉书》（卷69）《赵充国辛庆忌传》，北京：中华书局，1962年，第2973页。

书·赵充国辛庆忌传》言：

> 汉兴，郁郅王围、甘延寿，义渠公孙贺、傅介子，成纪李广、李蔡，杜陵苏建、苏武，上邽上官桀、赵充国，襄武廉褒，狄道辛武贤、庆忌，皆以勇武显闻。①

诚哉斯言。

---

① 《汉书》（卷69）《赵充国辛庆忌传》，北京：中华书局，1962年，第2999页。

义渠民族的生存之道

李西堂

经济是一个民族和国家生存发展的基础，也是历史的重心。特定的经济方式或生存之道是一定时期追求物质利益的人们，按照效益最大化、活动最省力的原则，普遍做出的一种自然选择。我们需要对这种自然选择加以认识和理解，以便弄清我们所关注的义渠先民的民族生存之道、社会经济方式和历史发展道路，或许对当代和未来区域经济发展有些启示。

一、生生不息的义渠部族

在中国夏商周千余年的历史阶段和民族大家庭中，西北地区存在着一个古老的义渠部族和义渠方国，最终融入中国主流社会，成为华夏民族重要的组成部分。时代穿越三千多年，其鲜为人知的民族历史，需要我们不断发掘和认识；其自强不息的民族精神，值得我们永远传承和发展。

1. 中国历史发展的坐标

为了准确把握义渠部族及其方国的发展阶段，我们需要做些鸟瞰式的理论铺垫，粗略勾勒出中国历史发展的坐标、走向和时代背景。

人类作为群居动物之一种，最初是以氏族部落（包括部落联盟）为群体单位而存在的，其部落酋长皆由部落成员不定期的民主选举而产生（只要大家对在任酋长普遍满意，就不必改选，因而任期长短是不固定的）；各部落之间大体平等，虽有大小强弱差异，而略无上下高低之分。这种社会形态，可谓之"部落社会"。

部落社会内外关系一般是和谐的，部落内部实行民主议事制度，虽然能够集思广益、体现全体氏族成员的意志，但其缺点是决策比较慢，行动不够统一。

随着生产力的发展，部落之间的掠夺战争也逐渐增多。当敌对部落远远袭来的时候，实行民主议事制的部落，面临抵抗、转移、撤退或妥协、投降等多种选择，常常议论未定，可能就被击溃或消灭。于是，为了应付战争和生存的需要，各部落不得不适应新形势，逐渐放弃部落成员集体议事的古老民主决策制度；每个部落成员也甘愿出让自己的民主权利给部落首领，实行由部落首领代替大家决策的军事专制制度，其优点是权力集中，便于迅速决策和执行，便于统一指挥、统一管理和统一行动，从而大大提高了决策效率。那些雄才大略、善于组织动员的英主，往往会使部落在残酷的战争竞争中不断取得胜利，变得非常强大，日益凌驾于各部落之上，负责分封方伯诸侯、协调部落矛盾等等。

部落社会一旦出现这种强权格局，则部落之间的平等关系即被打破，形成统治与被统治、奴役与被奴役关系。面对强大武力集团，那些敌对部落或者被迫归顺，或者被迫远徙，甚或被彻底消灭。而强大武力集团的首领则成为"天下共主"，其功臣和同盟部落各位首领便受封为诸侯并接受"共主"统治，于是"部落社会"变为"封诸侯、建国家"的所谓"封建社会"。

中国历史上，从黄帝到尧舜的所谓"五帝时代"，就是由"部落社会"向分封制的"封建社会"转型期或过渡期。其主要特征是，部落之间的平等关系逐渐代之以上下之间的统治关系；部落内部的民主选举制逐渐代之以君主专制及诸侯世袭制；原始的国家政权和机构逐渐产生，层层实施分封制。这是人类历史的进步，也是中国历史上第一次社会大转型。这次转型，大约起于黄帝之初，而终于夏禹之初，历时四百余年。在这之前是原始"部落社会"；在这之后的夏商周三代，则为近两千年的封建社会（封诸侯、建国家）。

顺便说说，从原始时代到如今，依次更替的部落社会、封建社会、帝制社会、民治社会（民主社会）等四种社会形态，与我们常用的奴隶社会、农奴社会、资本主义社会、社会主义社会等概念，都只是着眼于最显著的社会特征，从不同角度对某种社会形态的不同命名、分类和称谓，二者有交叉关系。比如，封建社会和帝制社会都可能是奴隶社会或农奴社会，民治社会则可能是资本主义社会或社会主义社会。而社会主义社会如果不是民治社会（民主政治、民主法治社会），或者拒绝向民治社会过渡，就可能蜕变为没有专制帝王的极权政治的帝制社会。

"封建社会"的主要生产劳动者既可以是奴隶，也可以是农奴、工奴。奴隶与农奴只是人身自由多寡而已，其实区别都不大；这种社会谓之"奴隶社会"抑或"封建社会"都无不可，二者实为同一社会形态。大体说来，"封建社会"是着眼于该社会上层组织的称谓，但其底层实行的可能是程度不同的"奴隶制"或"农奴制"；"奴隶社会"则是对该社会底层组织的称谓，但其上层（从天子到庶人）则实行的是层级"分封制"。唐德刚先生指出：人类社会发展史中之所谓"封建社会"者，实自"部落社会"直接演变而来，与"奴隶社会"并无延续关系也。①"封建社会"与"奴隶社会"既为同一社会形态，当然不存在延续关系。

在部落社会，一个部落或部落联盟，就是一个族种或方国。那时，中国大地上的部落方国成千上万，以致有"协和万邦"②"禹会诸侯于涂山，执玉帛者万国"③之说！"殷汤受命，其能存者三千余国……。及乎周初，尚有千八百国。……其后诸侯相并，有千二百国。及平王东迁，迄获麟之末，……而见于春秋经、传者，百有七

---

① 唐德刚：《晚清七十年》，长沙：岳麓书店，第一部第二章。
② 《尚书·尧典》。
③ 《左传·哀公七年》。

十国焉"。①

义渠就是一个在部落基础上先后形成的古代民族和方国。

2. 义渠所处的历史位置

义渠是一个古老的民族，在获得这个特别的族名之前，它和西北民族一起，已在这片土地上无声无息地生活了数千年！深厚而艰辛的民族历史，无疑值得当代每个人尊重和敬畏。

由于地理环境和文明程度的原因，义渠和众多的戎狄部落社会大概到殷周之际，才开始向封邦建国的"封建社会"转型，比起较先进的中原夏商周各部落，自然要晚一千年左右。这些戎狄之族，在春秋时期，尚处于从原始社会向封建社会的过渡时期，文化落后于中原地区，常以游牧为生，也经常出外征伐，互相劫掠财富和人口，这是民族不幸和落后的表现。

不过，相对而言，以甘肃宁县为首府的义渠戎国，当时在西戎各族中还是比较强大和先进的。

早在商周时代，义渠族就逐渐占据今甘肃庆阳、平凉、宁夏固原地区及陕西北部等地，南与天水、关中较先进的秦人和周人邻近，其地理位置很有利于民族文化交流，这是义渠部族进步的关键所在。美国人类学家弗朗兹·博厄斯指出："人类的历史证明，一个社会集团，其文化的进步往往取决于它是否有机会吸取邻近社会集团的经验。一个社会集团所获得的种种发现可以传给其他社会集团；彼此之间的交流愈多样化，相互学习的机会也就愈多。大体上，文化最原始的部落也就是那些长期与世隔绝的部落，因而，它们不能从邻近部落所取得的文化成就中获得好处。"② 交往或交流对一个民族发展进步至关重要；交流还是不交流，是一个民族发展进步与停滞落后的关键！

---

① ［唐］杜佑：《通典·州郡一》（卷171）。

② ［美］斯塔夫里阿诺斯："引言：世界史的性质"，收于《全球通史》，上海：上海社会科学出版社，1999年。

在这一点上，义渠人是很幸运的。由于长期与擅长农业的周部落、周族后裔比邻而居或杂居其中，义渠人深受周人先进文化的熏陶和先进农业生产方式的感召，商代中期已逐渐学会了农耕技术，接受了周族文化，并效仿周人建立城堡和村落，官民普遍定居下来，筑城邑，开荒地，实行农牧结合的经济方式，从而改变了落后的游牧生产方式，其社会经济发展水平，虽比周秦等中原发达民族略逊一筹，但却比其他戎族各部要先进很多，由此赖以强大起来。

3. 义渠立国及民族融合

义渠是西北地区一个古老的民族，它以少数民族立国，一度成为诸戎中之最强大者，也是融入中原华夏民族的一支戎族。《竹书纪年》云：

> 武乙三十年（约前 1118），周师（古本作'季历'）伐义渠，乃获其君以归。

商代义渠已有其君，说明义渠此时已经建国，在被日益强大的周人击败、君主被俘之后，义渠纳贡称臣，归顺于周，从此双方和谐相处，数百年相安无事。直到春秋时期，义渠不断壮大，先后吞并了彭卢戎（宁夏彭阳县）、郁郅戎（甘肃庆城、环县、合水县）、朐衍戎（宁夏盐池县）、乌氏戎（甘肃泾川、灵台县），扩大了疆域。

进入战国之后，义渠多次进攻秦国，兵锋直抵渭水，成为秦国北边的强敌。前 430 年，秦躁公"十三年，义渠来伐，至渭南"[1]；前 335 年，秦惠文王三年，"义渠败秦师于洛"[2]，直到四年后（前331），义渠戎国发生内乱，这一百年间，可谓是义渠戎国最强盛的时期。而秦国则经过秦哀公到秦出子（前536—前385）一百五十多年的"中衰时期"，进入秦献公、秦孝公父子（前385—前338）近半个世纪的"变法时期"，国势日益转强，到秦惠文王（前337—前311）开始称王，最终成为义渠戎国和东方六国的克星。

---

① 《史记·秦本纪》。
② 《后汉书·西羌传》。

义渠内乱平息之后，在与秦国的残酷斗争中每况愈下，屡败于秦；秦国在义渠境内设县，收"义渠君为臣"①。秦昭襄王三十五年（前272），义渠戎国被正式消灭，前后存史至少846年。

自古邦国有兴有亡，宛若一所房子，当兴则兴，当亡则亡，其兴建毁亡，皆为人类历史发展之需要。从"禹会诸侯"时的"天下万国"、周初"千八百国"，到春秋时"百有七十国焉"，其间亡国不计其数，未必不是好事。毕竟国家统一，民族团结，是各族人民的共同愿望，是历史发展的主流。

义渠戎国虽然归于寂灭，但义渠人的社会和民族却绵延不绝。

义渠面积广大，地形复杂，尽管建立了"义渠戎国"，有了"义渠王"，但其内部"各分散居溪谷，自有君长，往往而聚者百有余戎，然莫能相一"②，国家统治还比较松散，缺乏严密的军事、行政组织体系。而不像秦国那样逐步形成一个王权强大、组织严密、高度集中统一的国家，这是义渠不能像秦国那样从一个小小的嬴姓部落迅速强大起来的根本原因。

然而，弱小民族占据偏远山区更能自保，占据平原反而不利于防守。义渠社会高度分散和梁峁纵横、地广人稀的特点，更有利于保护义渠民族长存不没！由于高度分散，强秦能灭其国，却不能亡其族；能败其一部，而不能尽灭其民。义渠亡国之后，并未就此消失，其种族后裔仍然不绝如缕。汉武帝时，有大臣光禄大夫义渠安国，义渠人，且以族名或国名为复姓。"义渠公孙贺、傅介子，……皆以勇武显闻。"③ 至于唐宋明清到如今，古老的义渠大地上人才辈出，不胜枚举。奔向大海的中原巨流中，永远都有马莲河汇入的一弯清水！

4. 义渠族和我们的态度

由于地理条件优劣不同，古代各个部落或民族发展进程有快有

---

① 《史记·秦本纪》。
② 《史记·匈奴列传》。
③ 《汉书·赵充国辛庆忌传》（卷69）。

慢，就像今天世界各国有先进落后之分一样，是很正常的。但各民族或国家无论大小强弱、发展水平如何，其族格、国格、人格尊严和权利一律平等，不应该受到歧视或以偏见、鄙称叙事。因此，诸如"中原中心论"和"蛮夷戎狄"之谓，都是要不得的。

"义渠"一名，当初无论作为族名、国名、县名、地名还是氏名，当是义渠人的自称，而"义渠戎"则是以周秦为代表的中原人对义渠部族的鄙称，我们今天再不宜承袭芥蒂，"以戎呼之"。

义渠固然不属于中原，但也绝不是外在于中原的域外之邦，而是中华民族的组成部分，尽管其发展程度还比较原始，但我们也不当以"戎狄"鄙视之，相反应当对先民及其历史心存一份敬畏和尊重。

中国是一个复合体。其中最主要的体干是所谓"华夏"族，但这"华夏"族其实也是一个复合体。夏商周三代原是三个不同的氏族，本质上与所谓戎狄各族一样，原无"华夏""戎狄"之分。因为，即便是最"正宗"的夏商周三个氏族，起初也可能属于"蛮夷戎狄"。《史记·六国年表》谓"禹兴于西羌"，而周人推其种亦源于姜姓，姜即是羌，"姬、姜"很可能是"氏、羌"之转音。是则夏人、周人和羌人都有血统关系，二族皆来自西北，或者竟与氏羌为一族。

"中国西部地区称为夏"①，夏人起自西北，周人也起自西北，与夏人有些渊源。所以，周人在与商政权的斗争中为了"自贵其身"，也就以"夏"自居了。随着周人势力向东扩展，"夏"便渐渐成为中原人的通称，而文化落后、居于边远偏僻地区的氏族便被称为"蛮夷戎狄"。但"蛮夷戎狄"四个字并不是种族的具体名称，而是中原人对文化落后氏族的鄙称。被称作"戎"的种族很多，包括义渠戎、大荔戎、姜戎、犬戎（猃狁）等，最早可能与夏、周部

---

① 范文澜：《中国通史简编》（上册），北京：人民出版社，1994年，第133页。

族一样，皆为羌族的各个分支，而商人、秦人则可能出自"东夷"，是则夏、商、周、秦各部族当初谁不为"蛮夷戎狄"？只不过这些民族占据中原最优越的地理环境，因而文明进步较早，创造了当时最先进的以农耕为基础的中原文化而已，是为"华夏"文化。而"所谓'华夏'，实是文明伟大的意思；所谓'中国'，便是天下之中的意思，其意义只是文化的与地域的，种族的意义很少"①。所谓蛮、夷、戎、狄族和华夏族的区别，主要是文化、风俗差别，而不是血统差别，也不是严格意义上的民族，只不过是一部分文化相对落后地区的居民而已。

其实，戎狄与否，关键是看接受中原先进文化和与中原民族融合的程度。"诸侯用夷礼则夷之，夷而进于中国则中国之"②，顾颉刚先生曾以"姜戎"为例剖判说："姜戎虽未完全华化，与齐、许诸国异，而其为四岳之裔胄，则与齐、许诸国同。然则申、吕、齐、许者，戎之进于中国者也；姜戎者，停滞于戎之原始状态者也。抑申、吕、齐、许者，于西周之世东迁者也；姜戎者，于东周之世东迁者也；由其入居中国之先后，遂有华戎之判别，是则后迁者之不幸耳。"③ 商代以降的千余年间，义渠部族一直稳居于陇东的"义渠故土"，逐渐变成农业定居民族之后，更是游牧性、流动性和侵略性日益减少，"其后义渠之戎筑城郭以自守"④，始终未能像申、吕、齐、许等"姜戎"之国那样受封东迁，其民族文化风俗得不到改变，所以一直被视为"戎狄之人"。彻底融入华夏民族，则是其土地和人民归入秦国以后的事。毕竟统一是大势，弱小政权的硬撑和抗拒，只会造成更多的百姓死伤，必然阻碍历史发展。从这个意义上说，义渠融入秦汉帝国，顺应历史潮流，结束了各民族间的争斗，为经

---

① 童书业：《春秋史》，北京：中华书局，2006年，第127页。
② [唐] 韩愈：《原道》。
③ 童书业：《春秋史》，北京：中华书局，2006年，第27页。
④ 《史记·匈奴列传》。

济发展提供了和平环境，也使人民获得新生，无疑具有历史进步意义。

义渠的历史说明：中国自古以来就是一个多民族的国家，各族人民在祖国土地上劳动、生息和斗争，共同创造了灿烂的历史文化，推进了民族融和的步伐。

二、义渠疆域和自然环境

地理环境永远是人类活动的历史大舞台，也是人类生存的先决条件。一个民族的历史发展不可能不受其生存环境或自然条件的影响，这种影响越在人类社会初期，就越大越直接。可以说，特殊的地理环境往往规定了一个民族生产力发展的特殊方向，也规定了一个民族性格和民族精神的特殊风貌。

人类社会最初的经济形态，都是在某种特定地理环境和气候条件下形成的自然经济；不同的地理环境和气候条件，形成不同种类和特色的自然经济。农牧并举是义渠经济的最大特色，这种特色也是由当地地理环境和气候条件决定的。可见，地理环境对自然经济，特别是对古代农业经济的影响最大、最直接。研究义渠经济史，不能不涉及特定的地理环境和气候条件。

1. 义渠戎国的疆域面积

我们论述的义渠戎国经济是特定疆域面积上的经济，因此必须大体明确其疆域四至和中心位置。

义渠的疆域虽有伸缩，但一直还算比较稳定。强盛时，其域东至洛河，甚至晋陕黄河西岸，一度与魏之西河、上郡相邻。前352年，秦出兵攻取被魏侵夺的西河、上郡之地，并对义渠不断蚕食。从此，义渠退至子午岭一线，约当陕西靖边、延安、宜君一线之西，东面和南面均与秦国接界。

南与秦国相接，以关中盆地北缘的"北山"一线为界，约当陕西宜君、旬邑、彬县、陇县一线之北。彬县西北的义门镇就是义渠通往关中标志性的南大门。

西至六盘山（陇山）以东，约当陕西陇县、甘肃华亭及宁夏泾源、固原一线。

北以战国秦长城为界，疆域最大时，可到横山一线，约当宁夏固原、甘肃环县、陕西靖边一线。

这个广袤的区域，覆盖陕甘宁三省区几十个县，正是黄土高原的中心地带，自然条件宜农宜牧。义渠族的普通百姓千百年来，就散居在这块神奇的土地上，且耕且牧，顽强生存，世世代代，繁衍不息。而义渠戎国的王城就在宁县，其王公贵族们活动的地区，则主要还在以宁县为中心的优越区域内，致使宁县成为一个历史文化遗址十分丰富的地方。

由于疆域宽广，南北地理、气候等自然条件差距较大，不同区域义渠族的经济方式和结构并不统一。大约南部（秦之北地郡）及原区一带的义渠民众，已经能够据城自守，早就以农耕为主，兼顾牧业；而北部（秦之上郡）及山区的义渠居民，由于地形险恶，其经济生活方式恐怕仍以游牧、狩猎为主，农业生产只是辅助性的。这种差别正是义渠社会产业多样性、经济生活多样性的表现，由此带来经济上和民族性格上的互补性，避免了"单打一"的经济方式，也弥补了单一农业民族或单一牧业民族的种种缺陷。

2. 义渠的土壤和气候

无论哪个民族，其生活和活动离不开地理环境，并受到其赖以生存的地理环境的制约和影响。义渠位于西北黄土高原，其农牧结合的经济方式主要是由这里的地理环境和条件决定的。

义渠的自然条件有其独特的经济内涵和优长。

首先是土壤。土壤同人类生活有着非常紧密的关系。《尚书·禹贡》对九州土壤分类说，雍州的土壤为黄土，这种土壤在全国九州居于上上。① 黄土不但天然就是肥沃的，而且是一种非常松软而无块的柔土，易垦易种，且保水而不干燥，适宜于粟、稷等耐旱作物生长。这就有可能使木石工具时代的人们，能够很自然地发展农业生产。古书所谓"斫木为耜，揉木为耒；耒耜之利，以教天下"②，就是那种农业情况的真实反映。

人类自身的繁衍和社会生产的发展，和当时的地理环境有着密切的联系。地处岐、梁二山之北，泾、洛中、上游流域的义渠戎国，由于当时的气候比现在温暖湿润，黄土的土质疏松肥沃，适宜原始旱耕农业的生产，加上黄土的垂直节理，便于先民穴居，故成为我国人类和农业的发祥地之一。陈正祥先生认为泾、渭、洛、汾、沁河流域是中国"农耕和文化的发祥地""汉文化的原始中心"。③ 冯绳武先生依据秦安大地湾出土文化，认为渭水支流葫芦河东支清水河谷是"中国旱耕农业的起源地"。④ 另外，陇东庆阳、平凉两地区目前已出土的六百多处新石器遗址，和从这些遗址中发现的不少房屋、窑穴及糜子、油料等粮食作物，足以说明义渠戎国之地老早就是一个适宜人类定居并从事农耕的地区。义渠之民生活在这样一个当时自然条件较为优越、适宜农业的环境中，从事农业是理所当然的事。

义渠族是一个具有农耕传统的民族。义渠之先的獯鬻、獫狁约商代中叶之前从洮河流域东迁陇东泾河流域后，与周人杂居相处，深受周文化的影响，而周人是一个以从事农业著称的民族，所以獫狁在商周之时已掌握了农耕技术，这从獯鬻、獫狁的陇东安国式寺洼文化遗址中得到证实。合水九站寺洼文化居民的聚落遗址，地处河谷第二阶段，面积达 4.8 万平方米，出土有大量房屋、窑穴及陶

---

① 顾颉刚：《禹贡注解》。
② 《易传·系辞下》。
③ 陈正祥：《中国文化地理》，北京：生活·读书·新知三联书店，1983 年版，第 1 页。
④ 冯绳武："从大地湾遗存试论我国农业的源流"，载《地理学报》，1985 年第 3 期。

器。并在陶器的底部重复地发现谷物痕迹，说明獯鬻、獂狁在商周之时已是一个定居从事农业的民族。我们还从 1980 年出土于陕西长安县下泉林的《多友鼎》铭文中看到，多友率领的周军，仅在两次战斗中缴获獂狁战车就多达 127 辆。另外从甘肃庄浪县徐家碾寺洼文化墓葬中出土的铜钱、铜戈、铜矛、铜刀、铜铃、铜镯、铜销和陶文或符号①来看，獂狁的文化和社会生产力发展水平，大体与中原一致或接近。

与义渠人相邻而居的周人甚至很早就能够因地制宜，发展农业。周之祖先"弃（后稷）为儿时，屹如巨人之志。其游戏，好种树麻、菽，麻、菽美。及为成人，遂好耕农，相地之宜，宜谷者稼穑焉，民皆法则之。"② 义渠先民"近水楼台"，当然首先会"法则之"。

义渠戎国地属古雍州，乃周人之豳地。义渠戎国虽然出自游牧民族，其与周人虽有冲突，但义渠人很早就以豳地的古豳国为中心，学习借鉴周人创立的农耕文化，学会了农业生产，成为一个定居下来从事农业、兼营牧业的国家，使这一地区由最初以牧业为主的游牧区，变为以农业为主的半农半牧区。庆阳地区大量考古遗存中就发现了房屋、窑穴及糜子、油料等粮食作物和部分铁制农具，足以说明义渠戎国很早就从事农耕活动。《诗经·豳风》中描述了当地农业状况："八月剥枣，十月获稻。九月筑场圃，十月纳禾稼。黍稷重穋，禾麻菽麦"，一派兴旺景象。古代黄土高原自然条件比今天优越，发展农业是很自然的事。

其次是气候和水情。古今内陆性气候条件差别不是很大，我们且以义渠国都所在的宁县当代气候数据作参考。

宁县属暖温带大陆性高原季风气候，年平均气温 8.7℃，历年最

---

① 中国社科院考古所："甘肃庄浪县徐家碾寺洼文化墓葬发掘纪要"，载《考古》，1982年第 2 期。

② 《史记·周本纪》。

热的 7 月平均温度为 22℃，极端高温 36.5℃，夏秋多雨，降水集中，多年平均年降水量 565.9mm，4—10 月为主要降水月份，其中 7、8、9 三个月降水最多，占全年总降水量的 55.6%。

可见，宁县地处西北黄土高原，尽管比较干旱，气候温和偏凉，但发展农业的条件也是较好的。从当地很多上古文化遗址中，都曾发现粟（稷，俗称谷子、小米）的皮壳，说明这些地区在历史上很早就开始大面积种植稷、黍等耐旱作物。加上丰富的河流和较浅的地下水源，高热和多雨的季节正好处于同一季节，"在农作物生育最有效的时期往往降雨"[①]，从而保证丰收。拥有如此得天独厚的自然条件和地理生态环境——土壤、水分、气候等生态条件，特别适宜农业，先民何乐而不为！相反，处在这种适合农业生产的优越自然条件下，不从事农业生产，而继续坚守效益低下的游牧生活，才是不可理解的。

土壤、气候和水利是发展农业的决定性条件。显然，一系列优越条件，最适宜农业的地理环境，使义渠先民很早便选择了农业这条生存道路。

义渠是一个有城郭长处的定居民族。据《后汉书·西羌传》载，春秋末期"义渠大荔最强，筑城数十"。又《史记·匈奴传》言："义渠之戎筑城以自守，而秦稍蚕食，至于惠王，遂拔义渠二十五城。"从两传来看，义渠筑城当在春秋之时。然另据《诗经·出车》："王命南仲，往城于方。……天子命我，城彼朔方。"此诗当为西周宣王时作，朔方即北方之意。[②] 南仲奉命所往之城，正是春秋战国义渠戎国之域。可见义渠筑城的历史，当上溯至西周宣王时期。一般来说，定居是以农业为前提的，没有农业这个物质基础，就不可能长期定居于一地。义渠既筑了这么多的城，说明农业在其经济中已占有重要的地位。

---

① 李亚农：《李亚农史论集》，上海：上海人民出版社，1978 年版，第 636 页。
② 黄盛璋："玁狁新考"，载《社会科学战线》，1983 年第 2 期。

3. 寒冷的气候与牧业

经济效益的引领作用和驱使力量，比任何政府的重农、劝农政策要强大百倍。由于自然条件比较宜农，致使我国农业不仅成熟得非常早，而且很快发展得一支独大！至如中原内地，劳动力和土地差不多全都投入粮食种植业，其他经济部门如渔猎、牧业和手工业等，都不如经营农业稳定可靠、简单易为和效益显著。至少在单位面积土地上务农，比放牧和渔猎养活的人口都要多。农业经济这种突出的优越性、合理性，使它以外的行业或者得不到发展，或者被历史所淘汰，或者依附于农业。由此造成了中国几乎是单一的农业经济结构的局面。

但是，中原边缘的我国三北地区，包括以宁县为中心的义渠戎国疆域，地理环境还有另一种最突出、最明显的禀赋，即黄土尽管松软肥沃，易于耕种，透水性和保水力也好，但其颗粒间的胶结物主要为碳酸钙，遇水容易溶解，土壤离散大，一旦被雨水冲刷，极易流失。历年日久，沟壑不断增加，原面就被切割成若干小原，小原进一步形成梁、峁，支离破碎，有山地，有川原，有沟壑，形成环境的多样性；义渠疆域尤其是宁县一带，气候较为寒冷，无霜期短，也比较干旱，尽管具有发展农业的良好自然条件，但毕竟发展农业的气候条件有所不足。

我们仍以今天宁县的气候为例：宁县最冷的元月平均气温为 −5.8℃，极端低温 −25.4℃，冻土深度一般在 80cm 以下。冬季干旱，雨雪稀少，历年最大积雪深度为 21cm，最大无霜期为 219 天，最短无霜期为 126 天，多年平均无霜期由 5 月 2 日至 10 月 9 日共 161 天。可见这里比较寒冷，干旱少雨，无霜期较短，已显然不如关中和中原地区利于农业。

然而，失之东隅，收之桑榆。尽管义渠发展农业的条件不是最佳，但却是发展牧业的好地方。农业条件的不足，由牧业得到补充，形成农牧并举而以农业为主的经济结构。这种经济结构，使居民且耕且牧，其所拥有的肉类、羊毛、驼毛、皮革、骨制品和奶制品等畜牧产品，远比农产品种类要丰富，形成产品的多样性，对外更容易出现商业贸易。这也证实了马克思的下述论断："不是土壤的绝对肥力，而是它的差异性和它的自然产品的多样性，形成社会分工的自然基础，并且通过人所处的自然环境的变化，促使他们自己需要、能力、劳动资料和劳动方式趋于多样化。"① 普列汉诺夫概括指出："地理环境的特点往往给予个别民族生产力的发展以极其特殊的方向。"② 义渠社会农牧并举的经济方式，既不同于中原地区的单一农业经济，也大异于内蒙古草原的单一牧业经济，自有其独特而浑厚的经济内涵和优点。

义渠是半农半牧民族，农业之外，马牛羊的饲养是很自然的。考古发掘随葬品中马具数量众多，其养马用马程度可想而知。而从宁夏固原地区春秋战国墓葬看，无一例外存在大量的马、牛、羊头蹄殉葬，说明牧业在当地是很普遍的。

义渠和先周南迁后的遗民杂居，不断学习周遗民的农业生产技术，学习周族文化，在生活风俗上逐步与周族同化，开始从事农耕，但他们并没有丧失自己的传统。在这些地区，由于气候的原因，农业的优越性被打了折扣，传统的牧业经济并没有被新兴的农耕事业所取代。对此，司马迁特别强调说："北地、上郡与关中同俗，然西有羌中之利，北有戎翟之畜，畜牧为天下饶。"③ 可见，农牧并举或半农半牧乃是义渠社会最具特色的经济方式。

4. 义渠通往境外的道路

义渠以位于宁县的国都为中心，其疆域之东、南与秦、魏相邻，北与赵国及匈奴接壤，其交通非常便利，通往境外的道路主要有以

---

① 中共中央马克思恩格斯列宁斯大林著作编译局：《马克思恩格斯全集》（23卷），北京：人民出版社，2006年，第561页。
② ［俄］普列汉诺夫：《普列汉诺夫哲学著作选集》（5卷），北京：三联书店，1984年，第948页。
③ 《史记·货殖列传》。

下几条：

正南：从早胜塬南下彬县，直通秦都咸阳；从宁县到陕西旬邑县职田镇，再南下旬邑县，经云阳，入咸阳。

正东：翻越子午岭，经黄陵、黄龙、韩城北，到河东。

东南：沿洛水南下，到白水县一带。子午岭两侧有著名的延川道和马莲河道，这是义渠南下主道。秦惠文王三年（前335）"义渠败秦师于洛"①，即取道东南，战于今陕西志丹至白水县以北的洛水沿岸。

正北：从宁县北上，沿合水、板桥、庆城、环县，北至定边、盐池一带，这是通往塞北的大道。义渠的食盐就由此道运入。

东北：沿子午岭北上，到达肤施（陕西榆林市南）一带，这是秦汉时期由关中到达北地、上郡的主要通道。

西北：即萧关故道。从宁县经彭阳（镇原县彭阳乡）、镇原县、宁夏彭阳县、朝那（彭阳县古城镇），过萧关（宁夏固原市东南），越六盘山到西吉县，直至兰州、凉州（甘肃武威）。东汉末年，关中丧乱，班彪避祸凉州，先从长安经职田镇，"登赤须之长阪，入义渠之旧城"②，然后前往凉州，走的就是这条故道。

西南：从宁县经泾川、崇信、华亭、张家川、清水诸县，到天水。《史记·秦本纪》载"秦躁公十三年（前430），义渠来伐，至渭南。"此处"渭南"系渭水之南，疑为天水东部一带的渭水南岸，而非今天的渭南市。前317年，义渠"起兵袭秦，大败秦人李伯之下。"③ 此处李伯亦作李帛，其地位于何处，古今未详。有学者疑李伯即《水经注》之伯阳城。《水经注·渭水》曰："渭水东径伯阳城南，谓之伯阳川。盖李耳西入，往径所由，故山原畎谷，往往播其名焉。"民国地理学家邹兴钜曰："伯阳城在今甘肃天水东八十里。

---

① 《后汉书·西羌传》。
② ［汉］班彪：《北征赋》。
③ 《史记·张仪列传》。

可知义渠这两次战胜，皆取道于西南，袭击秦之后方西陲。"

义渠时代开辟的这些通往境外的道路，主要用于政治、军事目的，附带也作马匹、牛羊、皮革与盐铁、丝绸、茶叶、粮食的贸易通道。这些道路是民族交流的重要途径，其中以通往关中的要道为主，体现了中国各民族的内向性和亲和力，也表明义渠绝不是一个不与外界交流的封闭社会。

三、农牧并举的经济方式

"史学之所求，不外乎（1）搜求既往的事实；（2）加以解释；（3）用以说明现社会；（4）因以推测未来，而指示我们以进行的途径。"① 有关义渠部族的历史记载虽然不多，但义渠戎国是一个农牧并举社会的基本经济事实还是清楚的。从这个基本事实出发，我们对义渠国史的认识得以深化，庶几可为未来提供些许历史参照。

人类先民和其他动物一样，为了生存，不得不屈服于自然界，他们在各自的地理环境中最适合干什么就干什么。干农业还是干其他产业，绝不取决于先民的意志，而是取决于他们所处地理环境的特性。由于地理环境的基本差别，居住在不同环境里的人们之间的社会关系也就各不相同，以至我们可以说，不同民族的历史、不同民族的经济方式和生活方式，起源于不同的地理环境和周边社会环境的影响。

由于地理环境（包括气候条件）的缘故，义渠人民一直因地制宜，采取农牧并举或者说半农半牧的经济方式，这是他们最科学、最合理的选择，也是他们的"特色经济"和经济方式的最大特点。

1. 义渠民族的农业概况

农业在社会经济中始终居于基础地位。义渠戎国所在的甘肃陇

---

① 吕思勉：《吕著中国通史》（2版），上海：华东师范大学出版社，2005年，第4页。

东和陕西关中以北地区，约当古雍州之境，属于土壤很肥沃的地方，"原隰底绩，至于猪野。……厥土惟黄壤，厥田惟上上"①。原是高而平的地方，隰是下湿之地，其土质在古九州中列为最上等，因而这里很早就成为人们生活栖息和经营农业的地方。不消说，义渠经营农业，有着得天独厚的地理条件。

义渠的邻邦——周人部落，是一个历来重视农耕的民族，"周字的古文像田中有种植之形，表示这国族是以农业见长"②。传说中周人的祖先弃（神农后稷），被后世奉为农业之神。义渠曾长期与之为邻，又曾长期臣服于周，应当不难接受周人的先进农业技术。

义渠之地，很早就有较发达的农业生产。据张多勇、李并成二位说：周新郢等学者将宁县阳狐仰韶文化半坡晚期（距今约5000年）等史前人类活动遗址进行作物种子分选，"发现栽培作物数量占有绝对优势，其中黍（糜子）、粟（谷子）、水稻、大豆等多样化农业有所发展，到仰韶文化晚期随着本地区聚落数量的增加和聚落规模的扩大，这里已经是原始农业的中心"③。义渠部族尽管还有很大的牧业成分，农业也还比较原始，但至迟在商代中期就已效法邻近的周人部族，形成居民定居、以农业为主、兼营畜牧业的经济方式；结束"逐水草而居"的游牧生活至少是周人迁豳前后的事。其"农业化"的程度则因地域不同而有差异。具体地说，在其南部之川塬地区以旱作农业为主，在其北部山区和草原地带则以畜牧为主，但无论以农还是以牧为主，都是一个居民定居、半农半牧或农牧混合的社会，而都不是一个居无定所、漂泊不定的游牧民族。这是由当地的地理环境和当时义渠社会的生产力决定的。

2. 义渠戎国的农作物种类

农业的发明乃是文明的曙光。在渔猎采集时代，人类生存只能

---

① 《尚书·禹贡》。

② 张荫麟：《中国史纲》，太原：山西古籍出版社，2001年，第12页。

③ 张多勇、李并成："义渠古国与义渠古都考察研究"，收于《历史地理》（第33辑），上海：上海人民出版社，2016年，第300页。

像动物一样，寻找直接可食用的"自然之物"，以维持生命；自从发明了畜牧和农业，人类就有了自己的"创造之物"，以保障生活，这是文明的曙光和人与动物的显著区别。

农作物种植的发明并不是很晚的事。早在新石器时代的仰韶文化层中，就出现了石制的耕器。汉代人追忆说："古之人民皆食禽兽肉。至于神农，人民众多，禽兽不足。于是神农因天之时，分地之利，制耒耜，教民农作，神而化之，使民宜之，故号之神农也。"①以神农后稷为始祖的周人是以发展农业而强盛的氏族。周人所用的农具主要有耒（叉形的翻土农具）、耜（类似锹、铲的翻土农具）、钱（与耜相类的铁铲）、镈（除草用的锄类农具）、铚（收割用的镰刀）等。这些原始农具最初为木石制作，商周时期大多改为铜制的耕器。春秋中期以后，铁器应用渐广，出现了铁制的农具。

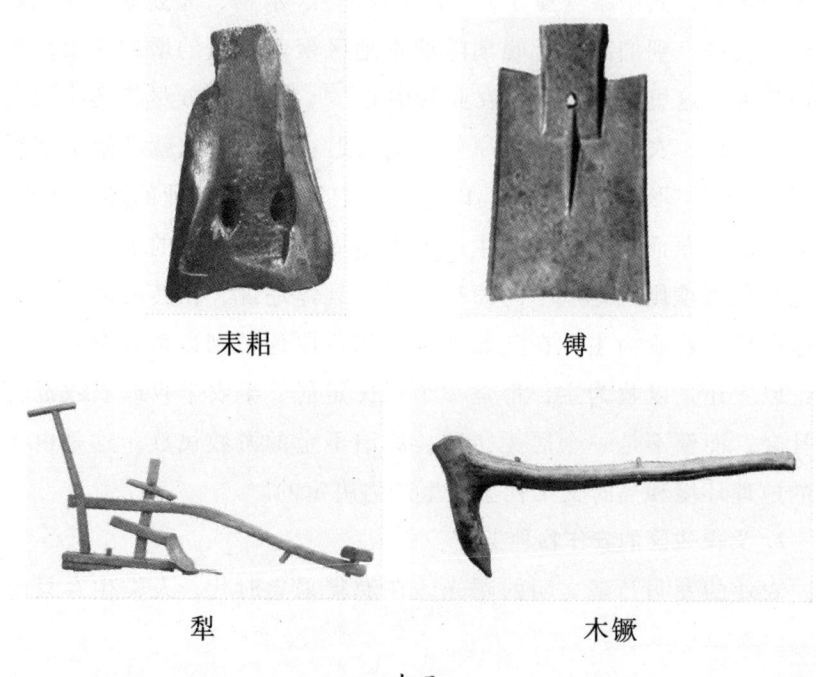

耒耜　　　　　　　　　　镈

犁　　　　　　　　　木锨

农具

_____

① 《白虎通义·号》

义渠族在当地从事农业活动的农作物，当是在周先祖培植农作物的基础上有所发展。义渠的农产品不会少于《诗经·豳风·七月》所反映的作物品种。"八月剥枣，十月获稻。为此春酒，以介眉寿。七月食瓜，八月断壶，九月叔苴，采荼薪樗，食我农夫。九月筑场圃，十月纳禾稼。黍稷重穋，禾麻菽麦。"黍、稷、禾、麻、菽、麦、稻、瓜、桑均为其农产品，粮食作物则主要出产黍、稷、菽、麻等。

《诗经·豳风·七月》还描述了林果栽植情况："六月食郁及薁（'郁'李的一种；'薁'野葡萄，当地人称莓子），八月剥枣""朋酒斯飨，曰杀羔羊，跻彼公堂。"祭祀还使用酿成的酒，宰杀羔羊，反映本地区农牧业的兴盛。

义渠的主要粮食作物同周人一样，也是所谓"五谷"：黍、稷、麦、菽（豆）、麻（麻子），这五种谷物是农业社会或农牧混合社会先民的主要粮食。

稷，古亦称粟，即谷子、小米，《说文》解释稷字谓"五谷之长"，是为五谷中最主要的一种。《周礼·职方氏》谓雍州"其谷宜黍、稷"。谷子耐干旱和寒冷，生长期短，高原瘠地也可种植，它主要产自华北大平原和黄土高原，是北方人民的主要粮食。

黍，就是糜子，去皮后叫黄米，其重要性在古代北方的粮食作物中仅次于谷子。

麦，分大麦（麰）和小麦。我国在很早以前就已经栽培小麦了。小麦又有冬小麦、春小麦之分。春小麦春播秋收，冬小麦仲秋播种，孟夏收获。周人在较寒冷的豳地，似乎种的是春小麦。《诗经·豳风·七月》说："九月筑场圃，十月纳禾稼。黍稷重（后熟者）穋（先熟者），禾麻菽麦。"麦子与黍稷麻菽都在十月一起收获，可知当时种的是春小麦。从义渠戎国气温偏低的情况看，也可能只适宜种春小麦。无论何种小麦，食用时，并非像后世那样磨面吃，而是直接煮麦粒吃。

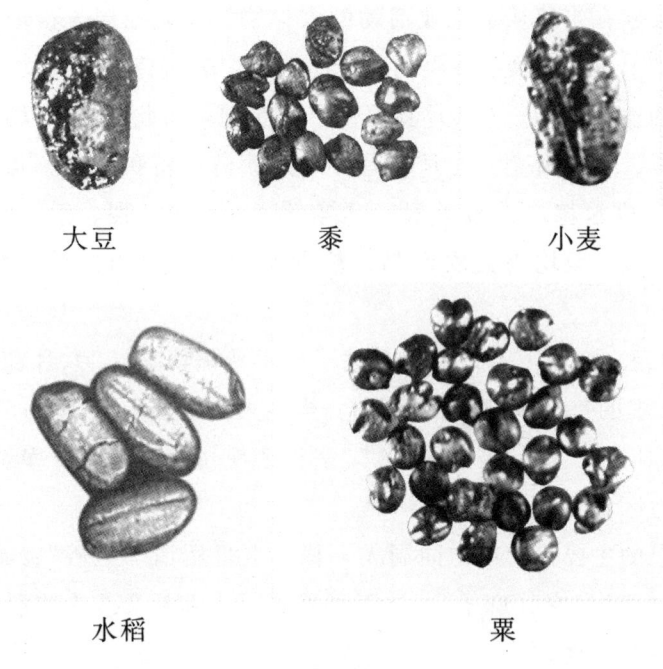

大豆　　　　　黍　　　　　小麦

水稻　　　　　　　粟

农作物

菽，就是豆子，种类很多，主要有大豆、小豆、黑豆、黄豆、红豆等。大豆是人民的主要粮食，它生长期短，抗旱力强，可以春夏两季播种，在不同气候和不同土壤条件下都能生长，可以利用高地山沟和其他空隙地方种植，产量较高。汉代《氾胜之书》曰："大豆保岁易为，宜古之所以备凶年也。"[1] "贤者之治邑也，蚤（早）出莫（暮）入，耕稼树艺，聚菽粟，是以菽粟多而民足乎食。"[2] 可见，古人非常看重这种农作物。

麻，即麻子，古时亦称"蕡"或"苴"，也是古人老少皆宜的一种粮食。"九月叔苴"[3] 毛传："苴，麻子也。"《礼记·月令篇》云："孟秋、仲秋之月食麻与犬。"麻子对土壤要求不严，以土层深

① 《齐民要术》卷二《大豆》引。
② 《墨子·尚贤中篇》。
③ 《诗经·豳风·七月》。

厚、疏松肥沃、排水良好的沙质土壤或黏质土壤为宜，多分布在甘肃庆阳，甘肃秦安县、渭源县、会宁县、古丝绸之路一带及川陕晋冀都有种植。尤其在大西北，麻子是普通老百姓很喜欢的一种食物。

3. 早期农业的耕种方法

上古时代的原野森林茂密，灌木丛生，先民要想种地，首先就得开荒造田，刈草伐木。开荒的普遍方法就是刀耕火种、放火烧荒，谓之"烧畬"。这种原始耕作方法，中国古代一直在使用，史称"烧畬""畬田"或"畬山为田"①。所谓畬田，即"峡中刀耕火种之地也。春初砍山，众木尽蹶。至当种时，伺有雨候，则前一夕火之，借其灰以粪。明日雨作，乘热下种，即苗盛倍收。"② 晚唐诗人温庭筠的《烧歌》一诗，描述了当时刀耕火种的畬田情景：

> 起来望南山，山火烧山田。微红夕如灭，短焰复相连。
>
> 差差向岩石，冉冉凌青壁。低随回风尽，远照檐茅赤。
>
> 邻翁能楚言，倚锸欲潸然。自言楚越俗，烧畬为旱田。
>
> ……
>
> 吹火向白茅，腰镰映赪蔗。风驱槲叶烟，槲树连平山。
>
> 进星拂霞外，飞烬落阶前。仰面呻复嚏，鸦娘咒丰岁。
>
> 谁知苍翠容，尽作官家税。③

刘禹锡也有"忆昨深山里，终朝看火耕"之句。④ 其《畬田行》一诗，更是描绘了放火烧山的骇人情景：

> 何处好畬田，团团缦山腹。钻龟得雨卦，上山烧卧木。
>
> 惊麇走且顾，群雉声咿喔。红焰远成霞，轻煤飞入郭。
>
> 风引上高岑，猎猎度青林。青林望靡靡，赤光低复起。
>
> 照潭出老蛟，爆竹惊山鬼。夜色不见山，孤明星汉间。

---

① 《华阳国志·南中志》。

② ［宋］范成大：《劳畬耕诗序》。

③ 《全唐诗》（卷577）。

④ 《全唐诗》（卷363）《历阳书事七十韵》。

如星复如月，俱逐晓风灭。本从敲石光，遂至烘天热。

下种暖灰中，乘阳拆芽蘖。苍苍一雨后，茗颖如云发。

巴人拱手吟，耕耨不关心。由来得地势，径寸有馀金。①

战国时北地郡地广人稀，森林茂密，河水清澈荡漾。秦汉以后，大量移民于此，"毁林开荒，倒山种地"，亦即先烧毁一片森林，耕种几年后废弃，另烧一片森林，种几年再废弃，如此废了再烧，烧了再废，不到几十年，当地的森林便破坏殆尽。这种古代粗放的耕作，直到民国时，在庆阳东北部山区仍然沿用。秦、汉北地郡马莲河流域的森林，就这样从秦代开始，到西汉末期，便遭到毁灭性破坏。加上当地黄土疏松，每遇大雨冲刷，水土大量流失，遂昔日苍翠的原野变成荒山秃岭，清澈的马莲河竟连名字都被"据实"改成了"泥水河"；而发源于宁县焦村乡、在县南 15 公里的渭峪口村汇入马莲河的渭水（不是流经天水、关中的渭水。《诗经·公刘》"涉渭为乱，取厉取锻"即涉此渭水），则被后世改称几乎不复有水的"烂泥沟"。

如此烧山畲田、刀耕火种的农耕方式，对森林的破坏可想而知！这固然是原始农业经济对大自然的破坏性，但也是先民当初为了生存和发展不得不采取的最好办法。

烧畲造田之后，农民在耕种的季节，两人同持一耜，立于耜之左右，先用脚踩踏，令耜尖入土，再用手后压耜柄，翘起土层，进行深翻，谓之"耦耕"，其方法非常原始笨拙，大概到春秋中期才有牛耕的发明。

翻土之后，按节候播种、除虫、去莠、壅土，谓之"耘"和"耔"。到了成熟收割时期，便"筑场圃""纳禾稼"，碾打谷物，入仓收藏。这便是一年的农事过程；但农业的季节性很强，到了农闲时节，民众可以放牧、养殖和打猎、捕鱼。遇到部族有事的时候，青壮男子还要筑城、打仗，"王事靡盬，不能艺稷黍，父母何怙？"②

① 《全唐诗》（卷354）。

② 《诗经·唐风·鸨羽》。

战争往往给民众带来最大的苦难。

农业维持了义渠社会的基本经济和物质生活，其经济情形大致是自给自足的。但农业的幼稚注定先民的收入有限，生计困难，能享受温饱生活就不错了。

战国时，随着铁农具的应用、牛耕的推行、耕作技术的进步、灌溉工具的进步和肥料的使用，农业产量显著提高。"人类以往的社会，似乎是一动一静的。……任何一个社会，在以往，大都有个突飞猛进的时期。隔着一个时期，就停滞不进了。再过若干时，又可以突飞猛进起来。已而复归于停滞。如此更互不已。……社会只能在遇见困难时，奋起而图功，到认为满足时，就又停滞下来了。社会在这个时期就会本身无所发明；对于外来的，亦非消极的不肯接受，即积极地加以抗拒。"① 学会农业、接受中原先进文化是义渠社会突飞猛进的时期；而像商鞅变法之后，则是秦国政治、军事、社会经济突飞猛进的时期。

在农业生产中，畜力的使用是一个巨大的进步。牛耕大约始于春秋末年，至战国时，牛耕在秦国已普遍使用。秦昭襄王时，赵豹对赵王说："秦以牛田，水通粮，其死士皆列之于上地，令严政行，不可与战。"说明秦已普遍使用牛耕。义渠虽无使用耕牛的文献记载，但战国时期，义渠人多次到秦、魏，不可能没见到关中平原使用耕牛这一新技术。且在出产畜牧的地方，民众对畜力的了解和使用应该更早、更广泛。

不过，我们不能盲目美化古代田园生活。由于刀耕火种的原始农业生产力水平十分低下，义渠的农业产品往往不能自给，需要靠牧业来弥补。即便如此，一般下层社会，也还常常过着饥饿、寒冷和极其艰苦的日子。生活相对比较好的，也只是那些民族上层群体。

4. 义渠戎国的畜牧业生产

在肯定义渠戎国早已定居从事农业的同时，我们并不否认其有

① 吕思勉：《吕著中国通史》（2版），上海：华东师范大学出版社，2005年，第7页。

发达的畜牧业。

黄土高原是早期人类垦殖畜牧的场所，其山地、梁峁、沟壑区，正适宜于牧业生产。司马迁在论述西汉时期全国经济地理时，大体自碣石（秦皇岛附近）至于韩城龙门，划了一条农牧分界线，线之北多马牛羊旃裘筋角，即畜牧业地区。

但我们还可以将这条线从龙门经岐、梁山一直向西南延伸到陇山，其延伸线以北，正是义渠戎国疆域。商代中后期，这里已成为半农半牧地区。尤其是这个地区的南半部，农牧比例已经以农为主了，而北半部则可能相反。但无论农业占比如何，这些地区有利于牧业的自然禀赋始终存在。

我国西北地区的许多少数民族，大多从事畜牧业。义渠长期活动于甘、陕地区，特殊的地理环境，为其从事畜牧业提供了有利条件。汉人虞诩上书称这一带"水草丰美，土宜牧产，牛马衔尾，群羊塞道。"[1] 义渠有发达的畜牧业，是不争的事实。其土特产主要为猪、犬、马、牛、羊、鸡及羊毛、皮革、奶酪等畜牧业产品。

义渠的畜种，不外文献记载的西北少数民族中较普遍的那些种类，"其畜之所多则马、牛、羊，其奇畜则橐驼（tuó tuó 同橐驼，即骆驼）、驴、赢（luó 马骡，母马与公驴所生）、駃騠（jué tí 驴骡，母驴与公马所生）、騊駼（táo tú 一种良马）、驒騱（tuó xí 一种野马）。"[2] 猪、狗、鸡等家畜家禽的饲养则更普遍。《逸周书·王会篇》还提到义渠有一种叫"兹白"的动物，"兹白者，若白马，锯牙，食虎豹"，此与《尔雅·释畜》所谓"驳，如马，倨牙，食虎豹"相同，古释为一种马，但自古食肉之马未之有也，很可能是一种类似于藏獒的大型白色猛犬。西北民族养獒犬辅助放牧、捕猎和看家护院，甚为得力；先秦的犬戎，甚至以犬为图腾。

就义渠所处干旱半干旱区的地理环境而言，义渠戎国从事半农

---

① 《后汉书·西羌传》。
② 《史记·匈奴列传》。

半牧的生产，其牧业绝不是追逐水草的游牧方式，只是在从事农业生产的同时或农闲季节，利用当地的自然条件，从事放牧或畜牧业，作为农业的补充而已。这种农牧并举的生产方式完全是由当地的地理环境所决定的。

义渠民狩猎图——义渠入主陇东后，由游牧文化向农耕文明转化，处于半牧半农的生产状态。聚众狩猎仍是重要的生产方式。

秦汉以后，义渠故地仍然是半农半牧的生活方式。秦代北地郡，汉武帝时分为北地、安定两个郡，汉代农业比较发达，也没有放弃半农半牧的生活方式，而是进一步形成农耕文化与草原文化的大融合。当地居民不会放弃利用山坡饲养犬马牛羊，也不会不利用附近的山林、河流采摘山货和放弃渔猎所得。何况从事牧业和渔猎是比农耕还要古老的民族传统，只要地理条件具备，又能贴补生活，义渠先民何乐而不为？何以会轻易忘记或放弃本民族的老本行！

5. 义渠的手工业及种类

战国时的义渠手工业有织布、制造农具和生活用品，如酿酒、冶铁业、骨器玉器制作、建筑业、皮毛、奶酪制作、陶器和砖瓦烧制等，这些都附属于农业而没有独立出来。

春秋战国时的义渠应当早就掌握了古老的酿酒技术。中国酿酒的历史非常悠久，传说夏初就发明了美酒；商末酗酒之风盛行，流弊甚广，以致亡国；周人也常常饮酒，义渠首领参加"成周之会"，不会不知。秦国为征服诸戎，经常以酒色相诱；义渠畜有马群，产有马奶，且春秋时人们传言"食善马肉不饮酒，伤人…"①综合这些来看，义渠应该有自己的酿酒业。

春秋中期，铁器已经出现。战国时的义渠戎国应该有了冶铁业和锻打技术。战国时期，义渠屡次与秦交战，互有胜负，必然使用了铁制兵器，否则恐怕很难与装备精良的秦军厮杀。有了冶铁业，义渠的农业与社会生产力的发展便有长足的进步。铁器的出现，使更大面积的农田耕作和森林开垦成为可能；也给手工业提供了坚固锐利的金属工具。

义渠戎国应该有铜器铸造。据张多勇、李并成研究，义渠使用的青铜器制造工艺来源于北方。目前发现春秋战国时期义渠戎国的青铜器，均属于"北方系青铜器"，即匈奴系青铜器。"根据义渠戎国的武力强大这一点看，其兵器当是自己铸造为主，但其铸造技艺可能来源于北方匈奴。"②

义渠的制陶、砖瓦烧制和民居建筑业。陶制器皿早在仰韶文化时期就发明推广了，而砖瓦则到西周中期才出现。春秋战国时在义

---

① 周予同：《中国历史文选》（上册），上海：上海古籍出版社，2001年，第189页。
② 张多勇、李并成："义渠古国与义渠古都考察研究"，载《历史地理》（第33辑），上海：上海人民出版社，2016年，第303页。

渠的古城遗址中，陶器残片和瓦片为主的建筑残件十分密集，反映了义渠已有制陶和烧制砖瓦的手工业。但义渠古城文化层中砖块稀少，而瓦片比较密集，说明义渠古城的建筑还未大量用砖，而仍以使用版筑墙或土坯砌墙为主。义渠筑了很多边城，也是用版筑的方法。民居建筑业主要是修筑地坑窑洞或明庄窑洞，贵族们生活水平较高，往往用版筑或土坯砌墙的方法建造土房子，作为自己的宫室，但其数量也不会太多。

有了房子，不能不用屋瓦。当今宁县的年降水量为570mm左右，春秋战国时代气候比现在更湿润，降雨更多，房屋如果不施瓦，就很难抵御夏秋集中的雨水下渗，这就是义渠古城遗址瓦片丰富而砖块稀少的自然原因。至于当时的民间，当然更用不起砖瓦。

义渠戎国已有了纺织品的生产。义渠所在的豳地，桑蚕发展很早。上古时代，这里就开始了蚕桑生产。最初，先民们发现自然界野生蚕所结的蚕茧打松以后，可以做成柔软温暖的丝绵，抽出的丝能织成美丽的绢帛，于是开始采集野生蚕茧来做丝绵，但野生蚕茧非常有限。后来人们把野蚕捉回来，进行人工饲养，不仅增加了吐丝量，也提高了丝的品质。

周代的蚕桑业已经非常普遍，《诗经》中就有多处关于桑蚕的记载。例如："春日载阳，有鸣仓庚。女执懿筐，遵彼微行，爰求柔桑。"[①] 意为春天阳光温暖，黄莺儿在歌唱。姑娘们拎着深筐，一字走在小路上，去采肥嫩的蚕桑。又如，"妇无公事，休其蚕织"[②]。妇女们既不担负劳役，自然会从事蚕织。可见远在周代，养蚕缫织已是妇女的主要工作。义渠长期与豳地周人为邻，甚至杂居一处，义渠妇女不会对早已普及的蚕桑事业一无所知。

义渠也保留了相当大的畜牧业传统，其与牧业相关的骨器玉器制作、皮毛加工、奶酪制作等，也当有所发展，兹不赘述。

---

① 《诗经·豳风·七月》。
② 《诗经·大雅·瞻卬》。

6. 义渠社会的商品交换

商品交换是人类社会物质生活的基本需要。由于一定时期社会团体或个人初次拥有的生产生活资料种类及数量，往往与其实际需要不完全匹配，因而就要通过与其他团体或个人的等价交换，重新加以调整和配置，以便更好地满足各自的实际需要，这就是商品交换的作用和意义。

最早的商品交换是原始部落社会简单的私有制产生之后，出现的物物交换。为了考察义渠社会的商品交换情形，我们有必要对义渠社会的组织结构和私有制发展情况加以介绍。

义渠民族虽然建立了自己的国家政权，但仍然是一个以部落为基础的社会。氏族部落是义渠社会的最小组织单位，老部落不断分化出新部落，就像后世的大家庭分化出更多的小家庭一样，由此形成宗法式的社会层级部落。大宗部落首领领导小宗部落首领，小宗部落要向大宗部落交纳一定贡物。而部落成员之间除战俘外，政治上则是平等的。尽管已经产生阶级，但阶级压迫并不严重，也算不上所谓奴隶社会，而是部落社会向分封制的封建社会的过渡阶段。

义渠社会虽然有了一定的私有制，但总体上还是一个以各个氏族部落为单元的公有制集体。不过，公私是相对而言的。部落内部公有制，对部落外部或平行的其他部落来说，就是部落私有制；而商品交换最早就产生于这种相对的部落私有制基础上。

义渠社会的主要生产部门依次是农业、牧业、狩猎、渔业、采集（采摘果实、野菜、药物、桑叶等）和手工业，包括养蚕、纺织（丝绸、毛纺、麻布、葛布等）、制衣、酿酒、制陶、铜铁器铸造（食器、礼器、兵器、工具等）以及皮革、骨器、玉器加工等。在这些生产部门中，土地、牧场实行氏族部落公有制，由氏族首领组织本部落男女老少，以集体协作的方式进行耕种、打猎、捕鱼、采集和对外劫掠。其所收获的重要劳动产品，如粮食、畜牧产品等，除按一定比例上贡贵族或大宗部落首领外，其余部分在部落成员中平等分配；狩猎所得的大型和珍贵猎物也要上供贵族，其余小型和普通猎物则归个人所有。这样照顾到个人贡献的灵活分配方式，既避免了细小物品分配的琐碎不堪，也避免了纯粹公有制平均分配不利于调动大家积极性的弊端。

私有产品的出现，乃是商品交换产生的基础和前提条件。义渠社会尚未发现有货币做媒介的商品交换。尽管宁县一带商周时期的古墓葬中出土过不少贝壳，但贝壳和玉璧一样，最初都是贵族的装饰品，恐怕在义渠社会尚未充当货币材料，因而其商品交换还是偶然进行的物物交换。这种交换大体分为两种形式：一是部落之间的物物交换。即产品分配个人之前，先由部落首领根据需要情况，实现与其他部落的某种交换，然后再将换回的产品分配给个人。二是个人之间的物物交换。比如，义渠某先民发现自己获得的某种粮食、猎物或别的什么产品太多了，一时吃用不完，久存就会变坏，而自己又缺少另外某些物品，于是他就希望与人交换，以满足双方的需要。或者今天出猎运气不错，一下子获取了很多归个人所有的野兔、野雉，而邻居小伙则不走运，漫山遍野跑了一天，终究空手而归！于是，斩获过丰的猎手就会出让给对方几只兔子，等下次对方得手而自己歉收时，再返还补偿。这种非同时性的物物交换，实质上仍然是劳动产品的等价交换，其中既凝结了义渠人民的辛勤劳动，也体现出先民公平合理的良好品德和互通有无的生活智慧。

四、农牧并举经济及优点

农牧并举是义渠戎国最大的特色经济。义渠人具有接受先进文化的气度，学习农耕文明而不失本民族的传统畜牧产业，这是很可贵的。相对而言，农牧并举，双管齐下，多种经营，减少了自然灾害风险，使生活更有保障。我们不妨与中原单一农业经济加以对比。

1. 中原单一农业很有效益

人类的物质生活资料，无非是衣、食、住、行、用。在物资匮乏的自然经济时代，谋取食物、解决吃饭，其次是穿衣的问题乃是个人家庭头等大事，故民间俚语一直有"人生在世，吃穿二字"的生活真谛概括。而食物的主要来源不外乎种植业（农业）和养殖业（包括畜牧、渔猎）两大类。这两大类可形成单一的农业、单一的牧业、农牧业结合三种经济方式，亦即"食物谋取方式"。

中原的单一农业经济为养育更多的人口提供了食物保证，能比单一的牧业及农牧业结合经济养活更多的人口。"中国内地养马不方便，……养一匹马所需的土地，拿来种田，可以养活二十五个人。"① 陈平先生曾在美国得州作过一个调查，发现平均每头母牛约需要 10 公顷草场，一个典型的牧牛家庭要有 100 头母牛才能保持不盈不亏，这就至少需要 1000 公顷土地来维持三口之家的生活。② 1000 公顷土地如改为中国式种粮的精耕农业，可养活两千个"五口之家"共一万人！显然，中国传统农业的效益是很大的。

大体说来，起初由于地理环境的缘故，中原地区自殷周以来就形成单一农业经济方式；内蒙古草原等游牧民族却一直属于单一牧业经济方式；而义渠戎国所在的"两河流域"（泾河、马莲河）以及整个欧洲，则是典型的农牧并举经济方式。

同原始牧业相比，农业经济效益突出，能够养活更多的人口，使民族队伍不断壮大，历数千年而不易消亡；农业民族很有韧性和定力，社会生命力较为顽强，强敌袭来而山河依旧，大难过后而就地复生；农业社会有利于民族内聚和同化外来民族，建立多民族统一的中央集权大国，使中国文化历经数千年而传承不断，正得益于此。这些都是农业民族的优点。

2. 单一农业经济缺点很多

中原的单一农业经济很有效益，但事物一过头就往往走向反面。

---

① 钱穆：《中国历代政治得失》，北京：生活·读书·新知三联书店，2005 年，第89—90 页。

② 陈平：《文明分岔、经济混沌和演化经济动力学》，北京：北京大学出版社，2004 年。

同农牧结合的经济方式相比，单一农业经济的缺点和问题也是至为严重的。

由于单位土地面积上种粮比放牧养活的人口更多，更能解决吃饭问题，所以"大田多稼"①，自殷周以来，农业的突出效益使它很快取代牧业，百姓皆以种粮为主，土地差不多全用于生产人所需要的粮食；而个体小农户几乎没有种植饲料、饲养耕牛和放牧所需的土地，食物中也很少有甚至没有肉类。这种没有畜牧业的单一小农业格局形成之后，意味着与农业规模相当的牧业经济基本被淘汰，农牧并举的天然合理结构遂被破坏，由此带来很多缺陷和问题。

首先是人口过于稠密的问题。单一小农业经济有两个最显著的功能或特点：一是多打粮食，二是在多打粮食的同时多生人口！

经验观察发现，传统小农业生产最能吸纳劳动力，一亩地一个人可以耕种，三五个家人都来下地帮忙也能用上，而且更有必要、效率更高；同牧业、工商业相比，精耕细作的小农业生产方式对劳动力的需求量更大，因而客观上不断刺激人口增长；同粗放农业相比，精耕细作的集约化小农业能在同样面积的土地上生产出更多的粮食，但劳动量也比粗放耕作大为增加，这就意味着对劳动力的需求更大，而且对人力的需求远远大于对畜力和机械力的需求。农业生产方式要求农民守着土地，定居生活。同漂泊不定的商旅生活和游牧生活相比，农业民族居住条件较好，家有定所，生活稳定，因而妇女受孕率、人口出生率、幼儿成活率都很高。加上农业区温暖的气候，也更适宜于妇女怀孕和人口繁殖。因而，单一农业社会必然带来人口过多的问题，和平时期人口增速更是惊人。

单一农业经济对生态的破坏非常严重。中国传统的单一小农业生产带来的生态破坏，主要表现在过度的开荒对林草植被赤裸裸的铲除，由此造成干旱、洪涝、水土流失和荒漠化，其破坏的程度甚

---

① 《诗经·小雅·大田》。

至超过工业生产。

精耕细作的单一小农业生产方式具有不断促进人口增长的作用，致使人口稠密，人多地少的矛盾格外突出。解决日益增多的人口吃饭问题，主要靠扩大耕地面积；而耕地面积的扩大，则靠开荒造田来实现！在开荒造田的过程中，中国农业长期采用刀耕火种、烧山开荒的原始耕作方式，生态破坏非常严重。

大面积森林植被遭到破坏，必然导致水土流失、土壤荒漠化、气候恶化和地力贫瘠，反过来又使农业出现严重衰退。20世纪70年代，陕北黄土高原，除了部分地区生长着一些次生梢林，已看不见天然植被，童山秃岭，黄土遍地，粮食产量低而不稳，平均亩产量才80公斤。如此收成不足为用，只好开垦更多的荒地，结果形成恶性循环——越穷越垦，越垦越穷！

黄河流域是中华古老文明的发祥地，四千多年前，这里森林茂盛、水草丰富、气候温和、土地肥沃。周代黄土高原的森林覆盖率也有一半以上，良好的生态环境，为农业发展提供了优越条件。这表明，当初自然环境对人很友好、很和谐，但人对自然环境却不这样。两千多年来，人们毁林开荒，烧山畲田，乱砍滥伐，无所不用其极！人与自然的矛盾乃是因为人对自然的过度掠夺和虐待而变得日益突出起来；反过来，大自然也通过灾害频发不断对人进行报复，其咎在人而不在大自然。人若不仁，则大自然也就不义，此"自然"之理也。

单一农业经济是林牧业和生态环境的大敌。秦汉时期，黄河中下游的可耕之地几乎全被开垦，中游黄土高原大片森林、草地皆被辟为耕地，下游河湖滩地也都变作农田，于是农耕逐步由平原、盆地向周围山区、西北牧区等生态脆弱地带拓展，汉代铁犁已从渤海沿岸伸向河西走廊。秦、汉、唐多次有组织地向西北边郡大规模移民、开荒和军屯，对河套地区进行大举开发，很快将阴山以南、乌兰布和沙漠以东的广大农牧交错地带变成了新的农耕区，尽管一时很有收获，但不久这里就黄沙漫漫，无法耕种，也无法放牧。至今我们可以看到古代的军垦遗址，当年水草茂盛之地，经过军垦士兵的艰苦劳动之后，最终换来的却是风沙肆虐，水源枯竭，留下一片荒芜。

广袤的西北地区生态环境本来就很脆弱，而过度的农业开发，使森林和自然植被不断遭到大面积破坏，黄河泥沙含量不断增加，水土流失、土壤荒漠化、气候恶化等问题日渐突出。在北方农牧交汇的地带，如宁夏花马池（今盐池县）一带，先前"全无耕牧""自筑外大边（外长城）以后""数百里间，荒地尽耕，孳牧遍野"①。

黄河上游，本来有众多老林深谷，树木葱郁，水草丰美，湖泊密布，湿地连片，由于长年开垦，大都消失殆尽。黄土高原上的原始森林已经完全消失，到处变成童山秃岭，既造成大量的水土流失、沟壑纵横，又严重丧失了调节气候的功能，加速了气候干旱化、土壤沙化进程。

此外，战争和大兴土木亦是破坏生态的巨大祸因。大军所至，拆房伐树，决河灌城，一片狼藉。历史表明，人类文明的陨落往往更多地与战乱直接相关。我国西北农牧交错地带，自秦汉起即为战乱纷争之地，这些地区生态环境的恶化，除了受自然因素和农业开发影响外，实与频繁的战乱破坏干系甚巨。

森林一旦被砍伐，土壤就会随之流失，水患必然加剧。战国时黄河已有"浊河"之称。② 西汉时"河水一石，其泥六斗"③，此后，水土流失加剧，河水含沙量与日俱增。清人陈潢指出："平时之水，沙居其六，一入伏秋，沙居其八。"④ 这种人为造成的自然灾害，曾使中华民族更加贫穷落后，历史的教训不可不知。

---

① ［唐］张萱：《西园闻见录》（卷54）。

② 《战国策》（卷29）《燕三》。

③ 《汉书》（卷29）《沟洫志》。

④ ［清］靳辅：《治河方略》（卷9）《湖流地五》。

生态破坏了，自然灾害就会加剧，这个道理无需多说。

农业比起牧业和工商业特别容易遭受自然灾害。不同的经济部门和生产方式，遭受自然灾害的程度不相同。农牧林混合、工商业占很大比例的"多种经营社会"，耕地就不会过于紧张，人多地少的矛盾就不会很突出，农民也就不必过分"勤劳"地去毁林开荒，而且还可能实行轮休制、单熟制和粗放经营的耕作制度，人与自然和谐相处，森林、草原、山地、湖滩就不会遭到严重破坏，水土流失、气候干燥、土壤沙化和洪涝灾害就会大为减轻；农牧林混合的经济方式对人口需求和对耕地依赖不是很大，对生态破坏也就不会像单一小农业生产那样严重。

农业比起牧业和工商业也特别能制造自然灾害。中国农民之勤劳是举世公认的，《尚书·无逸》就有"勤劳稼穑"之语。为了生存的需要，农民不得不十分"勤劳""忘我地劳动"，进行过度的"自我剥削"，以骨瘦如柴之躯，毕生与大自然对着干，烧山畲田、毁林垦荒，长年累月向大自然过度掠夺。如此这般，无疑造就了一个无比"勤劳"的农业民族，同时也严重破坏了生态环境，人为引发了更多的自然灾害，加上官、兵、匪和地主轮番勒索，使小农勤劳换来的成果一次次化为乌有，当然就只剩下"勤劳而不富裕"的生活了。这种生活使他们整体陷入一种"勤勤恳恳、越穷越垦、越垦越穷"的恶性循环！

而农牧结合的经济方式则鲜有人口过于稠密和环境过度破坏的问题。

3. 农牧混合结构非常合理

农牧混合的经济方式对人力的需求量相对较小，农业生产中充足的畜力能够更多地代替繁重的人力劳动。这种经济方式不像单一农业经济那样强烈地刺激人口增长，因而这些地区的人口增长比较缓慢。

农牧并举的义渠社会，牲畜的大量饲养，不但为农业提供了畜力使用和有机肥料，而且使食物结构中的肉食品比例增大，衣物结构中的皮毛服饰比例增大，吃、穿不像单一农业民族那样全部仰仗土地种植业，而有肉类、皮毛等畜产品作补充，从而降低了对粮食生产、桑麻种植的依赖性，既促进了皮毛骨制品等手工业发展，也减轻了农业用地的压力，或者说降低了对土地的依赖性，避免了过度开垦带来的环境破坏。

农牧并举的经济结构更有利于减轻自然灾害的风险。自然灾害对不同经济部门和生产方式的影响也不相同。如水、旱、风、雹和蝗虫灾害，对农业生产影响最大，而对牧业、工商业则不严重或没有影响。在所有经济产业中，单一小农业经济遭受的自然灾害最多最重，抗自然灾害的能力最低。

农牧混合及工商贸易等多种经济并举的社会，能够最大限度降低同等自然灾害的程度。比如，在农业遭受自然灾害的同时，其他经济部门如牧业则可能不受损失；农林牧副渔多种经营，避免了"全军覆没"。我们从史籍中每每看到，中原单一农业社会，水旱蝗雹、狂风暴雨，各种自然灾害一一袭来，往往造成颗粒无收。对单一农业社会来说，农业损失就是全部经济损失，一料庄稼绝收，小民顿陷困境，可见单一农业经济倍增风险！

4. 农牧猎文化与尚武精神

不同的社会经济生活锻造不同的民族性格和精神。由于地理环境的原因，义渠始终是一个农牧并举、兼有狩猎传统的社会。《礼记·王制篇》云："西方曰戎，被发衣皮，有不粒食者矣。""衣皮"，是指穿戴牲畜或猎物之皮；"有不粒食者"，则是说有些民众甚至不吃粮食，而尽食牛羊、奶酪和渔猎之肉。这无疑反映的是畜牧、狩猎民族生活风俗。义渠社会农业文化、牧业文化和狩猎文化三位一体，兼收并蓄，必然孕育出鲜明的民族性格和尚武精神。

义渠长期处在向中原学习、接收周秦异质文化的地位，因而逐渐形成开放的胸襟和传统，民族意识不封闭，不保守，不自傲，不排外，战国初即筑城自守，因而能够不断进步，逐渐达到与关中汉民族没有差距的社会群体，最终得以实现民族融合。

前已言之，以中原为中心的中国内部是一片沃野千里的农耕宝地，同周边极其艰苦的生存条件相比，明显具有再好不过的优越性。这样一个相对封闭而优越的生存环境，向内发展比向外发展要容易得多，且风险和成本较小，收益稳定，遂使中国人只向内讨生活，而无需向外自讨苦吃；背井离乡、陆地跋涉，何如悠然耕田、居家安食的农家生活舒坦？万里商旅使人望而生畏，即使偶尔出行，也直觉得"在家千日好，出门一时难"。于是，眼睛只盯住一小块土地，就成为几千年人人信守的生存哲学，这便养成了国人安土重迁、保守中庸、含蓄内敛、消极忍耐的农耕民族性格和讲究家庭和谐、长幼有序、重男轻女、孝敬老人、尊重长辈、祭祀祖先的农业社会道德伦理规范。与这种单一农耕民族性格和伦理规范相一致的儒家文化，就是从这种农耕文化土壤中产生提炼出来的。不是保守的儒家文化造就了保守的农耕民族性格，而是保守的农耕民族性格造就了保守的儒家文化。

从某种意义上说，以农立国的中华民族历史上长期缺乏走向世界的动力，主要原因是地理条件过于优越。西方思想家说过，过于优越的地理条件，往往使居民养成保守的习性，这是不无道理的。比如，为什么中亚、阿拉伯地区的商人可以不畏艰险，不远万里来到中国，而来往于丝绸之路的中原人却少得可怜呢？为什么当西方人千方百计在寻找通往中国的航路时，中国的统治者却要禁止海上交通，连早已开辟的航路也不加利用呢？这些固然有儒家思想的消极影响，但根本原因还是中国所处的宜农地理环境十分优越，守住一块土地，勤劳耕作，即可丰衣足食，何苦冒艰险向外谋生？这就不难理解，让国人无比自豪的"丝绸之路"，何以竟是西域人独自往返的"单边贸易"之路。

农业经济要求居民守土重迁，祖祖辈辈永久定居下来，因而保守、内向成为农业经济方式最合理的选择，这与强悍的游牧、狩猎和商业民族的冒险、勇武精神大异其趣。

相对于游牧、狩猎民族而言，农业民族乡土观念十分严重，作战往往处于守势，缺乏主动进攻性；且由于缺乏战马和骑射技术，单兵作战能力、部队机动性能都比较欠缺。而单一牧业民族虽然没有农业民族的这些问题，但却存在另外一些致命弱点，比如游牧生活漂泊不定，居住条件差，缺乏物质财富和文化艺术积累的条件，社会经济和教育进步缓慢；粮食无法自给，长年用于军需的肉类食物容易腐烂，不如干粮易于携带和长久保存，影响行军作战的持久性。

义渠农牧结合、兼顾渔猎的经济方式，避免了单一农业民族和单一牧业民族各自的缺陷，兼有各自的优长；既为民用和军需提供了充足的物质资料，也为作战练就了勇猛矫健、精于骑射的士卒。蒋百里先生说："生活条件与战斗条件一致者强，相离者弱，相反者亡。"① 义渠社会农不废牧，农业以外所保留的牧业和狩猎生活条件，正与战斗条件一致。司马迁指出："秦汉已来，山东出相，山西出将。……义渠公孙贺、傅介子，……皆以勇武显闻。……何则？山西天水、陇西、安定、北地处势迫近羌胡，民俗修习战备，高上勇力鞍马骑射。……其风声气俗自古而然，今之歌谣慷慨，风流犹存耳。"② 义渠戎国人数虽少，但由于长期以放牧、打猎为生，居民日常多食牛羊之肉，体格雄健；牧业及狩猎生活使他们精于骑射，巧于周旋，剽悍好斗，战斗力极强。在长期的艰苦卓绝斗争中，义渠人养成了团结协作、吃苦耐劳、勇猛顽强、积极进取的尚武精神和民族性格，遇到战争，全民上阵，人人皆"以战死为吉利，病终为不祥"，所以作战十分英勇，宁死不屈，这是义渠戎国能延续数百

---

① 蒋百里："国防论"，见熊武一主编：《古代兵法鉴赏辞典》，北京：军事谊文出版社，1991 年，第 1011 页。

② 《汉书》（卷 69）《赵充国辛庆忌传》。

年的重要原因之一。

  义渠先民在发展经济、捍卫家园的生存斗争中，彰显出许多优秀品质和优良传统，给了我们很多宝贵启示，值得我们继承和弘扬，以推动当代经济社会更加繁荣昌盛。

义渠戎国的军事概况

赵丛苍　李西堂　朱　红

义渠戎族从商代武乙年间（前 1147—前 1113）建立部落制君国，至周赧王四十三年（秦昭襄王三十五年，前 272 年）覆亡，共存史八百余年，一度成为诸戎之中最强大的力量，且是融入华夏的少数民族之一，无疑有其辉煌的历史和非凡的业绩。

在漫长的历史进程中，义渠人民为了生存发展的需要，曾与周边各族和邦国发生过无数次征战攻伐，其中既有主动进攻，也有被动防御；既有辉煌胜利，也有惨痛失败；既有成功经验，也有深刻教训。但无论如何，义渠戎族作为中华民族大家庭的一员，其所创造的这段历史是丰富多彩和波澜壮阔的，我们有必要对义渠戎国的军事概况加以梳理、分析和介绍，以便帮助大家全面了解这段尘封的珍贵历史遗产。

一、义渠戎国的军事形势

人类社会一诞生，就伴随着生存竞争。战争是生存竞争最残酷、最激烈的一种竞争方式。军事则是以战争为依据、以生存为目的行为。了解义渠戎国的军事概况，必须先弄清其所面临的军事压力和形势，包括义渠戎国所处的历史背景、疆域范围、周边形势和力量对比。

1. 义渠戎国的立国背景

义渠是一个古老的民族，它是一个在部落基础上先后形成的古代民族和部落制国家。其君主虽然已经称王，但部落组织的基本性质及社会结构特点远远没有改变。

由于地理环境和文明程度的原因，义渠和各戎狄部落大概到殷周之际，才开始建立原始部落制国家政权，比起较先进的中原夏商周各部落，要晚一千年左右；且到春秋战国之交，仍然尚未完成从原始部落社会向分封制"封建社会"的过渡；而以秦为代表的中原各国则已处于从分封制的"封建社会"向郡县制的"帝制社会"过渡的阶段。但义渠戎国内部始终未见国君对其部属的分封，其政权和国君直到国家灭亡，也始终未得到商、周天子的正式册封而成为"体制内"的封君。这与同样有"戎蛮"之称的秦、楚、申、许、吕等国不同，说明义渠政权的原始性，因而一直没有被主流社会所接纳。

但是，义渠戎族至迟在商代武乙三十年（约前1118）就能以少数民族之基建立自己的方国，这是一个良好的开端和义渠戎族划时代的大事，从此义渠戎族有了自己的国家政权，表明义渠要比其他各戎族部落先进。义渠戎国建立初期，就与商朝分封的周部落及周边戎族各部相互学习、交往，但也发生过较大的战争。在被强大的周人击败之后，义渠不得不纳贡称臣，以求其安和免于干戈。《太平御览》引《韩诗外传》曰："太史南宫括至义渠，得骏鸡犀以献纣。"可见义渠君归顺于周人，并建立了良好的关系，从此双方和谐相处，平安生活了数百年，基本上没有民族存亡之忧。

义渠立国之后，如果化敌为友，一直学习周人的农耕技术和生活方式，接受周人的文明成果和政治智慧，密切与周人的关系，像齐、许、申、吕等"姜戎"部落一样，积极追随、支持和参加周人"剪商"的伟大事业，则不仅会得到分封，从而完成从原始部落社会向分封制的"封建社会"的转型，而且其文明进步程度会得到更大提高。可惜义渠民族的历史局限性使它没有按照理想化的道路前进，才显得道路格外曲折和不以人的意志为转移。

2. 义渠戎国的战略重点

军事是捍卫国防安全的事业，而疆域既是军事保卫的对象，也是军事立足和发展的基础。因此，我们论述义渠戎国的军事概况，必须大体明了其疆域四至和战略重点所在。

义渠戎国建立后，不断开疆拓土，到春秋时期，先后吞并或驱逐了北部疆域的彭卢戎（宁夏彭阳县）、郁郅戎（甘肃庆城、环县、合水县）、朐衍戎（宁夏盐池县）、乌氏戎（甘肃泾川、灵台县），扩大了领土面积，拥有今之陕西北部、甘肃东北部和宁夏南部等地，其疆域之宽广，约有 20 万平方公里，面积不逊于战国初期的秦、齐、韩、魏、赵等大诸侯国。

义渠北部边界，约在后来战国秦长城一线，其疆域最大时，可到宁夏吴忠至陕西横山一线。西界则至六盘山（陇山）以东，约当陕西陇县、甘肃华亭、宁夏泾源及固原一线。强盛时的东部边界可达洛河、甚至晋陕黄河西岸，一度与魏之西河、上郡相邻。前 352 年，秦出兵攻取被魏侵夺的西河、上郡之地，并对义渠不断蚕食。从此，义渠退至子午岭一线，东面首次与秦接壤，这个方向是义渠的战略重点和热点地区之一。

西南和南面早与秦国相接，"岐、梁山、泾、漆之北有义渠"①，约当关中盆地北缘的"北山"一线，包括旬邑、彬县、灵台、陇县一线之北，这是强盛时的南部边界。但这个方向邻近秦国腹地，是义渠与秦国的主要边界和战略重点，因而战事最多，边界伸缩也大。

由于地理环境的原因，义渠戎国存在的数百年间，其北部、西部和东北部边境较为稳定，这三个方向上人口稀少，多为山地和草原，地形复杂，易守难攻，无法车战，也不利于大兵团作战，强敌不便深入，因而其面临的外部压力也相对较轻，自然不是义渠战略防御的重点，历史上也确未发生大的战争，但却是义渠退却和保存实力的大后方，每当强敌袭来，可以暂避一时，或者与敌周旋，往往能够化险为夷。

---

① 《史记·匈奴列传》。

　　而与秦国接壤的西南（天水北部）、南部（关中北部山区）和东南（关中东北部洛水中下游）三个方向，才是义渠戎国军事进攻和防御的战略重点，也是秦国对义渠进攻和防御的重点。春秋战国时期，无论攻守，义渠与秦发生的战争都是在这三个方向上，这些地方是义渠戎国名副其实的热点地区。总体而言，义渠对秦处于守势；即便进攻，也是趁秦国与东方六国交战之机，偶尔从后方出兵偷袭。

3. 义渠周边力量对比

　　一个国家的国防安全，很大程度上取决于其与邻邦或周边民族的关系如何。而处理周边关系，不仅需要强大的军事力量做后盾，更需要高超的政治智慧和务实的外交措施来周旋。国家遇到强邻是一种不幸，义渠周边除了各戎族外，曾与强大的周、秦、晋、魏等国为邻，其中最主要的是秦国，这是义渠戎国的终身死敌。

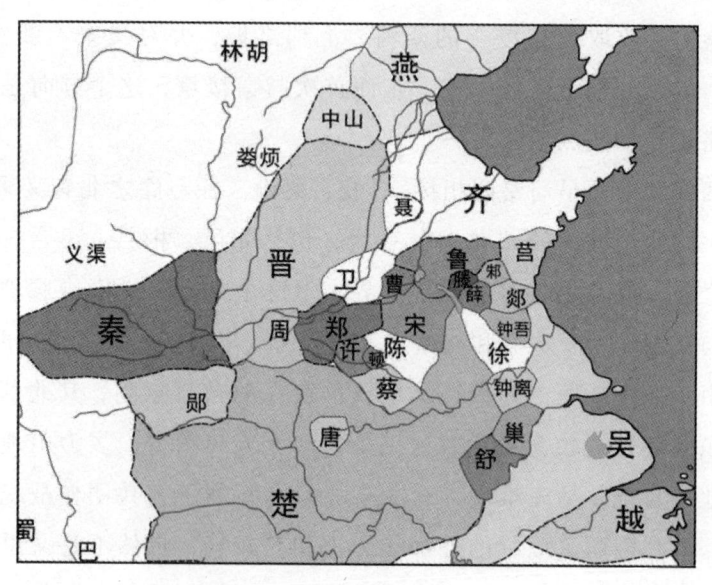

春秋后期诸侯国

　　义渠戎国的周边国家或民族，势力最大的，早期是周部落和克商以后的西周王朝。早在商武乙时期，义渠人建国伊始，风头正健，在陆续消灭或驱逐了北部疆域的彭卢戎（宁夏彭阳县）、郁郅戎

（甘肃庆城、环县、合水县）、朐衍戎（宁夏盐池县）、乌氏戎（甘肃泾川、灵台县）等戎族各部落之后，回师南指，不断向周部落的北部领地进攻，迫使周文王的父亲季历数次出兵反击，竟俘获了义渠君。[①] 从此义渠臣服于周，南侵行动受到抑制，不再有大的领土扩张，疆域面积也就基本固定，数百年中伸缩不大。

春秋以降，偏于天水一隅的秦国逐渐崛起，取代周人而占据关中，成为义渠戎国西南、南部和东南方向的强大对手。尤其是秦穆公时期，秦国东进受到晋国阻击之后，竟专力称霸西戎地区，迫使义渠全面后退和屈服于秦。

秦穆公死后百余年间，秦对西戎尚能维持霸权地位，臣服于秦的义渠戎国倒也安生，所以一直默默无闻。对义渠来说，利好的消息莫过于强邻衰败。果然，公元前578年，秦晋争霸，在麻隧（陕西泾阳县北）之战中，秦被晋国纠集诸侯打得大败，从此数世不振；前559年，晋国再次纠集十余诸侯，发起栎林（礼泉县东北）之战，秦国惨遭蹂躏；前541年秦景公嬴后的弟弟嬴针，又裹胁千乘车辆，满载财物，叛逃晋国，无疑使秦国雪上加霜。这三大灾难，直接导致秦国进入长达152年（前536—前385）的"中衰时期"！秦穆公开拓的关中东部大片领土，落入晋国之手。从此，义渠戎国东南及东部与晋国的西河、上郡为界，双方没有发生军事冲突，边疆一直比较安宁。可见义渠在与秦、晋为邻的这段时期，仍然处于默默无闻的状态。

战国初期，三家分晋，首都位于安邑（山西夏县西北）的魏国是一个新兴强国。魏文侯重用军事家吴起为大将，建立霸业，而秦国当时正处在"中衰"最严重的时期，关中东部大片领土被魏国攻占。例如，前413年，魏军西进，大败秦军，一直打到郑下（陕西华县）。次年，魏太子率军攻克秦国繁庞（陕西韩城市东南），秦军

---

① 《竹书纪年》。

再败后撤。前 409 年，吴起率领魏军大举攻秦，夺取黄河西岸的秦国大片领土，然后兴筑元里（陕西澄城县南）、临晋（陕西大荔县朝邑东南）两城，镇守西河地区。前 408 年，吴起再次率军向西，推进到郑县（陕西华县）至澄城（陕西澄城县）一线，修筑洛阴（大荔县西南）、郃阳（陕西合阳县）两城，秦国退至洛水下游一线，沿河构筑工事防守。至此，秦国西河、上郡地区全被魏国夺取。"魏有河西上郡，以与戎界边。其后义渠之戎筑城郭以自守。"① 从此，义渠在东南洛水中游和东部子午岭一线暂与魏国相邻，"筑城郭以自守"就是对魏防御，好在双方未见发生战争冲突。

秦献公时期，秦国经过初步改革，结束"中衰"，重振雄风，挥师东指，不断向魏国发起攻击，屡屡大败魏军主力，收复了西河大部地区，并攻入河东，迫使魏国从安邑（山西夏县西北）迁都大梁（河南开封市）。接着，经过秦孝公和商鞅变法，秦国继续集中力量打击魏国。公元前 352 年、前 340 年，商鞅亲率大军，两次打败魏军，基本收复被魏侵夺的西河、上郡地区。前 330 年，公孙衍率领秦国大军大举攻魏，包围焦城（河南三门峡市西）和曲沃（河南灵宝市东北），斩杀魏军八万人，魏国全部献出西河、上郡地区。早已退至子午岭一线的义渠戎国，在其东南和东部边区，从此不再与魏国接壤，而与空前强大的秦国相邻，义渠领土不断遭到秦国蚕食，直至最后灭亡。

4. 敌我态势机遇分析

义渠戎国成立之后，遇到的第一个重大外部变化就是"武王伐纣"，周人克商。公元前 1046 年，周武王号召八百诸侯，一举推翻商王朝，这是一个改朝换代、政治洗牌、建功立业的大好机遇，可惜未见义渠戎国遣兵参战的业绩，因而仍然无缘得封，只能默默地服从强大的西周王朝统治。《逸周书·王会篇》记载，周成王在洛邑

---

① 《史记·匈奴列传》。

大会诸侯，"正北方义渠（贡）以兹白"，说明义渠尚能积极参会，并送上珍贵礼品。大概是双方相安无事，此后数百年间不见义渠的记载。

前771年，犬戎（并非义渠）攻入镐京，击杀周幽王，这又是一次建功立业的大好机会。位于天水的秦国虽是一个附庸小国，却能抓住时机，秦襄公亲率精兵勤王，护送周平王东迁洛阳，由此立下大功，"平王封襄公为诸侯，赐之岐以西之地"①。从此秦人正式建国，荣膺诸侯之列，并得以合法占据关中西部之地。相形之下，义渠戎国却再次失去机会，不仅未有尺寸之功，甚至与犬戎难以撇清，颇有颠覆西周之嫌疑。

春秋早期，"及平王之末，周遂陵彄（gē），戎逼诸夏，……于是渭首有狄、䝠、邽、冀之戎，泾北有义渠之戎，洛川有大荔之戎，……是时义渠、大荔最强，筑城数十，皆自称王"②。此时秦国占据关中不久，北与义渠接壤，好在秦国也处于艰难草创之际，不算特别强大；而义渠则让中原刮目，至少与秦势均力敌，没有太大的外部军事压力。但此后秦国稳立关中，竟成为义渠最主要甚至唯一大敌！前景对义渠极为不妙。

春秋中期，从秦穆公（前659—前621）到秦景公（前576—前537）一连五代国君（后四位远不如秦穆公）共123年，是秦国的"称霸时期"。"三十七年（前623），秦用由余谋伐戎王，益国十二，开地千里，遂霸西戎"。③秦既霸西戎，则义渠或已臣服于秦，或为秦所逐而远遁。

春秋中后期，周室式微，更难得的是义渠戎国的对手秦国，从秦哀公（前536—前501）到秦出子（前386—前385），一连出现十代庸君，使秦国进入长达152年的"中衰时代"。其中除

① 《史记·秦本纪》。
② 《后汉书·西羌传》。
③ 《史记·秦本纪》。

秦厉共公（前476—前443）稍有作为外，其余九位一个比一个平庸昏暗。

秦国中衰的直接原因，前已言之，乃是麻隧（陕西泾阳县北）之战、械林（礼泉县东北）之战和秦景公之弟嬴针裹胁千辆战车叛逃晋国所致。但关键还是秦国长期不注重培养、发现、引进和重用人才，遂使国家政权始终掌握在一批平庸的君臣手中。国君及其当权大臣，一个个目光如豆，苟且偷安，晋国数次打过黄河以西，每每推进到泾阳一带，秦国命悬一线，几乎无力御敌。

敌人一天天烂下去，显然减轻了义渠戎国的军事压力，这对义渠来说，是一个千载难逢的发展机会。可惜此时的义渠历任国君，也都像秦国庸君一样，安于现状，不思进取，无所作为，完全丧失了这个难得的发展机遇，特别是没有乘机壮大自己的军事力量，故仍然处于默默无闻的状态，而无些许作为。机会一失，只有眼睁睁看着敌人一天天壮大，而自己只有等着纳贡称臣！

从公元前385年开始，秦国否极泰来，秦献公（前385—前362）、秦孝公（前361—前338）父子先后执政，这是两位以变法著称的伟大国君！秦国终于结束了"中衰时代"，进入"变法时代"。尤其是商鞅变法，使秦国很快变得无比强大，为秦一统天下奠定了坚实基础，也为义渠戎国覆灭造就了克星。

公元前403年，以三家分晋为标志，中国历史进入急剧变革的战国时代，铁器、牛耕、骑兵、弩兵广泛使用，各国旨在富国强兵的变法运动轰轰烈烈，诸侯间的兼并战争规模空前，一次斩首十万人以上的大战屡见不鲜，决定诸侯命运的时代开始了！这对义渠戎国是一个前所未有的考验。面对这种严峻形势，义渠戎国上层不仅不思改革、不求发展，反而越来越腐败，屡屡被秦国打得大败，再也没有振兴的希望。

秦国完成变法之后，先后是秦惠文王（前337—前311）、秦武王（前310—前307）和秦昭襄王（前306—前251）在位，秦国进入"称王时代"。在强大无比的敌人面前，义渠戎国于前272年未经决战，竟被一举消灭！可叹义渠王未死在抗敌的战场上，竟不明不白死在敌人设下的温柔之乡！

二、义渠戎国的军事体制

军事体制是国家组织、管理、储备和运用军事力量的制度方式，主要包括军事组织、领导体制、战争动员、武器装备、后勤保障及兵役制度等方式。不同的军事体制，发挥着不同程度和潜能的战斗力。由于文明进步程度不同，义渠戎国的军事体制与同时代的中原国家相比，还比较落后，带有浓厚的原始部落性质和明显的游牧民族特点。

1. 军事行政组织

义渠民族和中原各民族一样，基本上是在没有改变氏族结构的情况下进入文明社会的，只是进入的早晚相差千余年。义渠戎国始终是一个原始部落制国家政权，其政治社会架构、军事组织形式，保留了部落社会的许多特点。义渠王甚至仍然由部落推举产生，政治和社会关系也基本上靠宗法制度来组织、维系和调节。在宗法社会中，一切政治和社会关系悉被部落化、家族化了，宗法关系就是生产、生活以及政治、经济、军事组织关系。

义渠戎国君称王之后，其所统辖的地方各级组织仍然为部落，这是原始部落制国家的一个显著特点。史载"战国世，大荔、义渠称王。及其衰亡，余种皆反旧为酋豪云。"[1] 可见，不仅称王之后如此，就是国家后来"衰亡"之时，"余种皆反旧为酋豪"，即社会又完全回到从前群龙无首的部落"酋豪"状态，直到秦国在此设立郡县，才有了取代部落的行政组织。其实，称王之后，只是在原来的部落之上多了一个统御各部落的最高首领，部落社会组织并没有

---

[1] 《后汉书·西羌传》。

改变。

各部落之间并不全都是并列的，而是分层级的。义渠社会组织形式就是这种层级式的宗法氏族部落制，大宗部落统领小宗部落，小宗部落服从大宗部落。平时的生产活动由各氏族首领组织本部落男女老少，以集体协作的方式进行耕种、放牧、打猎、捕鱼、采集和担负徭役，战时则由国王、各级部落首领，层层组织动员。每次作战，根据战斗规模大小和兵员需要，临时由出战的各级首领在本部落青壮年部众中"点兵点将"，然后率领被点中的部众前往御敌、修建工事或对外劫掠。这种宗法部落制社会组织，与生产生活组织、军事组织合二为一，部落组织就是生产生活组织，也是军事组织和战斗组织，这就是义渠戎国的基本军事体制和军事组织形式。

义渠戎国没有庞大的常备军，而是实行全民皆兵、寓兵于民、兵民合一、平战结合的军事体制。平时民众从事农牧渔猎生产，遇到战争，青壮男子都要主动参战；战斗结束，则仍然散归农牧。可见，义渠人的生活条件与战斗条件高度一致，敌来参战，敌去参建，没有专门养兵的经济负担，军事成本非常低廉。不过，春秋战国之际，义渠戎国陆续修筑了几十座城池关隘，其边防由各部落就近分担，守备兵员则在部落成员中轮流更戍，这是义渠戎国最早的守备部队和多少具有常备军雏形的部队。

2. 战争动员方式

战争动员是国家采取紧急措施，调动人力、物力、财力投入战争的行为。战争动员能力如何，动员迅速、充分和组织严密与否，直接关系到战役战斗的成败。"招之不来"是征召动员的最大危机和失败。一个凝聚力很强、政治互信良好的社会，一般不会出现这种危机。

义渠戎国的战争动员方式，与它的部落制国家政体、宗法制社会结构和原始文明状态密切相关，大体可分为征召动员、精神动员和宣传鼓动三种方式。

　　"征召动员"就是战前由义渠王根据作战预警、作战意图、作战任务需要，发布作战动员令；各级部落首领根据作战规模大小和兵员需要，层层下达任务，落实参战人员，然后按照平时的部落组织，由国王或最高部落首领率领各部落兵员投入战斗。我们知道，民主推举是部落制国家从氏族部落直接继承下来的古老传统，义渠王和各级部落首领都由部落推举而产生。由于战争的需要，义渠王一般都很年轻、英勇善战和膂力过人，因而常常亲自领兵出战，临阵身先士卒，冲锋陷阵，各部落首领就更不消说。义渠王和部落首领一旦年老，不堪上阵，则会退居二线，成为国家或部落德高望重、出谋划策的顾问人物。这说明义渠戎国的王位尚未形成世袭制和分封制，也没有出现秦国那样的君主专制制度，不能不说是原始和落后的表现。当初，从古老的部落民主制度到君主专制制度，乃是社会进步的表现。不专制就缺乏强有力的政权和高度统一的社会、军事组织，就不能适应日益残酷的战争需要。

　　"精神动员"就是借助神灵旨意和祭祀活动，统一思想和行动。比如，给即将进行的战争涂上神的色彩和神的意志，使之变成一种圣战，以激发将士无穷的精神力量。"国之大事，在祀与戎。"① 祭祀的目的和积极作用是多方面的，平时是为消灾弭害、祈福求利、保佑平安、报谢神灵等，战时则祈求神灵助威，按照神的指示奔向战场，杀戮敌顽。显然，通过这样的祭祀活动，可以誓师动员，鼓舞士气，为部队提供强大的精神动力。义渠在征战之前，每次都少不了以祭祀的方式进行战前动员。

　　"宣传鼓动"的方式多种多样，通常是在祖先神灵庙前召开誓师动员大会，揭露和声讨敌人的残暴罪行，宣示我方的正义性质，以激发将士同仇敌忾、誓与敌人血战到底的决心。这种方法至今仍在使用，不惟义渠如此。

---

　　① 《左传·成公十三年》。

3. 主要武器装备

在需要近身搏斗的冷兵器时代，士兵装备的坚实与否，极大地影响着军队的整体战斗力。从宁县一带的古墓葬出土物件来看，义渠军队作战的主要兵器多由青铜制作，也有不少木质髹（xiū，红漆）漆盾牌作为防备武器。青铜兵器除了铜戈、铜矛、铜（骨）簇外，还有许多车马器，如铜马衔镳（biāo）、铜车辖軎（wèi）、铜横末饰、铜节约组成的络饰、铜带扣等，说明义渠有一定的战车制造水平。

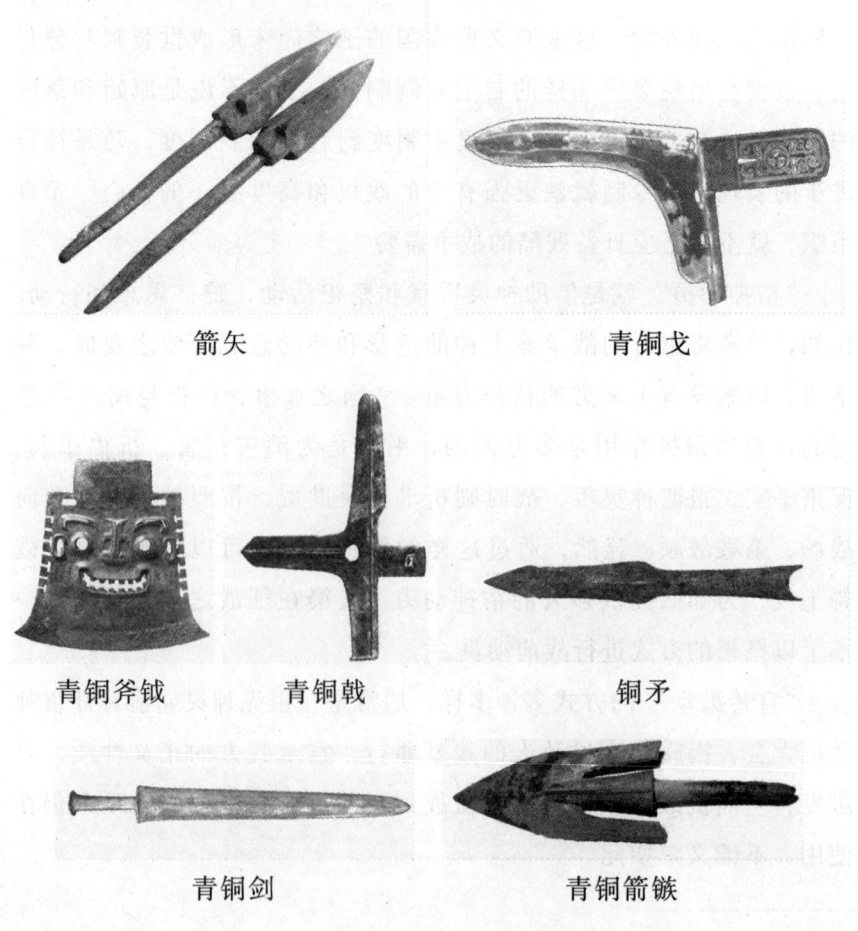

箭矢　　　　　　　　青铜戈

青铜斧钺　　　青铜戟　　　　　铜矛

青铜剑　　　　　青铜箭镞

兵器

战车即古代用于作战的车辆。中国使用战车作战始于夏代，鼎盛于西周春秋，逐渐没落于战国。从商周至春秋，战车一直是军队的主要装备，适于在平原上冲击追逐，行军时可运载粮饷、军需；扎营时可用于防卫、构营，是古代一种大型军事装备。

从出土于商周、春秋战国时期古墓中的战车来看，战车为木质结构，一般在重要部位装有青铜件，通称车器，用以加固和装饰。战车均为独辕两轮，车厢门开在后方；车辕后端压置在车厢与车轴正中间，辕尾稍露出厢后，辕前端横置车衡，衡上缚两轭用以驾马；车轮直径120～140厘米，辐条有18～24根，车毂长40厘米，轴头铜軎长13.5厘米；车厢宽度130～160厘米，进深80～100厘米不等。每车驾2匹或4匹马；马具有铜制的马衔和马笼嘴，这是御马的关键用具。

战车上的主要部件有辕——车体上一根最长的直木，自车箱底部正中直到车尾，压在轴上。衡——固定在车辕前的横木。轭（è）——连接在衡下面的人字形曲木，驾车时套在马的颈部。毂（gǔ）——车轮中心用于连接车辐的圆木，中间圆孔贯穿车轴。軎（wèi）——青铜制成的套在车轴两端的圆筒状车件。轼：车厢前面用作扶手或倚靠的横木。镳（biāo）——马嚼子两端露出嘴外的部分，如分道扬镳，喻志向不同而分手。

从商周到春秋，每辆战车均载甲士三名，左方甲士持弓或弩，负责指挥和射击，是一车之首，称"车左"或"甲首"；右方甲士执戈、戟或矛，进行击刺，并有为战车排除障碍之责，称"车右"或"参乘"；居中的则是赶车的驭手，亦随身佩带自卫短剑。

除车上三名甲士外，每车还配有十至百名不等的"徒卒"（或称步卒），跟随战车，协同作战，这便是当时军队的一个基本编制单位，谓之"一乘"。有资格站在战车上担任甲士的，绝非一般平民士兵，而是贵族出身的军官。配合战车作战的步兵，多是临时征募的平民。作战时，甲士站在车上，徒兵跟在车下，进行战车之间的战斗。当一方车阵被击溃、败逃之后，便决出胜负，结束战斗。

车战的主要格斗兵器为"车右"使用的戈。戈是一种长柄的钩状兵器，有锋利的双面刃和前锋，一般长达三米左右。春秋时期戈大量为戟所取代。车上的甲士还配有青铜剑，用于防身或在战车毁坏或敌人跃上战车时作贴身战斗。战车上的人员护具主要有皮制的甲胄和盾。春秋时期，开始给驾车的战马配备马甲，以保护战马免受杀伤。

车战是春秋以前中国古代平原作战的主要战法。但由于地形复杂和游牧民族出身的缘故，车战不可能成为义渠人作战的主要方式。尽管出土资料显示，义渠戎国有战车，但更多的是将士徒步穿行于山谷，利用山地有利地形，进行伏击或偷袭战，得手之后立即撤退。在平坦地区作战，义渠人也使用战车和戈兵、矛兵组成的战斗组织。戈是在方阵进攻时，战车部队正面出击，高速闯入敌阵，站在车上的戈兵借助车势用戈头"收割"车边敌人的头颅，加上义渠将士娴熟弓马、骁勇善战、凶猛强悍的优长，其作战威力是很可怕的！

大约在春秋早期甚至更早，义渠人就学会了骑马，开始使用骑兵作战，从而大大增强了行军作战的机动性。战国时期，赵武灵王发起的"胡服骑射"，就是由车战向骑兵作战转变的重大军事改革。义渠人由于其固有的牧业生活方式，当然比中原农业民族更早掌握了骑射技术。

4. 后勤保障形式

后勤保障能力是国家强弱的具体体现，军队补给线的长度决定国家边界的远近。"兵马未动，粮草先行"，再强大的军队，没有粮食就难以持久。粮草不单指的是粮食和草料，还包括备用武器、弓箭、帐篷和药品等各种军需物资；如果是沙漠作战，水更是重中之重。这些物资，不可能全部跟随大军同步前进。为了解决补给困难，古代往往在边境地带兴建一批城堡和边镇，战时由支前民夫将军需物资运往离前线不远不近的地点，再由专门的运粮官每天去取，并将伤病员转运后方。这种古老的后勤供应方式能够很好地保障作战需要，但也为对方"断粮道、劫粮草"留下了可乘之机。

其实，与强大的秦国相比，义渠处于明显的弱势。这便决定了义渠通常所进行的战役战斗规模比较小，投入的兵力比较少，战斗时间比较短；其作战方式多以偷袭、奇袭、拔点（端掉敌人的据点）和游击战为主，出敌不意，攻敌不备，快打快撤，不硬抗衡，这便大大减轻了对后勤保障的依赖性。这种小规模、短时间的出击作战，基本没有专门的后勤保障，粮草多为自我保障和就地取材，其中包括从敌国筹取和抢劫。一般情况下，军粮按预计的作战天数，由士兵平均携带或骡马驮行，以干粮为主，也顺手捕获猎物。战具器械多为自制，战马弓矢略有备用而随军自带。战利品先补偿军需损耗，其余在本部人马中分享。可见义渠作战时，后勤保障方式比较简单，仅以最基本的需要为限。

三、义渠戎国的战争历程

义渠戎国自商武乙年间（前1147—前1113）立国，到秦昭襄王三十五年（前272）灭亡，八百多年间发生过很多次战争，可惜明确见于记载的仅有大小11次。其中与周人作战1次，其余10次皆与秦战。对此，我们简略述说，并力求从中窥见其战术特点、军事优长和作战精神。

1. 重大战争经过

商代武乙时期，义渠戎国建立不久，陆续消灭或驱逐了北部疆域的彭卢戎（宁夏彭阳县）及南部的乌氏戎（甘肃泾川、灵台县）等戎族各部，接着从泾川、灵台一线继续南侵周部落领地。周人此时已空前强大，当然要挥师反击。"武乙三十年（前1118），季历伐义渠，乃获其君以归。"[①] 义渠君被俘之后，纳贡称臣，归顺于周，

---

① 《竹书纪年》。

大概很快被放还，从此双方和谐相处，数百年相安无事。

直到秦穆公三十七年（前623），"秦用由余谋伐戎王，益国十二，开地千里，遂霸西戎"①。十二国中虽未言明包括义渠，但《史记·匈奴列传》曰："秦穆公得由余，西戎八国服于秦。故自陇以西有緜诸、绲戎、翟、獂之戎，岐、梁山、泾、漆之北有义渠、大荔、乌氏、朐衍之戎。"明确指出"服于秦"的西戎八国中有义渠，那么十二国中就更不用说。秦既霸西戎，则义渠已首次臣服于秦。其后到前470年，秦虽"中衰"不堪，义渠为避秦伐，还到秦国"来赂"②，可见其臣服于秦已超过一个半世纪，期间未有战争，也是百姓福气。

前444年，秦厉共公三十三年，"伐义渠，虏其王"③。这是自秦穆公征服义渠之后，180年来，秦与义渠第一次重开战端，史书未明开战原因，大概是义渠选出新国王，不甘屈辱臣服、拒绝纳贡之故。秦军一下子就掳走君王，也可能是突然袭击，可见久处和平之中的义渠戎国防御之疏。君王被掳之后，亦未明生死。

前430年，秦躁公十三年，"义渠来伐，至渭南"④。这是史籍记载的义渠第一个胜仗。《后汉书·西羌传》作"义渠侵秦至渭阴"。渭阴即渭南，意思相同。而《史记·六国年表》云："义渠伐秦，侵至渭阳"，可能是后人误改。"渭南"系渭水之南，但既非关中的渭水之南，也非陕西渭南市。义渠人不大可能从秦国腹地打到关中的渭河南岸或渭南市，当是从西南方向翻越陇山，侵至天水一带的渭河南岸。

前335年，秦惠文王三年，秦国进攻韩国宜阳，义渠乘此机会，"败秦师于洛"⑤。这是从东南方向沿洛水而下，出敌不意，取得的

---

① 《史记·秦本纪》。
② 《史记·六国年表》。
③ 《史记·秦本纪》。
④ 《史记·秦本纪》。
⑤ 《后汉书·西羌传》。

第二次胜利。不过，弱国偶然战胜未必是福，凶猛的秦惠文王嬴驷岂能善罢甘休！当时，秦国准备报复，只因苏秦组织第一次合纵联盟，对付秦国，秦一时无暇北顾。

前331年，在张仪的外交斡旋下，六国联盟宣告瓦解，秦国完全腾出手来，要向义渠雪耻。恰好"义渠内乱，秦惠文王遣庶长操将兵定之，义渠遂臣于秦"。① 秦将嬴操（庶长操）借平乱之机，斩杀义渠军民无数，将义渠能劫掠的人口、牲畜、粮食、皮革、青铜财宝，统统洗劫一空。这次战争一直打了五年，至前327年，"秦县义渠，以其君为臣"② 才算结束。从此，义渠王名义上臣服于秦，秦国在义渠戎国土设立了义渠县，骄横的县令与逊位的义渠王同处一城，就像日本侵略军刺刀下的伪满洲傀儡皇帝；从此义渠名存实亡，几乎不能立国。但义渠戎国明服暗不服，且各部落首领还占据北部大片地区，仍有较强实力，十年后还能打一个大胜仗。

稳住魏国后，秦国着力北征义渠，前320年，秦惠文王嬴驷率大军，沿子午岭北游河套地区，到达灵州（宁夏灵武市）、夏州（陕西靖边县），意在观兵探敌。次年春季，这支大军从河套地区南下，"秦伐义渠，取郁郅（甘肃庆城县东）"③。形成了对义渠的夹击和战略包围。义渠军队为保存实力，向六盘山区西撤暂避，未作抵抗。一贯将南部作为防御重点的义渠人从未料到，敌人会从北部南下！

不过，不知不觉，绕到敌后作战，是秦国的惯用战法。前280年，秦国大将司马错伐楚，也是从四川、重庆绕到湘西，突然攻占楚国后方黔中郡（湖南沅陵县），完成了对楚国的战略大包围，令连年集中兵力于北部边界抗击秦军的楚国措手不及！

秦国攻取郁郅后，义渠王潜向东部山区，从陕北经山西，前往

---

① 《后汉书·西羌传》。
② 《资治通鉴·周显王四十二年》。
③ 《后汉书·西羌传》。

关系融洽的魏国。前318年春，"义渠君之魏，公孙衍谓义渠君曰：'道远，臣不得复过矣，请谒事情'"。① 此时正是五国起兵伐秦的前夕，义渠王在公孙衍的挑动下，乘机回国，秘密准备。秦惠文王接受陈轸建议，"乃以文绣千纯、妇女百人遗义渠君"，义渠君识破其谋，收下重礼。前317年，五国联军伐秦正酣，义渠乘秦国东出交战之机，"起兵袭秦，大败秦人李伯之下"②。此处李伯亦作李帛，有学者疑李伯即《水经注·渭水》之伯阳城。伯阳城在今甘肃天水东四十公里。可知义渠仅见于记载的三次胜仗中，两次取道于西南，袭击秦之后方西陲。

　　不幸的是，义渠作为弱国，每战胜一次，都会遭到更大的报复。前316年，秦国击败五国联军之后，从西河、上郡一带开始进攻义渠，先后夺取西河郡的徒泾等25座边城。史籍将这一战役分别记入三个年代："（前317）义渠败秦师于李帛。明年（前316），秦伐义渠，取徒泾二十五城"③"（秦惠文王更元）十年（前315），……伐取义渠二十五城"④"（周赧王元年，前314）秦人侵义渠，得二十五城"⑤。三种记载并非矛盾，而是徒泾二十五城分布甚广，秦国连续干了三年才将其拿下。从此，义渠的北部、东部尽为秦国所有，义渠戎国灭亡只看秦国何时有闲暇。

　　前310年，血气方刚的秦武王即位，遣兵"伐义渠"⑥。大概开战不久，秦武王得知蜀国（已为秦所征服）属下的丹犁（四川汉源县）部落及蜀相陈壮（亦作陈庄）各自作乱，于是命秦军从义渠战场回撤，南下四川，史书记载非常简略："武王元年，诛蜀相壮。……伐义渠、丹、犁。"⑦ 秦军南撤，幸运的义渠戎国总算松了一口气。

---

　　① 《战国策·秦策二·义渠君之魏》。

　　② 《史记·张仪列传》。

　　③ 《后汉书·西羌传》。

　　④ 《史记·秦本纪》。

　　⑤ 《资治通鉴·周赧王元年》。

　　⑥ 《史记·秦本纪》。

　　⑦ 《史记·大宛列传》。

但是，最后的时刻到来了。义渠被连连击溃后，义渠王时常来到咸阳朝拜，"遂与昭王母宣太后通，生二子"①，秘藏于宫中。前272年，这件丑闻传入秦昭襄王嬴稷耳朵，嬴稷假借母亲的名义，将义渠王诱杀于甘泉宫（陕西淳化县卜家乡城前头村），然后发兵，彻底攻灭义渠戎国，设立北地郡（甘肃宁县城）。

完全没落的义渠戎国归于灭亡，结束了不必要的政权对抗和分裂，也减少了连年的征战和杀戮，实为民族百姓之福。

2. 军事战略战术

数百年间，义渠人保家卫国，为民族生存、发展而战，积累了非常丰富的战斗经验。通过介绍义渠戎国明确见于记载的11次战役战斗概况和战争历程，我们可以从中领略其军事战略战术特点和战斗精神。

义渠戎国曾经与强大的周、晋、魏、秦为邻，战略上首先不占优势。尤其是与近在咫尺的虎狼之秦相处，更是凶多吉少。悬殊的敌我力量对比，制约了义渠戎国的军事发展成就，也决定了义渠作战所能采取的战略战术模式。

在战略战术上，义渠将领善于捕捉有利战机，懂得声东击西、出其不意和避实就虚等战法，常常利用地形优势和快速机动、精于骑射等长项，展开进退攻守，每每以弱小兵力给强敌以重创。

但是，义渠与周晋魏秦相比，明显处于弱势。这便决定了其在战略上以防御为主，避免不必要的进攻和挑衅。主动进攻和挑衅，只会招致更大的灾难。实际上，义渠人未尝不明白这一点。从战争记载看，义渠的和平时期要比战乱时期长，说明义渠人也并不好战，能不打仗就不打，毕竟和平是人类的生活常态和追求目标，也是义渠人的生活常态和向往目标。在八百多年间仅见的11次战役战斗中，义渠人胜少败多，主动出击的战争只有3次，胜仗也是这3次，其余8次皆为应战和败仗。

---

① 《后汉书·西羌传》。

　　由于国家弱小，义渠作战时，通常所投入的兵力不多，战役战斗的规模都比较小，战斗时间也比较短，没有发生过像中原那样的大规模战争。其作战方式和战略战术，多以偷袭和游击战为主，以敌人后方为打击目标，以避实就虚、出敌不意、攻敌不备、快打快撤为基本战术。凡是贯彻这种战略战术原则，定会夺取胜利。

　　例如，前430年，义渠伐秦的"渭南之战"，就是从西南方向翻越陇山，突然侵至秦国大后方天水一带的渭河南岸，赢得第一次胜利。前335年，义渠乘秦国进攻韩国宜阳之机，突然发起"洛水之战"，打败秦军，取得第二次胜利。前317年，五国伐秦正酣，义渠乘秦与五国联军东出交战之机，取道于西南，兵出甘肃天水一带，

　　义渠与秦激战图——义渠戎国自商武乙年间（前1147—前1113）立国，到秦昭襄王三十五年（前272）灭亡，八百年间发生过多次战争，历史记载11次，与秦作战10次。

发起"李帛之战"，取得大败秦人的第三次胜利。仅有的这三次大捷，都是选准时机，出敌不意，攻击秦之后方。

但每次胜利后，都会遭到周、秦更大的反击和报复。从上述 11 次重大战争经过中，可以看得很明白。对弱国来说，避免战争是最大的政治战略。义渠的历史表明，长久的和平时期，往往来自两国友好相处，而不是来自逞强好战。战争很多时候是民族上层（主要是君王）为了所谓"王业""功勋"甚至"面子"引起的，于普通平民实在有害无益。"了却君王天下事，赢得生前身后名"，可怜白骨生！战死而"弃于原野"的都是可怜百姓。

义渠君王在不得不臣服于周秦之后，往往是义渠民族享受和平最久的时期，以致数百年都没有需要记载的所谓"大事"。民众安定地过日子，本来就不需要折腾，最好也不要发生什么"载入史册"的大事。这样的美好时期，在义渠戎国存在的八百多年中，出现过好几次。

例如，武乙三十年（前 1118），周文王的父亲季历伐义渠，义渠君被俘之后，纳贡称臣，归顺于周，虽是君王屈辱，但双方从此和谐相处，数百年相安无事。

又如，前 623 年，秦穆公称霸西戎后，义渠臣服于秦，从此出现长达一百八十年的和平时期，未有战争发生。直到前 444 年，义渠拒绝臣服纳贡，结果轻启战端，不仅百姓遭殃，就连义渠王也被掳走。

近代名言说得好："和平未到根本绝望时期，决不放弃和平；牺牲未到最后关头，决不轻言牺牲。"孙子曰："兵者，国之大事，死生之地，存亡之道，不可不察也。"我们研究义渠军事历史，应该以史为鉴，丰富思想，启迪智慧，为国家和民族贡献聪明才智。那种歌舞升平、忘记战争的精神状态，固然要不得；而那种鼓动开战、动辄喊打的民族鲁莽情绪，更是要不得、甚至是很危险的。

3. 义渠军事优长

义渠人在发展经济、捍卫家园的生存斗争中，彰显出许多优秀品质和优良传统，表现出极其顽强的民族生命力和突出的军事优长。

在商周及春秋战国强手如林的生存环境中，其他各戎族早就灭亡了，义渠人却能够以一个弱小民族建立自己的邦国，并能立国八百余年之久，一直坚持到战国后期，与中原各国一同归于统一，从军事、政治角度看，本身就是一个历史奇迹和杰出表现。

同单一游牧民族相比，中原单一农业民族安土重迁，民族精神比较保守内向，怯战畏斗，行动迟缓；且由于缺乏战马和骑射技术，单兵作战能力、部队机动性能都比较欠缺。而单一游牧民族虽然没有农业民族的这些缺点，但却存在另外一些致命弱点。比如，游牧生活漂泊不定，缺乏物质财富和文化积累的条件；粮食无法自给，长年用于军需的肉类食物容易腐烂，不如干粮易于携带和长久保存，影响行军作战的持久性。

由于地理环境的原因，义渠始终是一个农牧并举、兼有狩猎传统的社会。其农牧结合、兼顾渔猎的经济方式，既避免了单一农业民族和单一牧业民族各自的缺陷，又兼有各自的优长；既有农业文明的厚重积淀，又有游牧和狩猎生活的长期历练。农业生产为民用和军需提供了充足的物质资料，牧业狩猎则为出征作战锻造了勇猛矫健、精于骑射的士卒，先民放牧或狩猎的同时，也练就了行军打仗的本领。义渠戎国虽无专业化的常备军，但其军事力量却非常强大，从社会组织和经济结构看，不能不归功于义渠民族的生产、生活条件与战斗条件高度一致，社会、生产组织与军事组织合二为一的特殊优势。

义渠人很早就懂得使用战马，掌握了骑射技术，其单兵作战能力、部队机动性能都优于中原农业民族；义渠戎国人数虽少，但由于长期以放牧、打猎为生，居民日常多食牛羊之肉，体格雄健；牧业及狩猎生活使他们惯于用马，精于骑射，巧于周旋，剽悍好斗，战斗力极强，这是义渠人一个显著的军事优长。

"夫战，勇气也。"① 战争是意志的较量，特别需要将士的勇敢精神。义渠戎国人数虽然不占优势，但由于长期以放牧、捕猎为生，善于游走、追逐和奔跑，由此普遍养成勇敢、机智和冒险精神；在长期的艰苦卓绝斗争中，义渠人养成了团结协作、吃苦耐劳、勇猛顽强、积极进取的尚武精神和民族性格，遇到战争，全民上阵，人人皆"以战死为吉利，病终为不祥"②，所以作战十分英勇，宁死不屈。义渠王常常亲自领兵出战，临阵身先士卒，英勇善战；将士们无不浴血奋战，视死如归。这是义渠戎国能延续数百年的重要原因之一，也是其第三个军事优长。

放牧和狩猎生活使义渠人的性格非常直率豪爽、机智勇敢、团结协作；义渠民族精神比较务实、自强不息，显然不乏保家卫国的忠义情怀和勇敢作战的尚武精神。

四、形势巨变下的反应

从中国历史的大背景和时代进程看，义渠戎国最辉煌的阶段在商周至春秋时期，最艰难的境况在战国时期。其根本原因是，义渠戎国像东方六国一样，未能把握时代变化的脉搏，长期不加改革，一直保持原始部落制度传统，虽然能适应春秋时代，但不能适应战国时代，因而灭亡是不可避免的。

1. 春秋变为战国

人们习惯于将"春秋"和"战国"两个时代连称为"春秋战国时代"，其实这是两个大不相同的时代。春秋时代是分封制"封建社会"结尾，战国时代则是郡县制"帝制社会"开端，两者社会性质、组织结构、经济基础和政治制度皆不相同。战国时代，各种形势都发生了剧烈变化。凡能通过及时、深刻的变革调整，顺应这种时代变化，就能生存和发展，否则就会灭亡。春秋战国时代最明显

---

① 《左传·庄公十年》。
② 《后汉书·西羌传》。

的区别之一是战争规模和激烈程度大大不同。春秋时代，战争规模要小得多，一两万人都属于大军了。战斗时间比较短，也不那么激烈，很少出现灭国性战争，交战时双方要约定时间，不得欺诈。战国时代，战争规模更大，往往数十万大军交战；谋略运用更诡谲，外交斗争更激烈，灭国性战争屡见不鲜，以致春秋时期一百多个诸侯国，到战国时只剩下所谓"战国七雄"。

春秋早期，诸侯以周王为天下共主，往往打着天子旗号争霸；战争主要在贵族中进行，作战时多少还讲究一些道德规则或君子礼法，如交战双方"结日定地，各居一面，鸣鼓而战，不相诈"；战场上"不重伤（不二次伤害伤员），不擒二毛（年纪较大有了白发的人），不鼓不成列"。战国时，诸侯王已不在乎周王，只管剧烈兼并、争夺天下、残酷杀戮，无所不用其极。公元前260年，在长平之战中，秦国一次就斩杀、坑杀赵国45万人！

历史进入了战国时代，而义渠戎国还是一个原始部落制国家，无论如何，都很难适应战国时代的政治、军事和战争形势。可见，能否把握时代潮流，自觉推动改革和发展，始终关系国家民族的前途命运。

2. 战车变为骑兵

春秋时期，作战方式以车战为主。战车作为一种大型武器装备，虽然在战场上威不可挡，但其机动性受地形和道路条件的限制，只能在一望无际的平原上使用，地势稍微不利，或在陡坡、丘陵地带，其作用都会大打折扣。

战国时期，赵国从游牧民族那里学会了骑射术，各国陆续出现庞大的骑兵部队。约在同一时期，韩国又发明了弩，很快成为一种威力强大的主要兵器。骑兵、弩兵两种新兴兵种出现，不仅降低了战车的作用，也大大增强了作战威力。加上铁器普遍使用之后，诸侯大量兴筑城墙、工事和堡垒，甚至修建长城或壕沟，更使战车作用大减。尽管战国时期，各诸侯国仍有不少战车参战，但已不是作战的主要方式。

骑兵、弩兵取代车战，这是战国时期最大的军事技术变革。尽管义渠比中原国家更早掌握了骑射技术，但却一直停留在原有的水平上，加上国小人少，没有发展出一支强大的专业化常规骑兵作战部队，当然很难适应战国时代大规模作战的形势。

3. 进攻变为防守

此处所谓"进攻变为防守"是指义渠戎国由早期生龙活虎的进攻者，变为处处防守、挨打的被动局面，这表明义渠戎国不像秦国，早在春秋中期，政治、经济、军事、文化就已经全面停滞，继而一直在走下坡。

商周至春秋早期，义渠在各少数民族中，最为强大，即使与落后的秦国相比，也是一个地区强国。但秦与义渠的进取精神不同，秦国不断学习中原先进技术，不断创造新的社会制度和军事体制，不断引进和重用外籍人才，因而使国家不断发展壮大。秦军之所以强大，正在于他们不断地吸收别人的先进技术和长处。

例如，秦孝公时期，秦国缴获了韩国的劲弩之后，立刻自己研究，吸收其长处，开发出了威力更巨大的秦弩。前269年，在"阏与之战"中败给赵国骑兵后，秦国也积极学习骑兵战术，但秦人没有照搬赵国人占领制高点、利用气势冲锋击垮对手的作战方法，而是开发出利用轻骑部队迂回到敌后的战法，切断敌人后路，形成对敌夹击合围之势。这种战法屡次打败敌人。在九年后的长平之战中，秦军轻骑部队包抄合围，把赵国四十五万精锐送上了绝路。

与秦国相比，义渠戎国就缺乏秦人那种学习和进取精神，除了早期学习过周人的先进农业技术外，在整个春秋战国时期，大的社会制度和军事体制创新变革未之有也，因而使国家长期停滞、衰落，不得不由主动进攻变为被动防守，最后被轻而易举地消灭。这个教训是极其深刻的，其责任主要在义渠王及其民族上层，而不在平民百姓。

4. 强国变为弱国

国无常强，亦无常弱。善于学习，积极变革则强；故步自封，不思改革则弱。当初一些比较强大的国家，如齐、楚、魏和我们所研究的义渠等国，皆因思想保守，改革不彻底甚至根本就没有改革，结果毫无例外地由强国变为弱国。相反，秦国、赵国则由弱变强，也得益于不断改革的缘故。

不过，赵国最成功、最突出的改革项目和成果是赵武灵王的"胡服骑射"，但这是一项仅限于军事技术领域的改革，基本没有涉及政治体制改革。于是我们看到，长平之战前后，赵国腐败的政治制度，导致该国几任赵王刚愎自用，重用纸上谈兵的赵括，一战而丧师四十余万；而郭开等宠臣，大肆收受秦国黄金，陷害名将廉颇、李牧，结果加速了赵国的灭亡。显然，赵国不如秦国的改革全面、持久和深刻，因而最终也就败在秦国面前。

赵国尚且如此，义渠戎国就更落伍于时代潮流。在这个部落制邦国存在的数百年间，我们看不到任何改革措施和政治、经济、军事、文化进步之阶，也看不到义渠王的任何治国方略和雄才大略，而后期的历史记录竟是与秦宣太后芈八子的连年鬼混！无所作为的各位义渠王，岂不愧对列祖列宗，愧对英雄的义渠人民？

五、义渠戎国败亡的原因

自古未有不亡之国，就连强大的邻邦周、秦及东方六国迟早不都灭亡了吗？何况暗淡的义渠戎国？但评价一个国家不是看其存在多久、是否灭亡，而是看它的建树和对民族贡献如何。我们总结义渠戎国败亡的原因，也是从它应有的作为和贡献方面考虑的。在统一中国的进程中，成功的是秦国，而失败的是义渠和东方六国。那么，我们可以通过比较成功者与失败者的主要差别，总结出对今天富有启示意义的经验教训。

1. 政治落后与腐败

义渠民族有很多永远值得后人敬佩的优良品质，也有为民族发展进步所做的不懈努力。早在商代后期能够在众多少数民族中率先建立起部落制国家，就是一个重大文明进步标志。但是，此后八百余年，直至其灭亡，义渠戎国的国家形态和社会组织形式竟然一成不变，硬是停留在部落制基础上，没有任何进步的改观，难怪始终被视为"戎狄蛮夷"之邦，这不能不说是义渠社会长期停滞和政治落后的表现。

而春秋时期，同样曾被中原各国视为"夷狄"的秦国，不断革故鼎新、发愤图强，尤其是商鞅变法之后，秦国很快甩掉了落后的帽子，全面赶上和超过了先进的中原各国！当此时也，谁都不会再以"夷狄"视之。这与义渠相比，何啻天壤之别！

义渠戎国后期，不仅政治落后，执政者甚至表现出政治昏庸和腐败的迹象。例如，"昔者义渠氏有两子，异母皆重，君疾，大臣分党而争，义渠以亡。"① "秦昭襄王时，义渠戎王与宣太后乱，有二子。宣太后诈而杀义渠王于甘泉，遂起兵伐残义渠"②，一举将其攻灭。可见，国君胡作非为，不理政事，不仅败坏了政治风气，竟给国家带来灭顶之灾，教训至为惨痛和深刻！

2. 部落民主的落伍

义渠戎国始终未能走出原始部落制国家状态，社会组织也以大大小小的部落为单位。部落社会内外关系一般是和谐的，部落内部实行民主议事制度，虽然能够集思广益、体现全体部落成员的意志，但其缺点是权力比较分散，决策比较慢，行动不够统一。

不仅义渠如此，就连东方六国的政治生活中，也或多或少残留了一些原始民主或贵族民主传统，主要表现为政在大夫，令出多门，君主集权不够，因而很难适应大规模战争需要。而秦国通过商鞅变法和范雎推行君主专制主义，彻底解决了这个问题。例如，前266年，范雎对秦昭襄王说："臣居山东时，……闻秦之有太后、穰侯、

① 《逸周书·史记篇》。
② 《史记·匈奴列传》。

华阳、高陵、泾阳，不闻其有王也。夫擅国之谓王，……善治国者，乃内固其威而外重其权。"秦昭襄王"于是废太后，逐穰侯、高陵、华阳、泾阳君于关外。"① 从此，王权更加巩固和集中，国王始终牢牢掌握着军政大权，为完成统一大业提供了强有力的政权保证。

人类是从原始民主走向专制的。随着生产力的发展，部落之间的掠夺战争也逐渐增多。当敌对部落远远袭来的时候，仍然实行民主议事制度的部落，面临抵抗、转移、撤退或妥协、投降等多种选择，常常议论未定，可能就被击溃或消灭。于是，为了应付战争和生存的需要，各部落不得不适应新形势，逐渐放弃部落成员集体议事的古老民主决策制度；每个部落成员也甘愿出让自己的民主权利给部落首领，实行由部落首领代替大家决策的军事专制制度，其优点是权力集中，便于迅速决策和执行，便于统一指挥、统一管理和统一行动，从而大大提高了决策效率。那些雄才大略、善于组织动员的英主，往往会使部落在残酷的战争竞争中不断取得胜利，变得非常强大。可见，专制制度当初取代原始民主制度，乃是政治文明和制度进步的表现。

义渠社会及其政权显然没有取得这种进步，其政治形态始终以古老的部落民主为主要特征，远未建立中央集权的君主专制制度，也没有建立郡县制的各级地方行政组织，明显落伍于时代发展要求和水平，既不适应激烈兼并的战国形势，也是其败亡的重要原因之一。

3. 军事发展较缓慢

军事是政治的延伸，无论古今中外，政治落后、腐败和停滞不前，军事绝不会独自向前发展。一个停滞的社会，等于在为敌人提供机遇。

春秋早期，中原远未出现骑兵部队时，义渠基于其游牧民族的

---

① 《史记·范雎蔡泽列传》。

优势，已经使用骑兵出战，或利用复杂地形对付敌人战车，并学会了筑城技术，用以军事防御。这在当时是比较先进的，因而"是时义渠、大荔最强，筑城数十，皆自称王。"① 可惜数百年间，直到战国时期，这种技术优势并未得到进一步发展壮大，武器也是极其原始和简陋的，五百年后的军事装备与五百年前的东西几乎没有区别。倒是赵、秦等中原各国后来居上，瞄准军事变革，发展出数量、质量都让义渠戎国无法比拟的骑兵、弩兵部队。

不仅武器装备、军事技术发展缓慢，而且义渠戎国的军事体制也是数百年"一贯制"，兵役制度始终保持"全民皆兵、兵民不分"的古老传统，军人都是从部落农牧民中临时动员来的业余人员，始终未能建立起一支强大的、专业化的常备军。义渠虽然很早就学会了使用骑兵作战，但没有像赵武灵王那样大规模地倡导"胡服骑射"技术，更没有大量发展骑兵部队，也没有像秦国那样推动军事改革和制定奖励军功的政策。当年，义渠人能够很好地向周人学习先进农业技术，由此给义渠民族带来了一次飞跃式发展；而数百年后，秦国深刻变法、不断推动军事革命和富国强兵的榜样，却并没有唤起义渠人的觉悟和行动。于是，时代留给义渠的事情，就只剩下等待灭亡这一个归宿了。

4. 不思改革而停滞

改革是发展的动力，而不改革就会停滞不前，最后走向没落，这是历史反复证明了的真理，也是义渠亡国的根本原因所在。

秦国当初作为一个偏居西部的落后小国，后来竟能魔术般地由弱变强、兼并诸侯、实现统一，其由弱变强的关键和秘密就在于全面、深入和持久的改革。而这正是义渠戎国所缺少的伟大举措。

历史走入停滞或僵持时期，就是到了即将巨变的关头，政府若不采取积极措施，自觉实行变革，历史将会盲目暴发毁灭式的巨变，

---

① 《后汉书·西羌传》。

使社会遭受巨大破坏。就像一条壅塞的大河，日益趋于决口的时刻，如不及时加以疏导排泄，它将轰然一声，自发地冲毁堤岸，吞没一切。处在巨变的关头，拒绝改革的国家必然没落、灭亡；改革不彻底的国家，内政一定混乱；只有有能力彻底改革的国家，才会转弱为强，获得生机。

不幸的是东方各国，宗法制度顽强地维护着旧贵族阶层的政治特权和经济利益，那些既得利益者永远把改革恨之入骨，他们宁肯看着国家灭亡，也不肯实行任何意义上的彻底改革。而秦国则是最富于改革精神的。

秦国的改革也是在国家"百年中衰"最严重的时刻启动的。这场中国有史以来最彻底、最深刻、最伟大、最成功的改革，发轫于秦献公嬴师隰，完成于秦孝公嬴渠梁，历时近半个世纪（前384—前338），使秦国迅速由侏儒变为巨人。

秦献公嬴师隰执政前，流亡在外达三十年，有机会接触下层，考察新兴的魏国政府，使其眼界和胸襟大为开阔。执政之后，实行了一系列政治改革，为秦孝公的进一步改革开创了先河，打下了基础，铺平了道路。

年仅21岁的秦孝公嬴渠梁，以富国强兵为目的，下令求贤，任用商鞅变法，大刀阔斧地实行一系列最全面、最彻底的改革，很快就把一个偏僻落后的"夷狄之邦"变成天下强国，由此奠定了秦国统一大业的基础。可以说，改革是秦由弱变强的关键，嬴渠梁和商鞅两位伟大政治家勇于改革的精神，永远值得借鉴。

"人世几回伤往事，山形依旧枕寒流。"如今，面对模糊的义渠戎国历史，我们当然不能抱怨和苛责古人，但我们在为义渠人坐失良机而惋惜的同时，有必要指出其历史失误，总结其历史教训，以史为鉴，古为今用，以便更好地为当代改革发展服务。

5. 战略目标不明确

战略目标是国家为达到一种远大理想目标，长期组织全国之力而努力奋斗的方略。战略目标不明确，就会失去奋斗的方向和动力，导致国家萎靡不振、无所作为。

在追踪义渠戎国历史发展轨迹的时候，我们发现，早期的义渠人充满活力，很有奋斗精神；而战国时期的义渠戎国则显得小打小闹，没有明确的战略目标。论建国时间，义渠比秦国早得多，《逸周书·王会解》中有义渠而无嬴秦。义渠的领土面积、农业生产条件、综合国力，也都胜过西周时期的嬴秦部落。但西周覆亡之后，到整个春秋战国时期，义渠戎国的发展结果却远远不如秦国。或许是过分优越的自然条件，往往使人生活安逸、无所作为，久而久之容易养成安于现状、不思进取的疲软状态。结果我们看到，义渠始终没有类似周人那种南下岐山、剪灭殷商的宏伟目标，也没有秦人那种走出天水、统一中国的雄心壮志，甚至连夺取关中的计划都不曾有过。春秋战国时期，虽然与秦国发生过不少争战，但被动应战达十之八九，而且败仗比例亦常如是。民族上层安于享乐，没有谋求发展的决心，自然就没有什么坚定不移的战略奋斗目标。

而东方六国同义渠戎国相比，也不过是"五十步笑百步"。为了说明问题，我们不惜把义渠及东方六国与秦国反复加以比较。

由于某种原因，周王朝统治下的中原各国，普遍有一种"崇古守旧"的思想心态，其眼睛只向后看，把理想追求放在过去的"尧舜禹汤文武"时代。唯独秦国不受儒家周孔礼法的影响，几百年中，始终把眼睛盯在东扩的前进目标上，积极进取，敢为人先，不法先王，不期修古，有一种面向未来、敢想敢干、积极进取的创造精神和伟大胸怀。中国两千多年郡县制的帝制社会模式，就是秦人首创的。

追求武力统一，是秦国坚定不移的基本路线。自秦献公嬴师隰以后，秦国追求统一的意识和决心日益强烈，历代国君都把富国强兵、实现统一作为执著追求的奋斗目标，一代接一代地干下去，不达目的，绝不罢休。故贾谊说："秦孝公据崤函之固，拥雍州之地，君臣固守以窥周室，有席卷天下，包举宇内，囊括四海之意，并吞八荒之心……。孝公既没，惠文、武、昭襄蒙故业……"① 直到秦王嬴政，无不贤明雄健，一心追求武力统一。

中国历史上，一两代帝王发奋图强的现象是常见的，而像秦国这样连续出现七八代雄才大略的贤君，且始终坚定不移地围绕一个奋斗目标执著追求的情形，实在是绝无仅有的。

从秦国创业史中，我们不难看到，秦国数代以来专务统一。贤为统一而求，官为统一而设，谋为统一而出，师为统一而兴，外交为统一而往，内政为统一而修。在武力统一问题上，秦国目标明确，意志坚定，计划周密，深谋远虑，处置得当，尽得时机。而义渠及六国则消极自保，斗志涣散，谋而不远，合而不坚，目标不明，互相缠斗，多失时机。正如晁错所说："六国者，臣主皆不肖，谋不辑，民不用。"② 这种对比是十分明显的。

不仅如此，义渠和东方六国也缺乏一个明确的人才战略目标，而秦国则最富于广招人才的精神。

无论古今中外，人才是事业成败的关键。谁能重用人才，人才就投奔谁，这是一个通用的人才定律。秦国在大量引进外来人才方面，做得非常出色。其历代显赫的执政大臣，大多是外来的客卿，最著名的有：百里奚、蹇叔、由余、公孙枝、丕豹、商鞅、张仪、司马错、甘茂、魏冉、范雎、蔡泽、蒙骜、吕不韦、李斯等。秦国正是靠这批杰出的人才赢得天下的；而其历代国君则是靠虚心求贤、重用重奖的精神赢得人才的。正如《晋书·段灼传》所说："自穆公至于始皇，皆能留心待贤，远求异士……。由是四方雄俊继踵而至，故能世为强国，吞灭诸侯，奄有天下。"

的确，秦国历代国君都有一种不拘一格、积极引进人才的求贤精神。只要能为我所用，不管是哪国人、哪个民族，也不管出身高

---

① 《史记·秦始皇本纪》。
② 《汉书·晁错传》。

低贵贱如何，都会设法搜罗延揽。正是在这种开阔的胸襟、开放的政策、开拓的精神下，秦国不断从境外引进杰出的谋臣武将，使自己一跃成为超级强国。而东方六国，等级观念和宗法制度十分严格，政权完全由世袭的贵族卿大夫把持，像百里奚、商鞅、张仪、范雎、李斯等出身低微的外来人才，很难跻身其中，而一旦投奔秦国，便能得到重用。反观义渠戎国，我们看不到任何培养、引进和重用人才的举措，长此以往，其不衰败可乎？

6. 外交斗争不得力

义渠固然是个小国，而秦国当初比义渠更弱小。积极发展，弱国就会强大；安于现状，强国也会弱小。况且秦国战胜义渠和东方六国、实现统一，绝非仅仅靠强大的军事实力，其外交斗争发挥了非常显著的作用。

同其他战线相比，外交斗争往往需要高度的政治智慧。秦国在这方面能够左右逢源、随心所欲、无所不用其极。而六国则显得十分低能，处处中计上当，被秦国玩弄于股掌之上。例如，秦国多次通过外交手段，每每使六国合纵联盟顷刻瓦解；采取"远交近攻"的战略方针，长期结好于齐国，使其不加入抗秦阵线；反复采用诈术，把魏国大将公子卬、楚怀王芈槐、孟尝君田文、平原君赵胜等人加以诱捕，迫使他们答应秦国的要求。尤其是实行"金间政策"，收买敌国要员，铲除强硬对手。主要办法是，秘密派出一批间谍，携带金银珠宝，前往各国游说，进行反间。各国有名望、有影响的大臣，能收买的，重金收买；拒绝收买的，派出刺客对付，或借敌国奸臣之手，把他杀掉，从而给六国以沉重打击。比如，张仪行贿使楚国与齐绝交、范雎反间使赵括取代廉颇、蔡泽离间使魏国排斥魏无忌、李斯反间使赵国杀掉李牧，等等，无不其效如神。待到反间成功，各国自毁长城后，秦国派出大军，轻轻一击，一个个像水面上的气泡一样，顿时破灭。这是一项十分可怕的外交政策。

至于义渠戎国，就更等而下之。史籍有不少义渠与周、秦、魏等国开展外交活动的记载，但由于国家没有一个明确的战略目标，致使外交活动也缺乏明确的战略计划，既没有寻求与秦国结盟和建立长期友好的战略关系，也没有寻求外援如发展军事、教育事业和加入六国抗秦联盟，其外交工作基本上处于无所作为的状态，能不亡乎？

对比秦国的创业史，我们不难发现，义渠戎国之所以走向衰弱、灭亡，主要原因是义渠戎国的执政者未能自觉紧跟时代发展步伐，缺乏一系列旨在富国强兵的政治、军事、经济和社会体制改革，致使国家严重落后，上层领导日益腐败，社会长期停滞不前，这是义渠亡国的主要原因，也是历史提供给当代中国的深刻教训。

义渠民族的风土人情

李西堂

民俗起源于普通民众的生产生活方式，是一定历史时期公众普遍认可和实行的最便利、最有效的文化习惯。这些文化习惯乃是人文地理、政治生态、衣食住行和婚丧嫁娶等各个方面呈现出来的风土人情和精神风貌。

民俗习尚蕴含着民族历史的密码，积淀着民族历史的记忆，承载着民族文化的传统。它伴随民族延续而世代沿袭相承。研究民俗，可以帮助我们更好地了解历史，体察现实，走向未来。

在长期的历史发展中，义渠民族与时俱进，兼收并蓄，多元集纳，虚心向周边先进民族和先进文化学习，不断改变自己原有的落后生活方式和不利于民族发展的陋习，逐渐形成与中原民族差别不大、与关中民俗相同而略具自己特色的民族文化风俗。

一、义渠戎国境内的风土

地理环境是民族赖以生存的自然基础，也是孕育民族习俗的自然根源。不同的地理环境，产生不同的人文精神和风俗习惯。义渠人所生活的一方水土，是我们理解其人文精神、民族性格和风俗习惯的关键。

1. 优美的一方水土

俗话说，一方水土养一方人。以宁县为古都的义渠戎国，地理环境很有特色，有塬、有山、有河流，可农、可牧、可渔猎，不仅环境优美，更是发展农牧渔猎的好地方。

然天下之大，何处无地？但如义渠戎国所在地环境优美、适合生存的“热土”不可多得。正因为如此，当初周人看好这里，獫狁看好这里，义渠人也看好这里；以后的秦汉隋唐，历朝历代，也都无不看好这里，因而不断向这里大规模移民，使这块神奇土地得到充分开发利用的同时，环境也遭到极大破坏。

如今两千多年过去了，宁县及整个黄土高原，与喧嚣的工业文明相比，仍然属于工商经济欠发达地区，但这里环境优美，气候清新，村舍井然，田园恬静，瓜果飘香，牛羊悠然，人鸟不惊，民风淳朴，处处呈现着山水园林的迷人风光和农耕文明的美妙盛景。明代新任宁州知州马彦卿走马上任，称赞这里的风物之美曰：“万历二年（1574 年）甲戌夏，卿自岐迁宁，或谓积驰之地咸难之。迨入疆，见四山环翠，三川汇流，风气汤穆，人民朴雅，盖关以西之胜地也，胡为乎驰且难哉？”① 美丽的自然风光，竟使这位家乡以风景优美而闻名的谿源（福建南平市）籍州官大出意表！非是山川秀美，宁有此乎？足见“关西之胜地”名不虚传，亦当之无愧！

千百年前的山川原野，犹今之山川原野也。尽管历代生态破坏严重，但我们今天看到的自然环境，仍然美不胜收。我们不禁为三千年前义渠人有眼光选择这一风水宝地而击节赞叹。

2. 浑厚的人文积淀

宁县作为古豳地的中心，是中国先周文明的发祥地。夏代末年，周祖先不窋以夏道衰而避难远徙，率其族人来到毌（guàn）地（今庆城县），拓荒务农；不窋的孙子公刘主事，又率周部落从毌地南迁豳地（今宁县），建立古豳国，以宁县庙咀坪为豳国之都邑。《元和郡国图志》详载之曰：“宁州……古西戎地也，当夏之衰，公刘邑焉。周时为义渠戎国。……其后，戎翟攻太王，亶父避之岐山而作周。按今州理城，即公刘邑地也。”清代拔贡于鄀有诗咏叹曰：

① 明·马彦卿《创修〈宁州志〉序》，载《宁县志》，兰州：甘肃人民出版社，1988 年，第 831 页。

义渠漫道是戎居，城号公刘尚有墟。

父老传闻犹在耳，方舆记载早成书。

好山四面长如画，嘉果千树半绕庐。

久在豳风图里住，如何耕织利全无?①

数千年间，直至清代，周人和义渠故地，"好山四面，嘉果千树"，自然环境优美，风景如画，但百姓生活还是比较艰难的，耕织全然无利可获，这当然是秦汉以后沉重的剥削制度所致。而商周时代尽管生产力水平低下，但民族上层对下层民众的剥削还是比较轻的，因而官重修德，民唯乐业，社会内部非常和谐。

周人在豳生活近五百年，主要是在古豳地的中心宁县一带活动，而旬邑、彬县、长武一带则是豳地的边缘。《诗经》中《豳风·七月》《大雅·公刘》描写的就是周人在宁县活动的情景。商代灭亡之前近百年，古公亶父率周人迁居岐山。而原居于宁夏固原草原及六盘山以东、长期与周人为邻的义渠部落乘虚而入，占据豳地，学习周人文化传统，开始定居，从事农耕，并选定都邑，立邦建政，首领称义渠王，是为义渠戎国，直到融入华夏民族。

3. 义渠人占尽先机

义渠民族本来和西北其他戎族一样，并没有什么特别过人之处。但周人南迁之后，义渠人抓住了千载难逢的历史机遇，果断占据以宁县为中心的周人故地——这里地理环境优美，人文积淀深厚，可以学习周人的农耕技术和生活方式，继承周人的礼仪、历法、祭祀习俗和文字，借鉴周人的社会组织管理经验和体制模式，筑城定居，立国建制，革故鼎新，移风易俗，由此占尽先机，使民族文明一下子向前跃进了一大步，从而超越了其他戎族，缩小了与中原民族的文化差距，在华夏历史上留下了光辉的一页! 这是义渠民族的最大幸运和自豪。

---

① 清·拔贡于鄏《公刘古城》，载《宁县志》，兰州：甘肃人民出版社，1988 年，第572 页。

　　义渠戎国是一个氏族部落为社会基础，用宗法关系维持的国家，其典章制度还很不完备，但在当时却是一个礼仪之邦、强盛之国，是一个善于学习华夏优秀文化和先进技术之国，是一个促进民族团结和民族融合之国，是一个善于发展经济和富民恤民之国，也是一个善于练兵习武和保民强军之国。

　　义渠民族及其政权在其发展过程中，无疑摒弃了很多落后的民族习俗，学习了很多先进风尚，形成了自己民族的好传统。《汉书·地理志上》说："凡民函五常之性，而其刚柔缓急，音声不同，系水土之风气，故谓之风；好恶取舍，动静亡常，随君上之情欲，故谓之俗。"习俗当然有好坏优劣和先进落后之分，坏的或落后的风俗习惯被称为"恶习、陋习"，是一种阻碍社会文明进步的力量，当然需要通过移风易俗，加以改革和教化。社会总归是要进步的，人们的习俗也会不断趋于文明和进步。符合时代潮流的好风俗、新风尚毕竟是社会的主流，也符合人民群众的根本利益。

　　义渠民族能够以周人为师，学习其他民族的先进文明，改变原有的落后习俗，不断缩小与周秦社会的差别，大大推进了本民族的文明进步，最后成功地融入华夏民族，避免了被淘汰的命运。这种与时俱进、自强不息的民族精神，永远为世人所敬佩和传承。

4. 义渠之名及族徽

　　义渠的名称及族徽均来自宁县的地理特征，二者皆与水有关。

　　1972 年《文物》第七期载葛今《泾阳县高家堡早周墓葬发掘记》，报告陕西泾阳县兴隆乡高家堡戈国墓出土 14 件商晚期青铜器，其中一件"𧻚尊"（渠尊），腹底有一铭文，形状像一水绕城而过，李白凤先生认为："乃'洰'字，即'渠'之初文，后演为'渠'，……此字以上下二曲画状'渠'之贯城而出之行，其初意显而易见，当是该古国之族徽。"① 唐兰先生对此亦表认同。泾阳商末为戈族所居

---

① 李白凤：《东夷杂考·义渠考》，附《古铜韵语》，济南：齐鲁书社，1981 年，第 190 页。

之地，此处出土铸有义渠族徽的器物，不外联姻、交换、贡纳或战掠所得。我们期望宁县乃至庆阳地区出土带有这种族徽的青铜器。

"尊"（现藏陕西
历史博物馆）

"尊"（铭文）

义渠戎国的这个族徽显然与水有关，也与义渠国都所在的地形有关。《说文》谓："渠，水所居。"本指湫泽湖泊。古代先民尤其是逐水草而居的游牧时代，必须围绕江河水泽生活，义渠族也不例外。历史上，义渠所在的黄土高原地区有很多大大小小的湫潭水泽，仅见于文献的就有朝那湫、要册湫、雷泽、焦获泽等。那时，这一带水资源极为丰富，因而成为义渠戎国标志性的地貌特征。反映这一地貌特征的象形文字符号就是（渠）字。

此外，薛方昱指出："义渠一名，疑为古羌语，本地名也，其意为'四水'，即四条河水相汇的地方。……查义渠国都所在地的今宁县庙咀坪，恰有马莲河、城北河、九龙川、水门沟四条水相汇，证明义渠一词在古羌语中为'四水'之意。"① 不论其说是否正确，但义渠古都所在的宁县庙咀坪（周代的庙咀坪豳国京都，面积比现在要大得多，河谷也没有现在这样深，河水则比现在要满）是一个多条河流交汇、夹城而过的地方却是事实，取名"义渠"和以"渠"字作族徽，无疑是很自然、也很贴切的。

---

① 薛方昱："义渠戎国新考"，载《西北民族学院学报》，1988 年第 2 期，第 19—24 页。

二、义渠戎国的政治风气

政治风气往往开社会风气之先，它是国家和民族上层对全民族的强大引领力量。良好的政治风气会引导国家和民族走向兴旺发达，恶劣的政治风气则会伤风败俗，给社会带来巨大灾难。古语云："政者，正也。子帅以正，孰敢不正?"①"其身正，不令而行；其不正，虽令不从。"②执政者"其身正"则朝廷正；朝廷正则王化成、民风正。民风不正源于官风不正，官风不正源于朝廷不正。"楚王好细腰，宫中多饿死"③，故政治风气直接关乎国家兴衰治乱，为政者当首先"自正其身"，率先垂范，方能使国家风清气正，不断走向强盛。

义渠戎国在八百多年的国祚中，多数时期君臣衙署政治清明，励精图治，使国家不断发展壮大，也为后世树立了良好风气。但也有个别时期，君臣失德，君王沉湎女色，致国家迅速败亡，留下不少教训。

1. 义渠戎国初创之后积极扩大政治交往

《太平御览》引《韩诗外传》曰："太史南宫括至义渠，得骇鸡犀以献纣。"周成王时期，洛邑王城落成，大会天下诸侯，义渠积极参加中原会盟，并送上珍贵礼品。《逸周书·王会篇》记载"正北方义渠（贡）以兹白，兹白者，若白马，锯牙，食虎豹。"可见商代后期，义渠就与商周交往；春秋战国时，其与秦晋及魏国邦交往来就更频繁，不仅能够及时了解外部形势，也学到了本民族没有的先进东西，说明义渠是一个积极进取和开放的政治集团，这是推动民族进步的重要途径。

在与豳地周人相处及与春秋战国时期秦晋及魏国频繁交往的过

---

① 《论语·颜渊》。
② 《论语·子路》。
③ 《后汉书·马援列传》。

程中，义渠上层社会可能还学会了文字书写。如前述族徽"渠"字的出现，就是明证。义渠戎国特别是其后期，可能有自己的文字历史记载，其被秦国消灭之后，所有文献记录难免会被付之一炬。秦统一后，不是连东方六国的历史记录也统统烧毁了吗？安能望其独存义渠戎国史？

秦穆公时，"戎王使由余于秦。由余，其先晋人也，亡入戎，能晋言。闻缪公贤，故使由余观秦。"来到雍城的由余向秦穆公介绍自己国家说："夫戎夷……，上含淳德以遇其下，下怀忠信以事其上。一国之政，犹一身之治，不知所以治，此真圣人之治也。"① 可见，其戎国上下之间，以诚相待，内部政治和谐，团结一心，国家治理很好。

可惜此后不久，久处顺境的戎王逐渐冲昏头脑，竟被秦国的"声色犬马"之计所迷惑。《史记》叙述说：

于是缪公退而问内史廖曰："孤闻邻国有圣人，敌国之忧也。今由余贤，寡人之害，将奈之何？"内史廖曰："戎王处辟匿，未闻中国之声。君试遗其女乐，以夺其志；为由余请，以疏其间；留而莫遣，以失其期。戎王怪之，必疑由余，君臣有间，乃可虏也。且戎王好乐，必怠于政。"缪公曰："善！"因与由余曲席而坐，传器而食，问其地形与其兵势，尽察。而后令内史廖以女乐二八遗戎王。戎王受而说之，终年不还（不上朝）。于是，秦乃归由余。由余数谏不听，缪公又数使人间要由余，由余遂去降秦。缪公以客礼礼之，问伐戎之形。……三十七年，秦用由余谋伐戎王，益国十二，开地千里，遂霸西戎。②

按：此处虽未言明戎王就是义渠君，但是时与秦相邻的戎狄之国中，唯"义渠、大荔最强，筑城数十，皆自称王。"③ 且大荔长期

---

① 《史记·秦本纪》。
② 《史记·秦本纪》。
③ 《后汉书·西羌传》。

臣属于晋国，由余叛晋入戎，必不敢亡命于临近的属国大荔戎，当从上郡西行，栖身于更远更强大的义渠戎国才是；大荔位于平原，其地形一马平川，不似义渠山川僻险复杂，设使由余来自大荔，秦穆公没必要向由余"问其地形与其兵势"；义渠是秦国西北最强大的戎族和敌国，其对秦国的侵扰威胁远非小小的大荔可比，而秦穆公也没必要对大荔下大功夫"遗其女乐以夺其志"；况且内史廖已明言"戎王处僻匿"，而大荔比秦还靠近中原，并非地"处僻匿"。可见，司马迁此处所述派遣由余使秦的"戎王"，无疑就是义渠王。

秦惠文王时，"陈轸谓秦王曰：'义渠君者，蛮夷之贤君也，不如赂之以抚其志。'秦王曰：'善。'乃以文绣千纯，妇女百人遗义渠君。义渠君致群臣而谋曰：'此公孙衍所谓邪？'乃起兵袭秦，大败秦人李伯之下。"① 可见，此时的义渠君确是一位声名远播的贤君，他能看穿秦国贿赂的用意，不为女色所动，又能与"群臣而谋"，果断抓住时机"起兵袭秦，大败秦人"，可谓智勇双全。

不过，自古为国，未免一治一乱。治乱之源往往来自君王的贤愚智昏和政治风气好坏。义渠戎国也不例外，其于历史上曾数度致乱，每为强秦所乘，以至多次发生"臣其君、虏其王、亡其国"的惨痛教训！例如，"昔者义渠氏有两子，异母皆重，君疾，大臣分党而争，义渠以亡。"② "秦昭襄王时，义渠王与宣太后乱，有二子。宣太后诈而杀义渠王于甘泉，遂起兵伐残义渠，灭之。"③

原来，义渠王臣服于秦之后，时常依礼去咸阳朝拜秦国，逐渐与秦昭襄王嬴稷之母宣太后芈八子私通，生下两个儿子，秘藏于宫中。公元前272年，这件丑闻传入秦昭襄王嬴稷耳朵，嬴稷假借母亲的名义，将义渠王诱杀于甘泉宫中（陕西淳化县卜家乡城前头村、梁武帝村），然后发兵攻灭义渠戎国。呜呼，国君胡作非为，不仅败

---

① 《史记·张仪列传》。

② 《逸周书·史记篇》。

③ 《史记·匈奴列传》。

坏了政治风气，竟给国家带来灭顶之灾，教训至为惨痛和深刻！

2. 义渠戎国的兵制实行全民皆兵制度

数百年间，义渠人保家卫国，为民族生存、发展而战，战争非常频繁，但却没有建立庞大的常备军。义渠戎国实行全民皆兵，遇到战争，青壮男子都要上战场；平时寓兵于农牧渔猎，生活条件与战斗条件高度一致，敌来参战，敌去参建，其军事斗争是积极、顽强和极其勇敢的；义渠王常常亲自领兵出战，临阵身先士卒，英勇善战，将士们无不浴血奋战，视死如归；在战略战术上，义渠将领善于捕捉有利战机，懂得声东击西、出其不意和避实就虚等战法，常常利用地形优势和快速机动、精于骑射等长项，展开进退攻守，每每以弱小兵力给强敌以重创，其中有自卫，有进攻，有胜利，也有失败。

3. 灵活务实和积极明智的对外政策

义渠戎国在与各戎族和周、秦、晋、韩、魏、赵等国相处中，和平友好、互相学习与平等合作是主流和常态，但也不免常常发生激烈的战争冲突和对抗。其中充满诡谲和风云变幻，需要实力做支撑，更需要智慧来处置。义渠人在与强邻的斗争中，有进攻、有胜利，也有媾和、有失败；有光荣和自豪，也有屈辱和臣服，说明越是上古，民族生存越不容易。仅凭这一点，我们就应该对古今每一个民族报以充分尊重和理解，也盼望世界上每个民族和国家都能和平友好相处，并且越来越文明，越来越富裕。

关于义渠的对外政策，我们不必详细考证和介绍，只需说明两千多年前，面对强敌林立，总体处于弱势的义渠戎国，其民族对外政策是非常灵活、务实和明智的。史料显示，义渠民族曾经长期"筑城郭以自守"[①]，或者采取军事手段出兵攻守、偷袭和劫掠，捍卫民族尊严，保障生存权利；或者通过朝拜、报聘和"赂秦"等外

---

① 《史记·匈奴列传》。

交措施，努力改善外部关系，甚至曾多次臣服归顺于强大的猃狁和周秦，一定程度上保证了民族生存，减少了无谓牺牲。这些明智之举是义渠君王顺应时代潮流、珍惜百姓生命的和善表现，不当以"软弱妥协、卖国投降"视之。自古未有不亡之国，义渠戎国能够存在八百余年，已经很不容易。

4. 农牧并举、兼营渔猎采集的经济方式

义渠之地，很早就有较发达的农业生产。周人是一个历来重视农耕的民族。义渠曾长期与之比邻而居，后来甚至与周遗民杂居一处，又曾长期臣服于周，当然完全掌握了周人的先进农业技术。加上当地"宜农"的自然条件，义渠很快变成娴于农业且以农为主的民族。

至于牧业，乃是义渠人的老本行，来到"畜宜牛、马"的地方，与农业结合，相得益彰，发展更好。《汉书·地理志上》："正西曰雍州：其山曰岳，薮曰弦蒲，川曰泾、汭，其浸曰渭、洛；其……畜宜牛、马，谷宜黍、稷。"三千年前，义渠所在的宁县、庆阳一带，地势平坦，土壤肥沃，水草丰茂，宜耕宜牧，遂使义渠的农业、畜牧业都得到空前发展。司马迁指出："……北地、上郡与关中同俗，然西有羌中之利，北有戎翟之畜，畜牧为天下饶。"[①] 他还举例说："乌氏倮畜牧，及众，斥卖，求其缯物，间献遗戎王，戎王什倍其赏，与之畜，畜至用谷量其牛马。"乌氏是义渠戎国的从属部落，居于泾川、平凉、崇信一带，以畜牧为生，乌氏首领用自己的牛马换回丝织品，献给义渠王，义渠王赏给乌氏十倍的牛马，牛马多得不计其数，竟用牛马所在的山谷数量计算，可见义渠的牧业规模之大。

早期义渠经常外出劫掠财富和人口。后来在宜农的地理环境召唤和周人农耕技术的指引下，义渠人向周人学习，使戎狄风俗越来越少。在同当地先周遗民杂居中，不断吸收周文化，并效仿周人立

---

① 《史记·货殖列传》。

国建政，设立官署，构筑城堡和村落，由游牧状态定居下来，掌握了农耕技术，在发展牧业的同时，开始大力发展农业，很快在这块"畜宜牛、马，谷宜黍、稷"的沃土上，且农且牧，兼顾渔猎和采集，取得了比其他戎族更丰裕的经济收入，遂使民族文明向前推进了一大步，也使民族变得强大起来。可以说，占据良好的地理环境，学会农耕技术，实行农牧并举、兼顾渔猎的经济方式，是义渠人超越其他戎族而富裕强大起来的关键所在。

5. 部族成员平等享有劳动产品的分配形式

义渠社会的主要劳动者农民，没有生产资料所有权。他们是从氏族部落成员转变过来的，仍保留着氏族部落的某些传统，除战俘外，政治上相对自由，"出入相友，守望相助，疾病相救，民是以和睦。"① 尽管早已进入阶级社会，但阶级压迫并不严重，也算不上所谓奴隶社会，而是部落社会向分封制的封建社会的过渡阶段。

义渠的土地、牧场实行部落公有制，即以父系大家族形成的氏族部落为单元，由本氏族首领组织集体行动，进行耕种、打猎、采集和劫掠，所收获的大宗物品特别是粮食，除按一定比例上贡外，其余平等分配给部落成员，个别少量产品则归个人所有，这样既避免了细小物品分配的琐碎不堪，也多少避免了纯粹公有制平均分配方式不利于调动大家积极性的弊端。例如，《诗经》记载："二之日其同，载缵武功。言私其豵，献豜于公。"② 豳历十一月会同大伙去打猎，同时比试武功。打到小猪归个人私有，猎到大猪献给王公或交公。当初，居于豳地的周人就是这样灵活分配劳动产品的；义渠人来到当地，自然会承袭这一传统分配方式。

由于大宗劳动产品在部族成员中实行平等分配，人们之间无需尔虞我诈和争权夺利，因而内部非常和谐友善，民风非常淳朴可亲。

① 《汉书·食货志》。
② 《诗经·豳风·七月》。

6. 义渠戎国以祭祀天地神灵及先祖为主

"国之大事，在祀与戎。"① 在古代，祭祀的积极作用是多方面的，通过经常性的祭祀活动，至少可以增强国家和民族凝聚力，建立政权统治的合法性，抑制各种邪恶行为，防止内部涣散和分裂；遇到战争、迁徙等重大决策，有助于统一认识，誓师动员，鼓舞士气，能为民族、国家和个人提供强大的精神动力。所以历代政权非常重视宗教祭祀活动。

义渠民祭祀图——祭祀是华夏典礼的一部分，意为敬神、求神和祭拜祖先。为增强国家和民族凝聚力，义渠立国后也经常举行各种祭祀活动。

---

① 《左传·成公十三年》。

古代民间非常注重祭祀，其目的是为消灾弭害（免除各种天灾人祸和病痛）、祈福求利（祈求农业丰收、畜牧旺盛及多子多福、健康长寿），报谢神灵恩赐等等，反映了古人对于天地神灵及先祖的敬畏之心和祈求美好生活的强烈愿望，千百年来，百姓积而为习，不当以迷信视之。

"四之日其蚤，献羔祭韭。"① 夏历二月，农夫们开始下地耕田，还要早早祭祀天地神灵和祖先，献上羊羔和韭黄在祭坛。时至今日，在宁县及庆阳一带，每年农历正月、四月、八月或十月，在村庄附近山头的嵘岘，都要举行祭祀祖先、鬼神、天地的活动，祭祀时要有林木或用树枝、柴草代替，将其烧掉，用以祷告祖先、鬼神、天地，希望水草丰茂，六畜兴旺。这些是周人的遗风，也是义渠人的习俗。

三、义渠戎国的社会风貌

社会风貌取决于民众的衣食住行等物质生活状况。"仓廪实则知礼节，衣食足则知荣辱。"② 一个饥寒交迫、嗷嗷待哺的社会谈不上什么礼节、荣辱和社会风貌。《甘肃通志》曰："庆阳府'好稼穑务本业，有先王遗风，陶复陶穴以为居，干貉为裘以御寒'。"可见，"好稼穑，务本业，住窑洞，穿皮衣"是义渠故地的传统生活习俗；义渠人的衣食住行条件，反映出当时先民的生活还是有保障的，其社会风貌显得生机勃勃。

1. 义渠人的衣着特色

义渠人衣食所用，一切开支，主要依赖于农牧业，古老的渔猎采集也是补贴日用之道。衣食住行，首求其结实耐用，温饱有余，耐用而上，不尚华丽，亦涉精美。衣料以皮革、麻布为主，比较朴素粗实，以与时令节气适应和结实耐用为主。

---

① 《诗经·豳风·七月》。
② 《管子·牧民》。

　　说到穿衣问题，不能不涉及义渠时代的蚕桑业。《诗经》中就有多处关于桑蚕的记载。例如："春日载阳，有鸣仓庚。女执懿筐，遵彼微行，爰求柔桑。"① 大意是：春天阳光暖洋洋，黄鹂婉转在歌唱。姑娘提着深竹筐，一字走在小路上，伸手采摘柔嫩桑。又如，"妇无公事，休其蚕织。"② "氓之蚩蚩，抱布贸丝。匪来贸丝，来即我谋。"③ 意为妇女们既不担负劳役，自然会从事蚕织。那个笑眯眯的汉子，抱着麻布来换生丝。哪里是来真要换丝，实为向我谋求好事。可见远在周代，养蚕缲织已是妇女的主要工作，而且生丝和丝织品已在市场上物物交换，说明当时蚕桑缲织已经较为普遍。义渠长期与豳地周人为邻，甚至杂居一处，安知《七月》之诗所述，独不包括义渠妇女的手艺？宁县农村一直继承古人养蚕的传统，解放初期家家都还种桑养蚕，后来大量引进棉花，蚕桑事业才逐渐减少。

　　不过，义渠社会丝绸珍贵而产量极小，只能是贵族们才能享有的奢侈品。至于普通平民，夏天穿的是麻布、葛衣、葛履，冬天则穿的是褐衣和普通皮衣，即所谓"冬日麑裘，夏日葛衣"④ 是也。麻布、葛衣，就是用麻或葛的茎皮纤维搓成细线，纺织麻布、葛布，再做成衣裳；褐则是用羊毛捻成较粗的毛线织成的粗线毛衣。解放初，这种褐衣在宁县农村还是常用之物。

　　至于穿着皮衣，在兼营牧业和狩猎的义渠社会，也是很普遍的。《礼记·王制篇》云："西方曰戎，被发衣皮。""衣皮"就是用牲畜或猎物之皮缝制的衣裳，通常以羊皮为主，取材容易，制作方便，无须纺织，御寒耐磨，这是冬春和深秋普通民众最普遍的衣物穿戴。而部族成员一旦猎获珍贵的狐狸，都必须献给"贵人"做皮衣，民众自己只能穿用羊皮和普通兽皮之衣。诗云："九月肃霜""九月授

---

① 《诗经·豳风·七月》。
② 《诗经·大雅·瞻印》。
③ 《卫风·氓》。
④ 《韩非子·五蠹》。

衣""一之日觱发""十月陨萚。一之日于貉，取彼狐狸，为公子裘""二之日栗烈。无衣无褐，何以卒岁?"① 豳历九月开始寒冷降霜，妇女们已经缝制好御寒的衣裳给家人穿。十月北风劲吹，树叶飘落，农夫们要上山捕貉，猎取狐狸好皮毛，送给贵人做皮袄。十一月寒气袭人，既无葛衣也无褐衣，如何度过这寒冬岁月? 义渠社会贵族阶层和普通平民的衣着情况，也都大概如此。

2. 义渠人的饮食习惯

义渠原为游牧民族，饮食原来以牛羊肉为主。定居陇东高原后，开始从事农耕，逐渐发展成为半农半牧民族，食物结构也随之发生变化。

《礼记·王制篇》云:"西方曰戎，……有不粒食者矣。"是说西戎有些民众到西周时期，甚至不吃粮食，而尽食牛羊、奶酪和渔猎之肉。这无疑反映的是畜牧、狩猎民族生活风俗。但义渠人早在周人在豳时期就学会了农业生产，其南部地区甚至以农为主，食物构成当然主要是五谷杂粮了。例如，《诗经·豳风·七月》写到:"八月其获""八月萑苇""八月载绩""八月剥枣""八月断壶""九月叔苴，采荼薪樗，食我农夫。"豳历八月里田间收获忙，农夫们要割芦苇、要开始织麻，要打红枣、要摘葫芦。九月里还要到原野捡拾散落的秋麻子，采摘苦菜和砍柴，以保障农家生活食用。

义渠人出行时的食品主要是干粮。《诗经·大雅·公刘》有"乃裹餱粮，于橐于囊"之句，意为携带着蒸熟的干粮，装在小袋和大囊。《说文》谓:"餱，干食也。从食，侯声。字亦作糇。"这种捏成半圆形、底部凹陷（便于蒸熟和晒干）的蒸制干粮叫"餱粮"，由糜子等杂粮做成，可以晒干食用，以免霉变。宁县至今称这种食品为"餱餱"，其实就是各地所说的"窝窝头"。

普通百姓平常的食物则是用黍（糜子）、稷（谷子）、麦、菽

---

① 《诗经·豳风·七月》。

（豆）、麻（麻子）等五谷原粮煮（蒸）饭吃，或炒成干粮，外出或行军时调和了水浆来吃。这种原粮炒成的干粮，古人称之为"糗""糗糒"或"糗饵"，携带时装在竹器或皮囊里，水浆则装在瓦罐里，食用时加以调和即可，此即所谓"箪食壶浆"也。

而平民更多的饭菜则是以大豆煮饭、豆叶做羹。"民之所食，大抵豆饭藿（豆叶）羹"①，故春秋时，人们称贵族阶层为"肉食者"，而民众则被称为"藿食者"。如"晋献公之时，东郭民有祖朝者，上书献公曰：'草茅臣东郭民祖朝，愿请闻国家之计。'献公使使出告之曰：'肉食者已虑之矣，藿食者尚何与焉？'祖朝对曰：'……设使食肉者一旦失计于庙堂之上，若臣等之藿食者，宁得无肝胆涂地于中原之野与？'"② 可见百姓"藿食"已成家常便饭。

除了"藿食"外，具有渔猎传统的义渠人也不时烧烤肉食。《诗经·小雅·瓠叶》毛亨传："炕火曰炙。"《正义》曰："炕，举也，谓以物贯之而举于火上以炙之。"形同今天烤全羊或烤羊肉串。而羌族平时一直有烧烤牛羊肉的习俗。

宁县与关中民间生活习俗基本相同，农忙时节，一日三餐，早、午为主餐，晚饭谓之"喝汤"，吃得比较稀，颇有益于健康；天黑以前"喝汤"，喝完汤即入睡，次日黎明即起，开始一天的劳作，可谓"日出而作，日入而息"。不少习俗，自古而然。

3. 义渠人的居住状况

义渠民族最早习于游牧，但定居农耕之后，民众习惯聚族而居，合族为村落，以宗族为户，邻舍之近，居宅可呼，鲜有独家孤居者。

但"上古穴居而野处"③，先民住的是天然洞穴，后来学会了人工构筑洞穴。历史上，甘肃、陕西黄土高原的居民，包括义渠先民长期穴居于人工洞穴里，是为"穴居"，即住窑洞。

---

① 《战国策·韩策一》。
② ［汉］刘向：《说苑·善说》。
③ 《易·系辞》。

　　早在商代，义渠人不仅向邻近的周人学习农耕技术，也效仿周人削土为城，建设城堡村落以及开凿窑洞定居。周人在豳时住的也是窑洞。《诗经·大雅·緜》："民之初生，自土沮漆。古公亶父，陶复陶穴，未有家室。"《毛传》："陶其土而复之，陶其壤而穴之。"陈奂《毛氏传疏》谓："段注云：'土谓坚者，坚则不患崩压，故旁穿之，使上有覆盖；陶其土，旁穿之也。壤谓柔者，柔则恐崩，故正凿之；陶其壤，正凿之也。'《毛诗》读陶为掏。"① 所谓"陶（掏）其壤，正凿之也"，就是先在平地上垂直下凿一个六七米深、边长各十五米左右的方坑，方坑的某个壁上从底部向上凿一条一米多宽的坡道，通向地面，以供进出；然后在四面坑壁上横向挖出若干孔窑洞（"旁穿之"）供人居住。周人称制造这种窑洞为"陶穴"，宁县民间称之为地坑窑或土坑窑。而在川谷台地上，沿河床两岸的半山腰、或在塬边的沟壑之地，旁穿的窑洞为"陶复"，民间谓之明庄窑或崖庄窑。这两种窑洞都是先民"穴居"的主要住宅形式，宁县一带的农村至今尚未完全废弃。

　　窑洞就地取材，用料少，造价低，也无需多少技术，一般人家都可以修造；先民集体协作，"经之营之，庶民攻之，不日成之"②，而且这种住宅坚固耐用，百年不坏，冬暖夏凉，有神仙地府之誉。晚清进士、庆阳人惠登甲（1837—1903）曾写诗赞扬窑洞的妙处："远来君子到此庄，休笑土窑无厦房；虽然不是神仙洞，可爱冬暖夏天凉。"但窑洞通风透光较差，是其主要缺点。如今，随着生活水平的提高，人们已经基本告别这种古老的穴居方式。

　　除了窑洞，义渠贵族们也用版筑墙或土坯砌墙，建造土房子，作为宫室。版筑墙是用直径十厘米左右的六根木椽或宽三十厘米左右的两块木板，夹住湿土，一层一层夯实而成的墙体；土坯砌墙则是用黄土夯打成长方形大土坯，晾干以后，砌出来的墙。宁县人把

---

① 童书业：《春秋史》，北京：中华书局，2006 年。
② 《诗经·大雅·灵台》。

砌墙用的土坯叫"墼（jī）子"，陕西、山西、河南、青海、甘肃等许多方言正规叫法都叫"胡墼"或"胡基"，宁县当地居民盖房至今仍在使用版筑墙或胡墼砌墙。

西北大学葛承雍教授研究指出，中国最早使用土坯筑墙的记载见于商末周初，但只是宫室建设中偶有出现，最常见和沿用甚久的是版筑墙，一直到现代西北地区农村盖房筑墙仍在使用，反映了中国民间生活水平。汉通西域后，西亚、中亚的"胡墼"制作技术也与胡椒、胡麻、胡桃、胡琴、胡笳、胡服等一起自中国西北传入内地。[①] 用土坯"胡墼"或版筑法筑墙，建筑物毁坏以后，不至于出现大量的建筑垃圾，这是中国古代城市用地可持续利用的重要原因，也是民间遗址发掘建筑材料不多的重要原因。

居住条件还包括冬季取暖、夏季防暑等问题。宁县冬季比较寒冷，居民主要靠火炕（土炕）取暖。

火炕的历史非常悠久，其源于古代的"火窝子"。古人在农垦、耕种、游牧、狩猎时，常常在野外露宿，就地掘土挖坑，坑内点燃柴草，待柴草燃尽，地面受热后，铺上兽皮、草叶睡觉。这样，"火窝子"既可取暖，又可防止野兽偷袭。随着人们住所的安定，"火窝子"迅速演变为火炕，跟着人们进入了村舍。

元代王实甫《破窑记》第一折："土炕芦蓆草房，哪里有绣纬罗帐。"顾炎武说："北人以土为床而空其下以发火，谓之炕，古书不载。《左传》：宋寺人柳炽炭于位，将至则去之。《新序》：宛春谓卫灵公曰：君衣狐裘，坐熊席，陬隅有灶。《汉书·苏武传》：凿地为坎，置煴火。是盖近之，而非炕也。《旧唐书·东夷高丽传》：冬月作长坑，下然煴火以取暖。此即今之土炕也。"[②] 是则春秋时期，人们就在做土坯底下架火上边取暖的土炕试探了。

此后两千多年来，不仅老百姓睡炕、达官贵人睡炕，就连北京

---

① 葛承雍："'胡墼'渊源与西域建筑"，载《寻根》，2000 年第 5 期。
② 《日知录·土炕》。

故宫的皇帝老儿也喜欢睡炕。宁县农村至今家家户户有土炕，倒是所谓木床是少数。

火炕通常紧贴一边窑壁，修在窑洞的最前端，靠近门窗，便于通风和采光；中间一段紧连着火炕可以修筑锅台，变成"连灶炕"；最里面则存放东西。如今，宁县普通农家虽然已经住进瓦房了，但一般都喜欢使用非常节能的"连灶炕"，即锅台连着土炕，烧火做饭时，烟火经过火炕排出，不用另外烧炕，土炕一直都是热的。夏天，"连灶炕"数月不用，人可以睡在别的炕上。

义渠的邻邦——周人的豳国，一直使用冰块防暑降温。诗云："二之日凿冰冲冲，三之日纳于凌阴。"[①] 豳历十一月，人们要叮叮咚咚凿取冰块，持续到十二月份，要把冰块贮藏在冰窖（凌阴）里，盖上一层厚厚的谷壳，就像现在卖冰棍的给冰棍箱盖上棉被一样，夏天用于室内冰镇降温。北京故宫的"凌阴"直到新中国成立后还能用于储冰。这是一个避暑的好办法，不能不令人赞叹古人的智慧。

4. 义渠人的出行方式

传说中国两轮马车在黄帝时代就出现了，《汉书·地理志上》说："昔在黄帝，作舟车以济不通，旁行天下。"马车起初是贵族和军队的交通工具，至春秋时期作战还是所谓车战，故有"战车千乘""万乘之国"的说法。近年宁县发掘的周人墓葬中，多有车马陪葬，说明那时贵族们出行，普遍乘坐马车。至于平民出行，则全靠步行，一般也无需远行，其能借助的交通工具，只有最原始的舟船——木筏或竹排；而义渠北部的平民，则可能早就学会了骑马技术。

中原人骑马的历史比较晚，大概到战国时期才用骑兵作战，但民间掌握骑术一定比骑兵出现早很多年，而匈奴等草原游牧民族学会骑马则更早。义渠人北与匈奴为邻，看见匈奴人骑马出行，当不会无动于衷。况且义渠早先也是游牧民族，和匈奴一样熟悉牲口习

---

① 《诗经·豳风·七月》。

性，尝试着爬到马背上当然不是很难、很晚的事情。战国时代，义渠用骑兵作战，东出洛水，西击李帛，忽东忽西，行动迅速，骑射技术十分娴熟。义渠民间骑马、骑驴出行，当是很早、很普遍的出行方式。秦汉以后，义渠逸民出行或骑牲口，或坐牛车、马车，或乘舟船等，形式愈来愈多样化，兹不赘述。

5. 义渠人的医疗条件

中国医学是千百年无数医学家实践摸索出来的。著名的神农尝百草的传说，浓缩了古先民发明中医药的情形，充分诠释了药食同源的特点。

中医讲究预防为主，治疗为辅。治疗主要是用中草药和针砭方法医治病痛和外伤。感冒发热是古今人类最常见的疾病，义渠时代的先民，常用他们熟知的薄荷、小蒜、甘草、板蓝根、桑叶、竹叶等中草药泡水内服，然后以发汗退热法卧床捂汗，或用麻仁、郁李仁等通便的药物去积排泄，以达到退热的目的。

除了感冒之外，在频繁的狩猎和战争中受伤是常见的事，那时人们不仅懂得用中草药、草木灰止血和简单的包扎技术，也知道用烧红的金石烫治伤口，以起到消毒、止血疗效。

预防疾病的方法则有多种，戴香包就是其中的重要方法之一。香包在民间广为流传已有几千年，《抱朴子·登涉》记载："黄帝欲登园丘，其地多大蛇，广成子教之佩戴雄黄，其蛇皆去。"香包是通过鼻嗅内病外治或驱虫除害的方法，达到预防的目的，对强身健体起到了一定作用。宁县及整个庆阳地区，至今盛行戴香包的习俗。民间每逢端午节，都挂香包，内装雄黄、薰草、艾叶等挥发奇异香味的药物，以达到解毒杀虫，燥湿祛痰，预防蛇虫咬伤，祛病强身之功效。

古代巫医同源，人们希望巫师驱鬼驱邪和医药治疗达到去病强身的目的。尤其为使孩子平安成长，无灾无难，先民普遍求助神灵或吉祥物来避邪驱鬼，消灾护身。比如，庆阳包括宁县一带的农村，至今每逢五月端午，除了制作香包，门上插艾草，人们还制作虎头、蛙形枕头和"五毒裹肚"赠送孩子，同时用五色彩线（花花绳）系在小孩子的手腕上，盼望驱病消灾，孩子一生平安。

四、义渠戎国的民间风俗

宁县境内的义渠之地，原属于周人生活的豳地和古豳国中心，文化古老，民风朴实，其良好风俗早被采入《诗经·豳风》等篇章；现存于正宁县文化馆、北宋大中祥符二年（1009）所立的《大宋宁州承天观之碑》碑文称赞说："宁州气象葱蔚，原隰隐辚，人敦忠义之风，俗勤稼穑之事。……豳土划疆，本公刘积德之地。……户有孝慈，家兴礼让。"其优良乡风民俗，至今尚有遗存。

1. 义渠社会的婚姻制度

传说女娲炼五色彩石补天和"女娲造人"，实际是上古伟大的部落首领女娲倡导的一场婚姻制度改革。人类最初像动物一样，实行的是一种部落内部男女之间毫无限制的群婚制，以后发现乱伦的丑陋和近亲繁殖的危害性，遂改进为两个母系部落之间的群婚制。但男女仍然分住在各自的部落，而且对象都不固定，"生民但知其母，不知其父"。为矫其弊，女娲倡导将部落之间的群婚制改进为男女固定一对的对偶婚制，使男到女家，建立对偶婚姻家庭。但总有一部分女性找不到男伴，犹如家庭"缺了天"。于是，女娲开导女性在身上佩戴很多彩色石子和鲜花，以利于求偶，得到配偶就能造人，是为"炼五色彩石补天"和"女娲造人"的真实意思。后来，"五色彩石"演变成五色线合成的彩线，民间谓之"花花绳"，专在有"女娲节"之称的端午节前后佩戴。

到了父系社会，兴起抢婚制，就是从其他部落抢夺女人。为了提防被抢女人反抗和认路逃跑，男子将其捆绑起来并蒙上眼睛；到了男方洞穴之后，男子一手持火把，一手牵着系在女子身上的绳索，倒退着进入洞房，然后用脚踢平洞中的一堆铺草。这个过程后来象征性地演变为新娘的"红盖头"和一长段系在身上的红绸布，新郎手中的火把变为一根点燃的大红蜡烛，新房则依然名不副实地叫做"洞房"，踢平铺草的举措则变为男子在炕上走一圈，并用脚在炕的四角空踢几下，表示踢铺草的动作而已。这个习俗，至今在宁县和全国各地农村婚礼上可以看到，只是很多人都不明白其意义和来历而已。

端午节要吃粽子，当初亦非为纪念屈原而来。粽子意为宗子，用黏米蒸制成。先民为了便于携带，常用芦苇叶子包裹起来；而为了改善口感，又放入红枣一起蒸制，于是便有了早（枣）生宗子（粽子）的寓意，遂使这一食物成为结婚时的专用食品，后来演变成端午节（女娲节）纪念女娲的专用食品，再后来则被解释成纪念屈原的做法，遂与原来的真实意义相去甚远。

义渠民族和上古各民族一样，当初也经历过群婚制、对偶婚制和抢婚制；定居之后则接受周人的文明婚姻制度，实行义渠族内部各部落之间的对偶婚制，平民基本上为一夫一妻制。但周人贵族有纳妾、媵嫁习俗和富人抢婚、逼婚现象，义渠上层社会也有这些现象。《豳风·七月》说："爰求柔桑，春日迟迟。采蘩祁祁，女心伤悲，殆及公子同归。"是说妇女们出门采嫩桑，春来日子渐渐长。人来人往采白蒿，姑娘心中好伤悲，要随贵人嫁他乡。

义渠民族规定，同族十二世之后可以互相通婚，兄长死后，弟弟可以娶嫂为妻。亦盛行娶后母为妻（蒸报制），即是妻其后母等习俗。据采访调查，在今宁县、庆阳一带，最晚到新中国成立前，普通穷人家庭还存在着"兄亡，弟娶嫂为妻"或"弟亡，兄娶弟媳为妻"的古代习俗，这正是少数民族收继婚制的遗风。而在贵族和富裕大户家族，则鲜有这种现象，或者没有必要。

凡是历史上长期存在过的风俗现象，当初一定有它产生的现实合理性。对底层平民而言，在生活极其艰苦、生存十分艰难的社会环境下，收继婚制意味着亲属中的青壮年男子，首先要负起照顾失去丈夫的年轻守寡的后母、兄嫂、弟媳及其未成年子女生活的责任，以免使她们寡居离散，或无依无靠而不能生存。这是一种令人感动的重情义、重责任、善良朴实的可贵表现，自有其必要性、合理性和高义大善存焉，也有古代平民家族迫不得已之处，我们不能以后世伦理标准视之，一味当做野蛮落后的习俗，简单加以否定和取笑。

2. 义渠社会的丧葬制度

义渠最重要的民俗特征之一是火葬。《墨子·节葬》中说："秦之西有仪渠之国者，其亲戚死，聚柴薪而焚之，熏则烟上，谓之登遐。"《吕氏春秋·义赏》中记载的："氐羌之民其虏也，不忧其系垒也，而忧其死不焚也。""登遐"意思是登上遥远的天边，即灵魂升天的意思。"忧其死不焚"是怕死后灵魂不能升天。这是我国最早的关于火葬的记载，也是义渠的习俗之一，此与实行火葬的氐羌族大体相同，也可作为义渠民族源于羌族的有力证据之一。

由于实行火葬，不留墓穴，客观上造成义渠人的地下遗迹大为减少，以致我们至今还没有发现一座义渠王公贵族或平民的墓葬。然而，义渠是一个善于学习的民族，他们知道周人一直实行土葬，会不会很早就改变本民族火葬的"残忍"习俗，也像周人秦人一样"不封不树"、实行土葬？如果是这样，我们今天已经发掘的很多周代墓葬，就很难认定是周人之墓还是义渠人之墓。无论如何，义渠人很早就接受土葬的可能性非常之大，毕竟这个开放的民族在不断汉化，其与中原的差别迅速缩小，秦汉以后已经完全融入华夏民族。

义渠民族刚强勇猛，吃苦耐劳，他们"以战死为吉利，病终为不祥。耐寒苦同之禽兽（按：此处'禽兽'绝非骂人之语，而是说他们像野生动物一样能耐苦寒），虽妇人产子，亦不避风雪。坚刚勇猛……"① 所以体质极好，不惮劳苦，作战也十分英勇，宁死不屈，这也是义渠戎国能统领其他戎族、延续数百年的重要原因之一。

————————

① 《后汉书·西羌传》。

3. 重要节庆与游戏娱乐

义渠人秉承周人在豳时的传统节庆和游戏娱乐习俗，其重要节庆，以祭祀天地、山川、神灵和祖先为主，主要目的是为了祈求丰收，保佑平安。由于具体资料缺乏，这里只选后世几例，聊作参考而已。

腊祭：义渠人像周人一样，在冬天农事完毕、十一月初一新年开始之际，以酬谢一年来祖先神灵的保佑和赐福，人们举行"腊祭"节庆（周人建子，以十一月为岁首），将美酒和羔羊奉献给诸神。《诗经·七月》中记载了豳地旧岁新年交替时的节庆风俗："朋酒斯享，曰杀羔羊，跻彼公堂，称彼兕觥，万寿无疆。"这是后来新年习俗的雏形。宁县民间至今保留了不少古老习俗，诸如大年初一不扫地，不向外泼水，不从后门出入，不打骂孩子，不驱使牲口，相互祝贺新年吉祥富贵、万事如意等，无不根植于古老的腊祭风俗。

打春：这是祭祀春神、以祈丰年的古老习俗。宋代孟元老《东京梦华录·立春》云："立春前一日……置春牛于府前，至日绝早，府僚打春。"宋晁冲之《立春》诗："自惭白发嘲吾老，不上谯门（带有城楼的城门）看打春。"所谓"春牛"，乃是木头、树枝做骨架，再用芦席、泥土裱糊而成的假牛，立春之日置放在衙门前，由县老爷手执红绿鞭子，连连抽打，谓之"打春"，以象征农夫和耕牛都很卖力。过去，宁县每年立春之日，也有这个古老习俗，届时香烟缭绕，锣鼓喧天，祭祀活动非常隆重。

当然，义渠人也会祭祀春神，但形式会与后世的"打春"不尽相同，这里只是借作参考而已。

"二月二龙抬头"节：也叫"春龙节"或"春耕节"。民间传说，每年农历二月初二，是天上主管云雨的龙王抬头苏醒的日子，人们在这天祭祀龙神，就是祈求它能够发挥职能作用，兴云化雨，保佑农业丰收。春季也是百虫复苏的时候，人们在龙抬头之日祭祀百虫之长的龙神，就是祈求龙神除了降雨解旱，能够降服害虫，保证庄稼丰收。周人很早就有祭祀龙神、祈农求雨的习俗。每到祭祀的这天，家家户户忌做针线、忌洗衣、忌扫地，据说是恐伤"龙睛""龙皮"和云雾。

义渠民节庆图——祈求"风调雨顺、五谷丰登"，一直是人们最大的愿望。义渠人秉承周人在豳时的传统节庆和游戏娱乐习俗，祈求丰收，保佑平安。

民间也认为，二月二还是社祭（祭祀土地神）的节日，人们在土地庙献上"枣山"（一种镶嵌了红枣的花馍），酌酒烧香拜祭，祈求土地神保佑平安和丰收。

端午节：这是一个古老而重要的节日，我们在叙述义渠社会的婚姻制度时，已经做过介绍，兹不重复。

游戏娱乐：农耕文明决定了古代游娱活动对天时、农事的依赖，致使中国古代传统节日和游娱活动成为农业文明的象征。义渠民族在接受周人农业技术的同时，也继承了周人的节日和娱乐形式。而随着游牧和狩猎民族向农业民族的转变，义渠人当初喜爱的骑马、射箭、叉鱼、叼羊、摔跤等体现游牧、渔猎和军事竞技之勇武特色的游戏项目逐渐衰落，代之以体现农耕文化祈求神灵保佑、风调雨顺的娱乐活动。宁县及整个陇东地区迄今保留下来的古老娱乐节目主要有打锣鼓、舞龙灯、舞狮子、踩高跷、耍社火、唱皮影戏等。这些活动一般在重要节庆、农闲时节和大型庙会上表演，既祈祥纳福，也供民众娱乐。

五、义渠人的精神风采

在长期的生存竞争中，义渠人不断总结经验，吸取教训，形成自己宝贵的民族精神和优良品质。

1. 讲信修睦，以德化民

早先居于豳地的周人，就是一个非常注重德治的民族。周穆王的大臣祭公谋父回忆说："先王之于民也，茂正其德，而厚其性；阜其财求，而利其器用；明利害之乡，以文修之，使务利而避害，怀德而畏威，故能保世以滋大。"[①] 可见，讲信修睦，以德化民，不仅使周先王深得民众衷心拥护，也使内部非常和谐谦让，由此不断发展壮大。

义渠民族长期与周人相处，受其熏陶和教化，也形成了修身立德的社会风气。祭公谋父称赞犬戎（或谓犬戎即义渠）君说："吾闻夫犬戎树惇（秉性敦厚），帅旧德而守终纯固（遵循祖先遗德而专一不变）。"[②] 此与由余所说"上含淳德以遇其下，下怀忠信以事其上"[③] 完全一致。由于忠信重德的道德礼仪文化的传承，宁县乡

---

① 《国语·周语上·祭公谏穆王征犬戎》。
② 《国语·周语上·祭公谏穆王征犬戎》。
③ 《史记·秦本纪》。

村至今民风淳朴、童叟无欺,群众普遍诚实守信、忠义重节,朴实善良、热情厚道。

2. 注重稼穑,以农为本

周人是一个既重德治又重农业的民族,长期与周人比邻而居是义渠人的幸运和福气。义渠民族在与周人接触的过程中,不断学习周人的农耕文化和生活习俗,使其文明程度大踏步前进,很快从一个居无定所的游牧民族变成一个农牧并举的富强民族;其民众在发展农业生产中,增长了智慧,改善了生活,尝到了甜头,因而像周人一样,成为一个非常注重农业的民族,其影响十分深远。班固指出:"故秦地于禹贡时跨雍、梁二州,《诗经·风》兼秦、豳两国。……其民有先王遗风,好稼穑,务本业,故《豳诗》言农桑衣食之本甚备。"① 谚云:"手中有粮,心中不慌。"直到今天,宁县还是一个农业大县,农民深得"以农为本"的思想真谛,坚持以种粮为主,虽不能暴富,但衣食无忧,农忙结束之后,日子过得十分悠然自在,何必整天忙忙碌碌,为利而来,为利而往!

3. 勤劳朴素,节俭实用

农业民族的良好品质之一是勤劳朴素,节俭实用,这也是中华民族的传统美德。义渠作为一个学会从事农业的民族,其所拥有的自然条件并不是最好的,比如,土地干旱,降雨较少,气温较低,基本上只能一年一熟。但是,过分优越的自然环境不利于发挥人的聪明才智,倒是自然条件的不足激发了人的创造性。义渠人用自己的勤劳和智慧弥补了自然条件的某些不利因素,他们实行以农为主的多种经营,农业与牧业、捕猎、打鱼、采集、瓜果和芦苇编织业全面发展,工作量当然会比单一经营农业大得多,因而客观上需要劳动者非常勤奋。如此一来,尽管人很辛苦,但却使人力地力得到充分利用,可以换来多种类的农林牧副渔收获,这是单一农业经济

---

① 《汉书·地理志下》。

无法获得的好处。

此外，为了解决干旱问题，先民们发明了收集雨水的"涝池"，遍布村舍和田间地头，既解决了防洪排涝问题，也可供人畜饮水、洗菜、洗衣和农田灌溉，非常科学、环保、节俭和实用。宁县塬上各乡村至今还有很多先民留下的涝池，仍在发挥重要作用。可惜有些地方在开发建设中，急功近利，盲目除旧布新，无视诸如"涝池"的排涝抗旱功能，将其毁坏废弃，甚至填平占用，实在是得不偿失的举动。

4. 团结协作、和睦相处

纯粹的农业社会，一家一户，高度分散，分田单干，各自为"种"，除了农民起义，生产生活中没有多少需要集体协作的事项，是故平时甚至"鸡犬之声相闻，老死不相往来"；耕地的排他性，不仅使邻里之间不能和睦相处，有时还为了一条犁沟发生争执，以致农谚有"邻居盼望邻居穷，亲戚盼望亲戚富"之说。

但义渠是一个农牧并举、兼顾渔猎的民族，放牧时的互相照管和渔猎时的共同围捕，都需要集体协作精神，而且一个人的懈怠、伤亡和损失，立即会对其他人和整个集体造成不利，因此各成员之间不仅需要紧密团结，和睦相处，而且必须互相爱护，互相救助。史籍记载，在与秦国长达数百年的军事斗争中，义渠戎国人数虽少，但能够上下一心，团结协作，英勇顽强，常常取得以少胜多的战果。这种团结协作、和睦相处的良好品质，正体现出农牧并举、兼顾渔猎的义渠民族灿烂的精神风采。

5. 修习战备，高上气力

义渠民族尽管学会了农业生产，甚至以农为主，但他们并没有抛弃自己原有的牧业和狩猎传统。这不仅扩大了民众的生活来源，也对他们的性格、体质和民族精神产生了积极影响。班固特别指出："安定、北地、上郡、西河，皆迫近戎狄，修习战备，高上气力，以射猎为先。……汉兴，六郡良家子选给羽林、期门，以材力为官，名将多出焉。"① 放牧和狩猎生活使义渠人的性格非常直率豪爽、机智勇敢、团结协作；居民身体素质良好，其成年者，无论男女，身材魁梧，体格健壮，思维聪慧，勇猛顽强，精力充沛，吃苦耐劳；义渠民族精神比较务实、自强不息，具有保家卫国的情怀和忠义尚武的精神。

义渠，一个民风淳朴的社会，一个可歌可泣的家国，一个自强不息的民族！二三十个世纪过去了，义渠人创造的优秀文化元素，依然在现代社会延续和传承。这是兴旺发达的表现，这是面向未来的境界！

---

① 《汉书·地理志下》。

义渠戎国新考

薛方昱

义渠戎国，是春秋战国时陇东、陕北黄土高原上的一个大国，历时数百年之久，后为秦所灭。本文就它的历史演变、疆域都城、经济社会作一初步考证。

一、历史演变

义渠，国名也。义渠戎即义渠戎国之民，属西戎之一。在义渠建国前，义渠戎作何称呼？原居何地，后居何处？是本文要探讨的问题。

义渠戎，其先为商代的獯鬻，西周的玁狁。由于该部族信仰犬图腾之故，西周末至春秋初又称其为犬戎。这一部族原居于陇西洮河流域，其族源于羌族一支的狄人。

今洮河流域的临洮、康乐等地区上古之时为狄人所居。《后汉书·西羌传》云："及平王之末，周遂陵弱，戎逼诸夏，自陇山以东，及乎伊、洛，往往有戎。于是渭首有狄、峁、邽、冀之戎。"这里所说的戎，就是居住在洮河流域的狄戎。战国时秦灭狄戎后，在此置狄道县，汉因之。《汉书·地理志》有"陇西郡狄道县。"颜师古注："其地有狄种，古云狄道。"

今陇东泾河流域商代中叶以前为周人所居。《史记·周本纪》："公刘卒，子庆节立，国于豳。"豳地就是今天泾河流域的陕西旬邑、彬县、长武和甘肃的正宁、宁县、庆阳、合水、镇原、泾川等地①。新中国成立后，考古工作者在这一地区发现不少先周文化遗址，从而证实周人先祖曾在此居住。但是到了商代中叶，即周祖古公亶父之时，或在此稍前，一个强悍的外族入侵了，并迫使周人南迁岐下。《史记·周本纪》："古公亶父复修后稷、公刘之业，积德行义，国人皆戴之。獯鬻戎狄攻之……。乃与私属遂去豳，度漆、沮，逾梁山，止于岐下。"《后汉书·西羌传》言："及武乙暴虐，犬戎寇边，周古公逾梁山而避于岐下。"孟子说："昔者太王居豳，狄人侵之，去之岐山之下居焉，非择而取之，不得已也。"② 从这些文献中我们看到，击败古公亶父的獯鬻、犬戎、狄人，名称虽异，实为一个部族，即狄人部族。这个狄人部族与洮河流域的狄人部族有无联系呢？寺洼文化的出土，给我们提供了一个线索。

目前考古学界普遍认为，寺洼文化是我国商周时期西北少数民族的文化。由于在陶器型制上存在一定的差异，可分为洮河流域寺洼文化和陇东安国式寺洼文化两种类型。从时间上看，前者早于后者，即陇东安国式寺洼文化是洮河流域寺洼文化的晚期遗存③。据合水县九站安国式寺洼文化遗址的碳－14测定，时间为公元前1375±155年④，这和獯鬻戎狄进入陇东的时间大体吻合。另据宝鸡竹园沟西周墓中出土的寺洼文化与周文化共存的情况来看，陇东安国式寺洼文化的下限，可能晚到西周早期。⑤

关于寺洼文化的主人，早在20世纪40年代，夏鼐先生曾提出

① 《史记·周本纪》：《正义》引《括地志》云：豳州新平县，即汉漆县，《诗》豳国、公刘所邑之地也，豳城至此原上。

② 《孟子·梁惠王》。

③ 胡谦盈："试论寺洼文化"，见《考古集刊》，1982年第2期。中国社科院考古研究所：《新中国三十年考古新发现与研究》，北京：文物出版社，1982年，第355页。

④ 胡谦盈："试论寺洼文化"，见《考古集刊》，1982年第2期。中国社科院考古研究所：《新中国三十年考古新发现与研究》，北京：文物出版社，1982年，第355页。

⑤ 胡谦盈："试论寺洼文化"，见《考古集刊》，1982年第2期。中国社科院考古研究所：《新中国三十年考古新发现与研究》，北京：文物出版社，1982年，第355页。

是羌人文化的推测①，胡谦盈先生认为陇东安国式寺洼文化的居民是獯鬻戎狄②，这些看法是正确的。具体地说，寺洼文化疑为商周之时羌族一支的狄人文化。所谓陇东安国式寺洼文化，则是一部分东迁后的狄人即獯鬻、獫狁文化，由此可以看出，义渠的先民獯鬻、獫狁原居于陇西洮河流域，同那里的狄人是有着共同文化的同一民族。

文王之时，周人强大起来，伐犬戎、密须③，不仅收复了豳地，而且控制了今陇东泾河流域之地，獫狁臣服于周，并随武王伐纣，后被"放逐泾、洛之北，以时入贡，命曰荒服。"④ 此泾、洛之北，即今陇东泾河上游及陕北洛河上游之地。此后数百年中，獫狁与周人之间虽进行过大小不等的多次战争，但从总的看，獫狁臣服于周的关系并未改变。

西周末年，獫狁即犬戎空前强大起来，其中一部分南下关中，助申后杀幽王于骊山之下，继而东迁中原的伊、洛流域及晋的"南鄙"之地，史称允姓之戎。前人吴承志已经指出："允姓之戎，为獫狁之后。"⑤ 这部分东进的犬戎，开始时还很强大，甚至一度左右东周朝廷的局势，几乎又要重演杀幽王于骊山的故事⑥，但后来在同中原诸国的角逐中，逐渐变弱，最后被融入华夏民族。

留在原居地的泾、洛流域的犬戎，在东周初期联合诸戎，成立了义渠戎国。从此，西周至春秋初年，活动于泾、洛流域的獫狁即犬戎，被义渠戎取而代之，再不见于史书。说明戎族各部族无定称，往往因时因局地而施名。关于义渠一名，疑为古羌语，本地名也，其意为"四水"，即四条河水相汇的地方。笔者就此曾请教了对藏语深有研究的王俊英、张庆有等同志，均言流行于甘南、川北、青海

---

① 夏鼐："临洮寺洼山发掘记"，载《中国考古学报》第 4 册，1949 年。
② 胡谦盈："试论寺洼文化"，载《考古集刊》，1982 年第 2 期。中国社科院考古研究所：《新中国三十年考古新发现与研究》，北京：文物出版社，1982 年，第 355 页。
③ 《史记·周本纪》。
④ 《史记·匈奴传》。
⑤ 蒙文通：《周秦少数民族研究》，上海：龙门书局，1958 年，第 9 页、第 107 页。
⑥ 《史记·周本纪》。

的"安多"藏语中，仍保留着这一古羌语的古音古义。义渠一词在"安多"藏语中对音为"义"，是数词"四"也。"渠"是名词"水"也，合为"四水"之意。今甘肃宕昌的藏族自称为"羌"，川北一些地方的藏族则自称为"戎"，说明生活在这些地区的藏族与古羌、戎族有着密切的联系，故将一些古羌语保留下来是可信的，查义渠国都所在地的今宁县庙咀坪，恰有马莲河、城北河、九龙川、水门沟四水相汇，证明义渠一词在古羌语中为"四水"之意。这样看来义渠是由地名而演变为国名、族名的，这一古羌语地名恰恰证实义渠戎是古羌族的一支。义渠戎国灭亡后，一些遗民又当作姓氏，如西汉人义渠安国。

义渠立国的时间，当在东周平王末年。《后汉书·西羌传》："及平王之末，周遂陵彁、戎逼诸夏……，于是渭首有狄、㟬、邽、冀之戎，泾北有义渠之戎，洛川有大荔之戎。"平王在位 51 年，死于公元前 720 年，这就是说义渠立国的上限在公元前 720 年或在此稍前。

义渠立国后，与秦或战或和，抗衡数百年之久。秦惠文王十一年，义渠戎国乱，秦遣兵伐之。义渠遂臣于秦，成为秦的附属国，但义渠并非俯首听命，双方也未停止你争我夺的战争。最后秦国采取诱杀其王、出兵偷袭的办法一举灭掉了义渠。《后汉书·西羌传》："秦昭王立，义渠王朝秦，遂与昭王母宣太后通，生二子。至王赧四十三年，宣太后诱杀义渠王于甘泉宫，起兵灭之，始置陇西、北地、上郡焉。"义渠从公元年前约 720 年立国至公元前 272 年周赧王四十三年、秦昭襄王三十五年灭亡，历时约 448 年。

秦灭义渠后，在义渠地置郡设县，义渠戎也就成了秦民。并非如一些学者所说的那样："盖义渠既灭。余众北走，于后为匈奴，居河套南北。"[①] 这是因为：义渠是一个定居的农业民族，在秦的突袭下，不可能舍弃旧土而远遁荒漠的塞北；况且义渠戎国灭亡之前，

---

① 蒙文通：《周秦少数民族研究》，上海：龙门书局，1958 年，第 9 页、第 107 页。

匈奴作为一个强大的实体，已存在于漠北草原。据西汉刘向撰的《说苑》卷一记载，燕昭王元年（前312），昭王问政于郭隗时，郭隗就提到"匈奴驱驰于楼烦之下"，说明义渠灭亡前的40年，匈奴已出现于塞北之地；另从《史记·李牧传》中看到，在与义渠灭亡的同一时期，匈奴已兵临赵国北部边境，赵派名将李牧率军驻守代、雁，以备匈奴，并于赵孝成王初年（前265）大破匈奴十万骑。说明匈奴并非是北逃的义渠余众；如上所述，义渠戎及其先的獯鬻、獫狁、犬戎属羌族体系，语言属汉藏语系，并和周、秦两民族相处近千年之久，深受华夏文化的影响，是一个定居从事农业、兼营牧业的民族，是一个与匈奴有着明显差别的另一个民族共同体。当然义渠灭亡后，可能有一些人散亡塞北，逃入匈奴，但这并不能得出义渠就是后来之匈奴的结论。

二、疆域都城

据《史记·匈奴列传》载："义渠在岐、梁山、泾、漆之北。"《后汉书·西羌传》说："泾北有义渠之戎。"又《匈奴列传》《正义》引《括地志》云："义渠戎国，秦为北地郡。"据此，所谓泾北，地当今陇东泾河流域，即西周之太原。义渠戎国以此为根据地，不断扩张，先后灭掉了地处今平凉西北的乌氏①，居今宁夏盐池、灵武一带的朐衍②，地跨陇山东西及宁夏陕北黄土高原。其域东至洛河、延河与魏相邻，南至岐、梁二山与秦相接，西至陇山以西的今葫芦河与清水河中、上游之地，西北至黄河，北至今毛乌素沙漠南缘。其地望相当于今甘肃陇东的平凉、庆阳地区，宁夏的固原、吴忠地区，陕西的延安市和咸阳市北部的彬县、长武、旬邑。应劭曰：

---

① 谭其骧：《中国历史地图集》（第二册），北京：中国地图出版社，1982年，第33—34页。

② 《史记·匈奴列传》：《正义》引《括地志》云："盐州，古戎狄居之，即朐衍戎之地，秦北地郡也。"按：唐代盐州即今宁夏回族自治区盐池县。

"义渠，北地也。"《史记·秦本纪》《正义》引《括地志》云："宁、庆、原三州，秦北地郡，战国及春秋时为义渠戎国之地，周先公刘、不窋居之。"公元前272年，秦灭义渠，在原义渠属地及其势力范围内，设置了陇西、北地、上郡三郡，足证其疆域之广。由于国土辽阔，国力雄厚，回旋余地大，故能与强秦对抗四百多年之久。公元前320年，秦惠王伐义渠，取郁郅（今庆阳县城）。过了两年，义渠败秦师于李帛。公元前315年秦伐义渠，取徒泾二十五城①，义渠尚能立于不败之地，说明义渠所筑之城，不止二十五座。所以《后汉书·西羌传》言："义渠、大荔最强，筑城数十，皆自称王。"

关于义渠国都的具体地理位置，今作如下考证。

其一，揆诸史料，义渠国都应在今甘肃宁县之地。唐代人撰的《元和郡县图志》卷三在宁州条下记载："禹贡雍州之域。古西戎地也，当夏之衰，公刘邑焉。周时为义渠戎国……"明《嘉靖庆阳府志》卷十七《古迹》载："公刘邑在（宁）州治西一里许，周之先公刘居此"，《大清一统志》也在宁州条下说："义渠故城在州西北。"唐、清二代的宁州治所，就是今天的宁县县城。由此看出，义渠故城在今宁县县城附近之地，大概是没有问题的。另从西汉北地郡、安定郡一些属县的分布而论，今宁县东南为北地郡的大要县（详址待考），南为泥阳县（今宁县政平），西南为鹑孤县（今陕西长武）。北为略畔道（今合水县城）和郁郅县（今庆阳县城），西北为安定郡的彭阳县（今镇原县蒲河与茹河交汇处的彭阳乡），再西北为安定郡的参县（今镇原县三岔附近），义渠道则是今天的宁县，不可能越上述四周之县而置他处。

其二，察其地形，今宁县县城西北1公里的庙咀坪，具有建城立邑的地理条件。庙咀坪地处马莲河、城北河、九龙川、水门沟四水相汇之处，交通方便，古为关中通往塞北的咽喉要道。周围董志

---

① 《后汉书·西羌传》李贤注："徒泾，县名，属西河郡。"即今陕北东部之地。

塬、南义塬、春荣塬、早胜塬辅集，土地平坦肥沃，古代农业发达。坐落在庙咀坪的义渠故城，依山傍水，北靠南义塬峁，东临城北河，西接马莲河，南部直伸两河交汇之处，形如半岛，坐北向南，南北长约330步，北部宽约130步，南部宽约50步，总面积120余亩。坪面即城址所在地距河床高约25米，其剖面上部为黄土，下部为青砂岩石质，十分坚固。《管子》说："凡立国都，非于大山之下，必于广川之上。高毋近旱，而水用足；下毋近水，而沟防省。因天材，就地利，故城郭不必中规矩，道路不必中准绳"。① 庙咀坪正符合古代建城的这些要求。在大山之下，广川之上，高而近水，近水而又不受洪水威胁。该坪为周祖公刘之邑，曾出土大量新石器时代庙底沟类型的仰韶文化以及齐家文化，在遗址中住室、窑穴、灰炕分布很多，说明早在5000年前，这里已是人类聚落的优良场所。同时由于它背靠高山三面临水，地形险要，周围适宜农业，成为古代建都立邑的理想之地。

其三，观出土文物，证明义渠故城在今宁县城西的庙咀坪。笔者于1985年曾和《宁县志》主编李升堂，宁县博物馆巩世瑾在实际调查中，在庙咀坪几处因水冲和人为下挖的壑渠中，发现古城墙遗址。夯土层厚约6厘米，系黑色土质，十分坚硬。城墙走向依自然地形弯曲，呈不规则形。其剖面上筑下削，城西临马莲河一段，因人为破坏小，削山痕迹至今犹存。城北与太子冢相接的一段开阔地，有两道深壕，显然不是洪水所冲，而是人工所挖。"纵观中国都城形制，一种城垣依山傍水自然弯曲，可称为自然形。另一种城垣方整，可称为方正形"。义渠故城就属于前者的自然形。

该城址内，周至汉代文物十分丰富，比比皆是，俯首可拾。文化层厚1~3米，内中周文化有泥制灰陶盆、豆，夹砂绳纹灰陶鬲、绳纹灰陶罐，夹砂绳纹砖、瓦。特别一提的是这里出土大量夹砂回

---

① 赵守正：《管子注释》，南宁：广西人民出版社，1982年。

纹、几何纹图案的方砖，厚约三厘米，经有关专家鉴定，为春秋战国时王宫铺地之砖。与秦都雍城、魏都安邑、齐都临淄、楚都郢城出土的残砖图形一致。[①] 出土的秦、汉文物有：灰陶盆、罐、甄、云纹瓦当和"万岁千秋"圆形瓦当。[②] 除此，在该城址及附近地区还出土战国时期的铁制短剑及秦汉兵器等物。该城址内各个时期的文化混杂在一起，很难看出文化层的叠压关系，这可能是人们在此累世营邑定居，土层被打乱的结果。

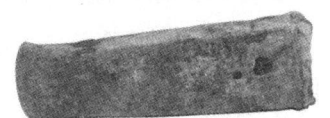

战国铜斤

（良平乡马家村征集）

战国有銎铜啄

（良平乡马家村征集）

战国铜铃

（瓦斜乡征集）

战国镂空铜铃

（瓦斜乡征集）

铜器

---

① 叶晓军：《中国都城历史图录》（第一集），兰州：兰州大学出版社，1986年。
② 庆阳地区博物馆：《庆阳地区文物概况》，1979年铅印本。

　　义渠故城大概毁于西晋末年，北魏统一中国北方后，在今宁县置豳州定安县，其城筑在庙咀坪稍北的太子冢，西魏改置宁州，隋时移至今县城，名宁阳城，其城址相沿至今。原定安城改为关，遗址今存。

　　依据上述，笔者认为春秋战国时的义渠国都，就是今宁县城西北1公里的庙咀坪。《庆阳府志》中说的："义渠故城在州西北六十里"，未提出任何论据。按其里数，应在今董志塬上。《中国历史地图集》1975年和1982年两个版本中，都将义渠故城标在今庆阳市附近的董志塬上，与《庆阳府志》之说大体吻合。以地形言之，董志塬为高而平的大原，远离河水，又无险可据，似不可能。今庆阳（原名西峰）市其所以为市，是因为有了电力上水工程，否则也会另当别论。另外，查陇东春秋战国时的故城，如密国都城（今灵台县西20公里的百里）、共国都城（在泾川县北2.5公里的水泉寺）、郁郅城（今庆阳县城），均处河谷阶地，作为义渠这样一个大国的都城，当然不会例外。就交通而言，古代关中通往塞北的大道是经今宁县、合水、板桥、庆阳、环县。由此言之，义渠故城在宁县城西北30公里董志塬上的可能性是很小的，一是缺水，二是无险可据。

三、社会经济

　　义渠戎国是一个定居从事农业、兼营牧业的国家。具体地说，在其南部之川、塬地区以农业为主，在其北部山区和草原地带以畜牧为主，但不是一个居无定所，逐水草迁徙的游牧民族。依据如下：

1. 义渠戎国有着发展农业的良好自然条件

　　人类自身的繁衍和社会生产的发展，和当时的地理环境有着密切的联系。地处岐、梁二山之北，泾、洛中、上游流域的义渠戎国，由于当时的气候比现在温暖湿润，黄土的土质酥松肥沃，适宜原始旱耕农业的生产，加上黄土的垂直节理，便于先民穴居，故成为我国人类和农业的发祥地之一。陈正祥先生认为泾、渭、洛、汾、沁河流域是中国"农耕和文化的发祥地""汉文化的原始中心"。① 冯绳武先生依据秦安大地湾出土文化，认为渭水支流葫芦河东支清水河谷是"中国旱耕农业的起源地。"② 另外，陇东庆阳、平凉两地区目前已出土的六百多处新石器遗址，和从这些遗址中发现的不少房屋、窑穴及糜子、油料等粮食作物，足以说明义渠戎国之地老早就是一个人类定居、从事农耕的地区。义渠之民生活在这样一个当时自然条件较为优越、适宜农业的环境中，从事农业是理所当然的事。

2. 义渠是一个具有农耕传统的民族

义渠之先的獯鬻、玁狁约商代中叶之前从洮河流域东迁陇东泾河流域后，与周人杂居相处，深受周文化的影响，而周人是一个以从事农业著称的民族，所以玁狁在商周之时已掌握了农耕技术，这从獯鬻、玁狁的陇东安国式寺洼文化遗址中得到证实。合水九站寺洼文化居民的聚落遗址，地处河谷第二阶段，面积达 4.8 万平方米，出土有大量房屋、窑穴及陶器。并在陶器的底部重复地发现谷物痕迹③，说明獯鬻、玁狁在商周之时已是一个定居从事农业的民族。我们还从 1980 年出土于陕西长安县下泉林的《多友鼎》铭文中看到，多友率领的周军，仅在两次战斗中缴获玁狁战车 127 辆。另外从甘肃庄浪县徐家碾寺洼文化墓葬中出土的铜钱、铜戈、铜矛、铜刀、铜铃、铜镯、铜销和陶文或符号④来看，玁狁的文化和社会生产力发展水平，大体与中原一致或接近。

3. 义渠是一个有城郭长处的定居民族

据《后汉书·西羌传》载，春秋末期"义渠、大荔最强，筑城数十"。又《史记·匈奴传》言："义渠之戎筑城以自守，而秦稍蚕

① 陈正祥：《中国文化地理》，北京：生活·读书·新知三联书店，1983 年，第 1 页。
② 冯绳武："从大地湾遗存试论我国农业的源流"，载《地理学报》，1985 年第 3 期。
③ 胡谦盈："试论寺洼文化"，载《考古集刊》，1982 年第 2 期。中国社科院考古研究所：《新中国三十年考古新发现与研究》，北京：文物出版社，1982 年，第 355 页。
④ 中国社科院考古所："甘肃庄浪县徐家碾寺洼文化墓葬发掘纪要"，载《考古》，1982 年第 2 期。

食,至于惠王,遂拔义渠二十五城。"从两传来看,义渠筑城当在东周之时,然另据《诗经·出车》:"王命南仲,往城于方。……天子命我,城彼朔方。"此诗当为西周宣王时作,金文"朔"意为北,朔方即北方之意。① 联系同时之作的《诗经·六月》"薄伐玁狁,至于太原。"此朔方实指西周的太原,也就是今天的陇东黄土高原泾河中上游流域之地。这里正是春秋战国义渠戎国之域,可见在义渠地筑城的历史,当上溯西周宣王之时。一般来说,定居是以农业为前提的,没有农业这个物质基础,就不可能长期定居于一地。义渠既筑了这么多的城,说明农业在其经济中已占有重要的地位。

4. 义渠戎国已有了纺织品的生产

义渠戎国之域的豳地,是我国桑蚕的发源地。《诗经·豳风》及《公刘》等篇中,就有多处关于桑蚕的记载。

在肯定义渠戎国是一个定居从事农业的同时,我们并不否认其有发达的畜牧业。《史记·货殖列传》:"乌氏倮畜牧,及众,斥卖,求其缯物,间献遗戎王,戎王什倍其赏,与之畜,畜至用谷量其牛马。"《后汉书·西羌传》记载:"夷王命虢公伐太原之戎,至于俞泉,获马千匹。"太原戎就是义渠之先的玁狁,说明传统的畜牧业在义渠戎国经济生活中,仍占有一定的比重。

义渠戎国的社会性质,由于资料缺乏,很难定论。从陇东寺洼文化墓葬中殉人的情况来看,商周之时义渠戎之先的獯鬻、玁狁已进入奴隶制社会。

在习俗上,义渠戎大体与氐羌族相同,如火葬。在《墨子·葬节》篇中记载: "秦之西有仪渠之国者,其亲戚死,聚柴薪而焚之"。在洮河和陇东寺洼文化墓葬中亦曾发现火葬之迹,这和《吕氏春秋·义赏》中记载的:"氐羌之民其虏也,不忧其系垒也,而忧其死不焚也"是一致的。这也说明义渠戎族源于羌,而不同于匈奴。

---

① 黄盛璋:"玁狁新考",载《社会科学战线》,1983 年第 2 期。

义渠对中原诸国的意义与影响

于祖培

义渠是活跃在西北的一个少数民族方国。它一登上中国历史舞台就非同凡响,逐古公,杀幽王,陪伴"春秋五霸",比肩"战国七雄",轰轰烈烈八百余年,最后被秦所灭。在我国先秦史上,还没有哪一个少数民族政权有过如此辉煌。

纵观先秦史,中华民族的形成,是各民族互相砥砺融合的结果。义渠介入中华民族大融合,是为了自己生存的需要。他们的祖先是南方人,也是最早进入农业经济的部族之一。他们被放逐在环境恶劣的甘肃地区,非常不利于农业经济发展,故而他们就不断游动,在临洮定居下来后,伺机继续向东发展。他们所到的陇南、天水、宝鸡,比起甘青一带要好得多,尤其是陇东。此时,庆阳地区已经被周族开发出来,是当时全国农业最为发达的地区。这种大好形势,正好与他们的愿望相合,所以志在必得。然而,这属于周族的豳国所有,义渠要在此插足发展,就不能不与周族发生冲突。从庆阳市寺洼文化分布看,义渠主要生活在豳国的西部与北部边沿地区,一个半农半牧的部族与一个纯粹的农业部族的斗争开始了,由此改写了中国的历史进程。

豳国在西北的兴起,对商朝造成潜在威胁。商朝敏锐地感觉到当年与自己竞争全国政权的同僚潜在威胁,也深知其远大的志向,就屡屡派遣鸟祖族与犬侯数面夹击豳国,欲消灭其于萌芽状态。在商周之争处于难分难解的胶着状态时,义渠的介入,给豳国插上致命一刀,逼得周族不得不暂时离开此地,寻求摆脱眼前危机和更大的发展空间。古公亶父南下岐山，借助姬姜政治联盟，首先消除了三大威胁之一的犬侯，并在关中西部重新站稳脚跟。第二大威胁鸟祖族文献与甲骨文都未见记载，根据前面的考辨，我们大体可以分析：逼走古公亶父后，义渠与鸟祖族各自占据了豳国部分领地，义渠军事实力强于鸟祖族，不久消灭或吞并了鸟祖族。所以，在季历要收复故土时，昔日的两个敌手只剩下义渠一家，才有了周师只伐义渠，而无伐鸟祖族的记载。这种推断的理由是，鸟祖族与豳国争斗时间长，次数多，而义渠介入的时间短；其消失的原因，只能是义渠造成的。

义渠被季历打败并收服，成为周的附庸。其随周武王灭商后，又被放逐西北部，是西周荒服的诸侯，生活地大约在今庆阳地区北部及今宁夏一带。

西周的统治实行"五服制"，对最边远的少数部族附庸国的要求是"要服"与"荒服"。"要服"地区，每年向周天子进贡一次。"荒服"地区，只是新王继位后朝见周天子一次，平时不进贡。周穆王为了聚敛钱财，不听祭（音哉）公劝告，以犬戎（义渠）不进贡为由而征伐之，并把犬戎迁到大原。当时的义渠王"树淳"，是周人都承认的一位贤君，遵守"荒服制"，与周相安无事。周穆王征伐犬戎，仅仅得到四白鹿、四白狼以归，破坏了周与义渠的关系，从此，犬戎不再朝周。周穆王征犬戎，从本质上讲，违背周公制定的治国方略，失信于天下，直接导致周边有离心力的部族借机背周。西周中晚期的獫狁（也作"猃狁"）频频犯周，就是周穆王战略失策造成的。他获得的四白鹿、四白狼，显然是附属于义渠的非义渠的鹿图腾、狼图腾的部族，不是义渠的主体。迁犬戎于大原，反倒把这些从此不满周的部族聚集在一起，在客观上使周便于管理，实质上更利于义渠集结各反叛部族对抗周，给西周埋下了隐患。西周中后期獫狁屡屡犯周，以至犬戎（义渠）杀周幽王，灭亡西周，前因是周穆王造成的。

而义渠与秦的斗争却由来已久，其主要在西周中晚期。义渠所居住的大原，虽属于陇东高原，但不是最为平坦富庶的农业区，而是北部的山区，很不利于以农业经济为主的义渠发展，也是其南下犯周的地理与经济因素。

獫狁强大起来后，从西、北、东三路犯周：东路是从葫芦河（北洛河）南下；中路是从庆阳沿泾水南下；西路则沿西葫芦河，即今宁夏泾源县、甘肃华亭县出张家川县南下。西周的应对策略是：东中两路防御基本由周军负责，西路则由秦负责，也就是秦为西周保西垂。人们会问，义渠哪里来的那么大的势力数面犯周，就一个西来部族而言，他们有那么多人口？这是一个历史谜案。本质问题，还在义渠是先进的农业部族上。农业部族是一个文化先进的部族，他们又有南方人的智慧基因，善于动脑子是南方人的特点。他们运用自己的智慧，不断笼络周围文化落后的部族，成为自己的势力。因而义渠戎国总体上是以义渠族为主体的众多少数部族的联合体，并非纯粹的义渠部族。他们人口的另一个来源，是掠夺人口（见《多友鼎》）。实质上，义渠在后期已经是一个杂交的部族复合体，只是名称与文化（也不纯粹）保留了义渠一词。

西周末年，犬戎（义渠）协助申侯杀周幽王于骊山，占据镐京。秦襄公护送周平王东迁洛邑（成周）有功，平王把宝鸡以西封给秦，并许诺秦赶走犬戎收复京畿之地后归秦所有。秦借机驱逐义渠，占据关中主要区域而逐步强大起来。义渠则退回陇东，在宁县古豳国的"京师"再次立国。

春秋初期，义渠与秦还没有发生激烈对抗，这是因为他们各自在清扫后院。义渠逐渐收服西北的戎狄小国，成为西北少数民族的强国。而秦也在清扫关中的小戎狄，基本统一了关中。这个时期，义渠与秦虽然形成西部两个大国，但他们相对处于一种相持状态。其时，义渠疆土比秦还要大。秦穆公时期，秦还惧怕义渠，利用美人计离间义渠王与其谋臣由余的关系，并收服由余。在由余的谋划下，秦夺义渠二十城，遂霸西戎。历史上西峰"秦霸岭"一名，据传就是秦霸西戎时所遗留。

到了战国中期，整个西北戎狄方国，只剩下义渠与大荔两个，他们各自称王。不久，秦灭大荔，西北戎狄只剩义渠一个。这时，义渠与秦就直接抗衡了，战争不断，互有胜负。秦孝公变法后，秦日益走向强大，想东进灭六国，统一中国。但是，势力强大的义渠不时南下，掣肘秦的东进，有时还对秦造成重大威胁。义渠的存在，客观上牵制秦的东向计划，大大延缓了六国灭亡时间。

秦武王逞能致死后，其弟昭襄王继位，宣太后芈八子临朝摄政。义渠王前去秦国祝贺，与年轻的芈八子产生情感，两人的暧昧关系持续了30年。这一时期，义渠与秦处于一种准"政治联姻"状态，相安无事。而秦却借机不断侵犯魏国、齐国。假若义渠有图天下的野心，这时灭秦不是没有可能的。秦昭襄王掌握朝政后，就日夜劝说其母宣太后除掉义渠王。宣太后为了秦的统一大业，牺牲了自己三十年的感情，在甘泉宫诱杀了义渠王，秦遂起兵灭义渠。义渠的覆亡，秦后院得以安宁，使得六国很快进入死亡期。50年后，秦终于统一了中国。然而，秦恃武力统一六国，但恃武力并没有使其成为万世帝国，也就仅仅14年，秦迅速亡国。

义渠戎国最后一位戎王，因与宣太后的情事而灭国，华人正统史观论者因其非华夏族而贬斥他。他们自以为自己是纯种的华人，其实，这只是父系社会的一个符号，我们华夏民族是一个祖先，即蒙古人种在发展中分化成文化不同的部族部落，因而有了后期的华戎概念，只是文化不同而已。远古祖先早在新石器时期就知道：族内婚会导致人口退化而实行族外婚，历史上姬姜互婚、周与戎狄互婚，保留某族血统是以父系血统而论的，母系血统则被忽略，本质是杂婚后代，无什么所谓纯粹的人种。嘲笑别人是戎狄之种，殊不知自己也是夷夏杂婚后裔。至于帝王的情事荒淫，夷夏皆然。只不过最后那个义渠王，却有点出格，竟然与他国太后有染，也算是千古第一人。真是爱美人不爱江山。从这个意义上说，他死的不愧，毕竟两千年后还有人记起其风流韵事，而彰显其国家在中国历史上的功绩，也把宁县推到舆论前台。

我们披阅历史，有哪些值得借鉴的？商人以天命神鬼治天下；西周初年以敬德保民治天下；秦以奖励耕战取天下；义渠呢？则以忠信为本。"上含淳德以遇下，下怀忠信以事上，一国之治犹如一身之治"，是哲人由余对义渠治国大纲的总结。总而言之：恃德者昌，恃力者亡；"德、民、法、力（军队）、合（文化）"并举，才是治国的根本宗旨。周人有一句名言："天视自我民视，天听自我民听"，虽然假借天命，却也指出了民众的作用与力量。这是中国最早的"水亦载舟，水亦覆舟"思想。唯有中国的和合共赢文化，才是地球村的未来。舍此，人类没有出路。

遥望义渠　穿越古今

义渠散章

周养俊

　　远古及先秦时期，在散居着众多戎族的庆阳地区，义渠戎势力最大，后来曾在宁县庙咀坪以西险要之地"筑城郭以自守"，建立了义渠戎国，长达数百年之久。

　　西周初期，义渠戎国乘着周公平定内乱和东征夷人，无暇西顾的有利时机，将势力扩张到泾渭流域，与西秦不断发生战争。义渠戎强悍好战，蹶而复起，成为秦国后侧的严重威胁。

　　公元前318年，魏、赵、韩、燕、楚五国联合伐秦，因各国利害关系不同，步调不一，被秦国打败。义渠戎国乘中原有乱之机，袭击秦国后方，使秦国暂缓了东进的步伐。

　　公元前310年，秦再一次讨伐义渠，迫使义渠向秦重修旧好。秦昭襄王即位时，义渠王亲自到秦国朝见，被昭王母宣太后久留于秦。

　　公元前272年，宣太后诱杀义渠王于甘泉宫，遂起兵灭之。始置陇西、北地、上郡焉（《后汉书·西羌传》），在宁县一带设置义渠县，秦统一全国后，则改置为北地郡。

　　……

　　义渠戎国历史悠久，文化遗产丰厚。在这块古老神奇的土地上，发生过血与火的战争，创造过灿烂辉煌，也留下了许多美丽的传说和缠绵凄美的爱情故事。

马莲河的故事

　　兰花生在马莲河边，从小喝马莲河水长大。

奶奶说，马莲河很早的时候叫湟涧、泥水、马岭河、马兰河。河边，马兰草很多，花开时非常鲜艳。后来人们把"马兰"叫转了音，于是"马兰河"就成了"马莲河"。奶奶、爷爷喜欢马兰花，孙女一出生就给她起了"兰花"这个名字。

穿过县城的马莲河——马莲河是庆阳境内最大的一条河流，古称湟涧，汉代称泥水，北魏后称马岭河。马莲河流域是先秦陇东的政治经济中心。夏、商之时，周人先祖不窋、公刘发迹于该河流域。春秋战国时的义渠戎国都城也在该河流域的宁县城西庙咀坪。

爷爷也讲过马莲河的故事，说是先周时，周老王（鞠陶）坐镇"凤城"，当时城南河中有一条恶龙横卧河中，阻挡河水奔流，直接危及城池安全。周老王决心除掉恶龙，拯救百姓，便派兵去斩恶龙。谁知，这恶龙白天被斩断了，晚上又复原如初。一天夜里，周老王梦见一位白胡子老人，老人边舞边唱，周老王细听，终于听清了这么几句："不用剑，不用刀，就用一根马莲草。"第二天一大早，周老王就派人用马莲草去锯恶龙，果然很快斩断了龙身。城中百姓载歌载舞齐欢庆，周老王的威信比过去更高了。

这些都是小时候的事情，如今兰花已经长成大姑娘了，高挑个儿，瓜子脸，丹凤眼、樱桃口，是方圆几百里有名的漂亮女子。兰花到马莲河来，再不是小时候戏水、摸鱼、抓螃蟹、打水仗了，她是来洗衣服、想心事儿的。已经有好些天了，兰花几乎每天都坐在河滩那块大青石上发呆，有时候一坐就是一整天。她总是低头看河水，河水里有她的影子，也有黑牛的影子，她的影子很真切，黑牛的影子一会儿清楚，一会儿模糊。黑牛比兰花大两岁，兰花把黑牛叫哥哥。小时候，是黑牛哥带她来马莲河玩的。那时候，他们俩形影不离，割草、挖菜、放羊、放猪，上树摘桃杏，下河捉鱼虾，几乎每天都在一起。三年前的一个晚上，黑牛哥来找她，送她了一只贝壳做的坠子就走了，后来才知道黑牛是跟着义渠王打仗去了。黑牛的爸爸是远近闻名的猎手，黑牛从小就跟爸爸习拳练武，骑马射箭的功夫十分了得。义渠王这些年一直跟秦国打仗，地盘越来越大了，村子里的小伙子都当了兵，黑牛也去打仗这似乎是很正常的事情。可是黑牛的母亲不这么想，她天天流着眼泪，盼望黑牛早点回来，哭着哭着眼睛就看不清东西了。兰花经常去看，宽心的话也说了几筐篮，老人还是喃喃地说：“不打仗了，回来啊！可怜我黑牛啊，连个媳妇也没娶上……”

兰花也想黑牛，因为黑牛说好了要娶她的。如今，村子里和兰花一样大的姑娘早都出嫁了，唯独兰花还没有个主家。奶奶、妈妈都托人说过媒，兰花一个也没看上，大家似乎都知道兰花的心思，可是黑牛不在家，有什么用呢？

兰花嘴上不说，实际上她心里比谁都着急。她先是在附近的兵营打探消息，后来干脆走进义渠城去打问。

义渠城是义渠王的王宫，在马莲河旁的高台上。

守城门的有个老头，和兰花同村，按辈分兰花应叫他叔叔，这位叔叔告诉兰花，说黑牛跟义渠王去打仗，被秦人抓走了。兰花急得流眼泪，叔叔说，不要紧，秦人拿事的叫芈八子，待义渠王很好，不但没有杀义渠王，还让他住在甘泉宫，好茶好饭招待。

兰花问：“那黑牛呢？”

叔叔说："黑牛是义渠王贴身卫士，肯定亏待不了！"

兰花想，也是。可是心里还是放不下。

兰花再去王城打听消息的时候，这位叔叔就什么也不说了。

一天，秦人的大部队忽然开进了义渠戎国，义渠王城也被攻破了，叫喊声、哭喊声、马嘶声，乱作一团，时间不长，义渠戎国就被秦人占领了。

秦人占领义渠戎国以后，再也没有义渠王的消息，黑牛自然也不知下落了。兰花哭啊，哭啊，眼泪都流干了，也不见黑牛的影子。兰花坚信黑牛不会死，因为黑牛的武艺太高强了，他一定会杀回来和她成亲的。就在这个时候，黑牛的爸爸在打猎时摔下深沟死了，黑牛的妈妈闻讯一头碰在门柱上，也死掉了，兰花含泪埋葬了两个老人，一夜间头发就白了。

许多年后，兰花终于搞清了这段历史：

夏桀初年，周老王之子公刘继承父位，带领族人开垦荒地，兴修水利，制造农具，种植五谷，发展畜牧，使"行者有资，居者有蓄积，民赖其庆。百姓怀之，多徙而保归焉。"不久，公刘把首府迁到了这里，削土建城，营造都邑、扩建京师，组织三军，寓兵于农，屯田筹边，在这座高台上建造了古豳国。数年后，公刘的儿子庆节又把首府迁至南豳。公刘父子南迁之后，义渠人借助周人奠定的强大的农耕文化基石，加上自己的游牧文化体系，疆域得到空前扩展。义渠人是马上民族，异常彪悍，秦人几度活捉戎王，但总是无法彻底将其征服。也就是这个时候，义渠王在这里建立了自己的国都。

周赧王九年（前306），秦军大败五国联军于函谷关，遂大举进犯义渠戎国，义渠王被俘，入住甘泉宫，义渠王贪恋宣太后芈月的美色，与之勾搭成奸，产下二子。秦昭襄王三十五年（前272），宣太后火烧甘泉宫，杀死义渠王，秦一举灭掉了义渠戎国。一个曾经雄霸一方的马上王国就这样结束了它近千年的历史。

兰花知道这段历史的时候，她的头发已经全白了，牙齿也开始晃动。当她坐在马莲河边给村子里孩子们讲这段历史的时候，她的记忆依然清晰，就连小时候的事情都记得清清楚楚。她还爱着她的义渠戎国，爱着她的心上人黑牛。她恨那个贪恋美色的义渠王，还有那个用美色勾引义渠王的芈月。要不是他们，兰花和黑牛一定会过上好日子，还有黑牛的妈妈、爸爸也不会那么早就去世。

> 马莲河啊
>
> 静静地流
>
> 流过了高台
>
> 流过了小城
>
> 流着小伙儿的英姿
>
> 流着姑娘的倩影
>
> 马莲河啊
>
> 静静地流
>
> 流过了村庄
>
> 流过了山头
>
> 流着一段辉煌的历史
>
> 流着一个美丽的传说
>
> ……

凤枣　龙枣

凤凰山下，莲花池畔。几千年了，两棵枣树还那么面对面地站着，寒来暑往，冬去春来，风里雨里，一年一年，满眼是笑，含情脉脉。

那一年那一月的那一天，义渠王翟骊和宣太后芈月在莲花池旁赏荷垂钓，又在莲花池畔种植了两棵枣树，见证他们的爱情。

那天，太阳很红；那夜，月亮很圆。芈月和义渠王在草原上按狄戎习俗结为夫妻。

印象义渠·莲花池景区——该景区是以"义渠文化"为主题元素，集生态游、休闲游、历史游为一体的综合型乡村旅游项目。景区位于宁县湘乐镇莲花池村，已被国家旅游局列为3A级旅游景区。

义渠王翟骊是义渠族狄戎之王，武艺高强，帅气彪悍，桀骜不驯。

过去经常率领族人干些打劫秦国后方的事情，时叛时降，使秦人十分恼火，又没有好的办法。

宣太后芈月，祖先是楚国人，姓芈氏，是秦昭襄王的母亲。芈月有个弟弟叫魏冉，封为穰侯。魏冉是芈月的同母异父弟，芈月还有个亲弟弟叫芈戎，封华阳君。芈月一辈子为老嬴家忙活。其实，起初芈月的身份并不高。《史记·穰侯列传》载："昭襄王母故号为芈八子，及昭王即位，芈八子号为宣太后。"也就是说，芈月是秦昭襄王的父亲秦惠文王的妃子。秦国时后宫分皇后、夫人、美人、良人、八子、七子、长使和少使八级，芈八子排第五，可见芈月并不得势。直到秦昭襄王即位，机会来了，芈八子摇身一变，号为"宣太后"。

公元前311年，秦惠文王嬴驷驾崩，这时芈月的儿子嬴稷还在燕国做人质，没有机会上位。因为秦惠文王与惠文王后所生的儿子嬴荡是嫡出居长，自然继了王位，是为秦武王。秦武王生性粗直，孔武有力，喜欢玩举重游戏。他在位四年，攻城略地不少。然而，事情就坏在他举重这爱好上。公元前307年，秦武王在洛阳参观周天子家庙，见中原之九鼎便手发痒，于是提雍州之鼎半尺许力尽脱手，千钧鼎轰然落地，秦武王胫骨当即砸断，"痛绝而死"。

秦武王嬴荡死后，秦国陷于内战，义渠王拥重兵于秦国边境意欲趁火打劫。也就是这个时候，芈月和义渠王在草原上按狄戎习俗结为夫妻。芈月与义渠王成亲后，利用义渠军力回到秦国，平定了秦国内乱，芈月儿子嬴稷登基为王，芈月成为宣太后。

这时候，义渠王的力量也得到发展壮大，他的草原思维让他以为娶了芈月就是得到秦国的权力，视秦国为自己的牧场横冲直撞。他长期居住秦地与芈月感情甚笃，并为义渠王生下两个儿子，泾阳君嬴芾（音：拂）和高陵君嬴悝（音：亏）。他的铁骑虽然为大秦的扩张立下无数功劳，但是随着大秦的扩张，他和芈月对国政上的不同看法和在权力顶端的掌控之争，更加上嬴稷面对母亲被抢走的嫉恨，黄歇和赵灵王出于争霸暗中推动的阴谋等，使芈月和翟骊最终走到不能同存的地步。刚开始，芈月对于翟骊确实有利用之心，但后来在翟骊对她全面的信任和爱情之后，又愧疚于自己对翟骊的欺骗，在面对嬴驷的利用和黄歇的敌对之下，她更觉得翟骊真情的难得。但是一山难容二虎，为了儿子和大秦江山社稷，她不得不牺牲了翟骊。一幕爱情悲剧就这样画上了句号。

芈月一生与三个男人有着很深的感情纠葛，在芈月作为芈姝的媵侍嫁入秦国时，芈月曾被义渠王翟骊劫持，翟骊对芈月一见钟情，只是，当时的芈月还有黄歇，而在芈月嫁入秦宫后，秦王嬴驷又视芈月如珍宝。在这三个男人中，义渠王翟骊与芈月是最令人揪心的，翟骊处处想着芈月，在求芈月而不得的时候，甚至看到了一个长相类似芈月的东鹿公主，翟骊都会去把她娶回家，得不到芈月能得到一个与她相似的人，翟骊心中也是满足的。而在翟骊对芈月念念不忘的时候，芈月却已经深深地扎根于秦国这个国家，芈月做事也有顾虑，因为芈月生下了与秦王嬴驷的儿子嬴稷。

江山，美人、帅哥，确实是许多能人义士不好取舍的难题，聪明绝顶的"中国历史上第一位女政治家"芈月最终也饱尝了苦头。

如果说宣太后对义渠王毫无感情，可她还为他生了两个儿子。若说有感情吧，她却与秦昭襄王日夜密谋攻灭义渠的计划。看来，在国事面前，宣太后是隐忍了自己的情感。那个草原汉子义渠王，却是实实在在动了真情。直到最后，他都没有看穿一切只是"我本将心付明月，奈何明月照沟渠"。他们在一起的第34年，芈月杀义渠王于甘泉宫。秦国趁机发兵攻灭义渠，在义渠的故地设立陇西、北地、上郡三郡。

几千年过去了，凤凰山上的小草，莲花池的荷花，还有那两棵义渠王和宣太后亲手种植的枣树，依然见证着两个有情人的爱心和情意。

> 山清水秀酿老酒，
> 荷花朵朵映日红。
> 枣花粗枝结蜜果，
> 浅笑盈溢见情浓。

两棵古柏

宁县位于甘肃省东南方，宇村的古柏庙距离宁县县城约20公里。古柏庙因庙里的柏树古老而得名。至今，没有人知道那两棵古柏到底是哪朝哪代所种植。

当我们站在古柏庙前，望着眼前苍老、挺拔、遒劲的老柏树，不禁产生了好奇。祖辈居住在庙旁的孙先生告诉我们，说在他的曾祖父还是小孩子的时候老柏树就这么粗、这么高。孙先生七十多岁了，白发已经爬满了他的额头。

古柏在远处看时，寺庙里只有一棵郁郁葱葱的树冠，走进庙门才发现它们是两棵极其粗壮，极其让人震撼的老柏树。两棵树地面相距有两米多，西面一棵比较粗壮，东侧一棵稍逊色一点。两棵树身整体稍向东南倾斜，尤其是西侧那棵树头长到东侧那棵的正上方时，突然改变了方向，竟然笔直上刺天穹，两棵树树冠俨然成了一个整体。

　　古柏庙——位于宁县北约20公里的湘乐镇，在宇村街道旁有三颗数千年的古柏树，宇村也由此而著名。其中两棵树共挺一冠，每棵树胸径5.3米，需要五六人才能环抱。千年古柏树见证了历史的沧桑岁月，扭曲蜿蜒的身躯上托扶着片片翠绿。

　　孙先生说："宇村庙里一个景，两棵柏树一个顶……这是流传了千百年的歌谣。每棵树胸径5.3米，需要五六人才能环抱。"

　　宁县属于典型的黄土高原地貌，严重缺水，自古这里人们用水极其艰难，人们大多依塬建造窑洞居住，因为塬下有泉水，有水才方便生活。这里的人们还修建水窖，水窖的水人可以吃，也可以饲养牲畜、浇灌庄稼。据说，这里的人们20多年前才告别了吃窖水的历史。这两棵老柏树长在土崖边能活下来，而且长得苍翠、挺拔、伟岸，真是令人感动、震撼！几千年了，它们饱受着土壤贫瘠、干旱的煎熬，饱受着凛冽的北风如刀似剑的侵袭，忍受着心怀叵测之人的巨斧之戕伐，也忍受了暴风和烈火的摧残……但是，它们依然相依相偎，相依相守，就这么在风雨中、冰雪中顽强地挺立着、抗争着、生长着。

传说宋代，当地有一乡吏想用这两棵树为自己打造棺木，以求福荫子孙。一个漆黑的夜晚，乡吏和几个随从带着斧头、锯子、凿子去偷砍柏树。当柏树被锯到一半的时候，突然刮来一阵狂风，柏树剧烈摇动，那几个贼人瞬间被卷进了柏树庞大的身躯里。只有凿子、锯子的手把留在了树身外。这一下，两棵柏树名声大震，在当地越传越神，被人们称为神树，还为其修建了庙宇，称为古柏庙，并定于每年农历三月二十五为庙会。庙会这天非常热闹，人山人海，大戏连台，高吼秦腔。

2013年3月14日下午，古柏庙内两棵千年古柏树忽然起火，火势很大，已严重威胁到古柏庙和毗邻建筑，宁县消防大队紧急出动消防车，10名队员火速赶往现场。到达现场后，发现两棵大树全身冒烟，树杈缝隙处还窜出熊熊火焰。两棵古柏年代久远，树干中间大部分已经腐朽，起火部位在两棵树干中间部分，因此产生了"烟囱效应"，使得整个树干和部分树枝中心火焰燃烧剧烈，且两棵古柏交相辉映，十分茂密，直射流水和树干底部灌注已很难控制古柏高处枝干部分的火焰。古庙位于山崖边，消防车辆无法接近着火古柏，参战官兵急中生智，立即铺设水道，使一条消防"水龙"攀墙逾壁，直插古树起火"腹腔"。

经过两个多小时的激烈战斗，两棵古柏树内的火焰被完全扑灭，古树得以保存，古庙也因此毫发无损。

此后，许多人都在猜测古柏着火的原因，有的说，树内有磷，属于自燃。有的说，是有人不小心点燃树洞里积攒的垃圾。但是，大家都对大火没有烧焦树身而感到不可思议。当地有位女作家撰文说："这两棵大柏树本是一对情侣，这场火灾是它们再次燃起的爱的火焰，可惜，被人为地熄灭了！"这位作家的说法确实充满了浪漫主义色彩，但谁说又不是呢？你看这并肩站立的两棵树，比翼双飞的枝叶，互相交融的爱抚，咋看都像是一对恩爱夫妻啊！

与我们同行的著名诗人朱先生说："这两棵树是恋人，还真像，你看这个高大的是义渠王，那个稍稍小一些的不就是芈月么？"

朱先生这么一说，大家还真认真了，一个个仰着头看古柏。

朱先生笑了，又说："你再看这两棵古柏也像是一对亲兄弟。"

这一下，大家的话就多了，有人说，这里是秦王和义渠王歃血盟誓的地方；有人说，这里是义渠人战前宣誓、准备出发的地方；有人说，这里是义渠王和芈月幽会的地方……

大家的假设和猜想很多，到底是还是不是，也只能去想象了。但是，两棵古柏那肯定是真的。

还是那位孙先生告诉我们，村里人一直把古柏当作"圣物"，他说解放初期，有一年轻人砍掉了柏树的一根树枝，拿回家做了个板凳，结果屁股下生了疔疮，久病不得医治，最后死掉了。也可能是这些原因，就是"文化大革命"的时候，也没人敢动它们一枝一叶。

管理古柏庙的工作人员告诉我们，古庙始建于西周春秋时代，后北魏年间进行了重建，部分遗迹至今还依稀可见。由于战火和时代变迁，古庙多次遭灾，但两棵古柏屹立古今顽强挺拔，强大的生命力感染了一代又一代的人们。

野性义渠

解维汉

一

我是从电视连续剧《芈月传》而知道义渠的，剧中的义渠王英勇善战、豪爽潇洒，重情重义，充满勃勃英气。

我后来得知，远古时期游牧民族真的有这样一支义渠人，活动在甘肃泾北一带，而且是诸戎中较强的一支，是一个定居从事农业、兼营牧业的国家，原居宁夏固原草原和六盘山陇山两侧。陇东地区比较富饶，素有"陇东粮仓"之称，曾为轩辕黄帝活动过的区域；夏商时期陇东称鬼方，为周先祖公刘邑地；西周时期陇东称北豳；春秋战国时期陇东为戎狄之地，义渠曾在这里建国。

商代，义渠戎与居住在陇东和北方的狄族后裔獯鬻相互为邻，又相互攻击，后来又与居住在北豳地（今甘肃宁县一带）的商属先周部落（姬姓）时常发生冲突，不断蚕食其领土。戎狄人数虽少，但由于长期以打猎为生，剽悍好斗，战斗力极强，先周部落和他们进行过多次残酷的血战始终处于下风。后来先周部落被迫由陇东迁往陕西岐山周原。周人南迁后，陇东地区便全部被戎狄占领。

全是戎狄的天下了，兄弟相残又开始了。义渠戎和狄人互相掠夺，互相争战，在狄强戎弱的情况下，义渠戎为了生存，暂归服于狄人猃狁。

商朝武乙时代，季历在商朝的支持下，于武乙三十五年"伐西落鬼戎，浮十二翟王"（即猃狁），迫使狄人放弃北豳远移蒙古草原。

早年有一代义渠君有两个儿子，各自的母亲都受到君主宠爱，当义渠君病重时，大臣们分为两党，分别为两子争权，此时周先君季历于武乙三十年趁义渠内乱出兵讨伐，大获全胜，还掳走了义渠的首领义渠王，义渠戎被迫向胜利者低头，臣服于商周。

西周王朝在丰镐建都后，从周穆王到周宣王，多次派兵攻伐义渠诸戎，时战时和，周宣王三十九年至四十年，"王料民于大原"，采取安抚政策，将五戎安置于大原地（即今庆阳、固原地区），五戎之中唯义渠戎留居今陇东高原及东南部泾水之北。

这里地势平坦，土地肥沃，水沛草丰，宜耕宜牧，义渠人和先周南迁后的遗民杂居，不断学习周遗民的农业生产技术，学习周族文化，在生活风俗上逐步与周族同化。定居陇东高原后，开始从事农耕，逐渐发展成为半农半牧民族，区别于其他羌戎的义渠族。《史记·货殖列传》云："……北地、上郡与关中同俗，然西有羌中之利，北有戎翟之畜，畜牧为天下饶。"义渠戎国实行全民皆兵，遇到战争，青壮男子都要上战场，几场战事过后女多男少。于是义渠规定，同族十二世之后可以互相通婚，兄长死后，弟弟可以娶嫂为妻。义渠定居陇东高原后，开始从事农耕，逐渐发展成半农半牧民族。《墨子·节葬》中说："秦之西有仪渠之国者，其亲戚死，聚柴薪而焚之，熏则烟上，谓之登遐。""登遐"意思是登上遥远的天界，即今灵魂升天的意思。这是我国最早的关于火葬的记载，也是义渠的习俗之一。

二

西周末年，战败后逃往朔方的犬戎（即猃狁）叛周，率兵南下，杀幽王于骊山。周平王惧狄戎，乃迁都洛邑。义渠戎抓住这千载难逢的机遇，趁周室内乱，宣布脱离周王朝的统治，正式建立方国。从此，中国历史上出现了义渠戎国的名称。

义渠建国不久，随即出兵并吞了彭卢戎（在今镇原彭阳和庆阳彭原）、郁郅戎（在今庆阳、环县、合水）、朐衍戎（在今盐池）、乌氏戎（在今泾川、灵台），扩大了疆域，并先后修建城池 25 座，派兵驻守。他们还依照周王朝建立宫室，设置官吏，提倡发展农牧业生产，养精蓄锐，壮大国力，在很短的时间内使义渠成为兵强马壮、国力雄厚的西戎强国，其国界西达西海固草原，东抵桥山，北控宁夏河套，南达泾水，面积约 10 万平方公里。

西周以后，建国于渭水流域的秦国也悄然崛起，长期和邻邦的戎、狄不断发生战争。大约在公元前 600 年，义渠吞并了北地诸戎，力量空前壮大。在政局动乱的春秋战国时代，义渠直接参与了中原合纵与联横的政治、军事角逐，为了进一步向东南发展，它首先把斗争的矛头指向秦国，同强秦进行了四百余年的军事较量，成为当时秦国称霸西戎的主要对手。义渠民族刚强勇猛，他们"以战死为吉利，病终为不祥"，所以对敌作战十分英勇，宁死不屈不降，这也是义渠戎国能坚持数百年的重要原因之一。

三

义渠的崛起随时会受到大国的遏制。公元前 651 年（周襄王元年），义渠戎国收留晋国人由余为使臣，派他出使秦国，以缓和两国紧张的关系。

由余到秦国后，秦穆公以上卿款待，并向他请教治国之道。由余说："上含淳德以遇其下，下怀忠信以事其上，一国之政犹一身之治，不知所以治，此真圣人之治也。"秦穆公听了大为赞赏，便用离间计招降了由余。

公元前 623 年，秦用由余计，攻北地义渠，"益国十二，开地千里"。义渠在战争中失败后，吸取教训，养精蓄锐，筑城郭以自守。公元前 471 年（秦厉共公六年），义渠王派使臣给秦王行进贡，以求和平共处，换来了此后 27 年两国未发生战争。

缓和从来是暂时的权宜之计，攻城拔寨的格斗则是永恒的方略。

公元前 444 年（秦厉共公三十三年），秦国突然撕破脸皮派兵征伐义渠，俘虏了义渠王。丧失首领本来是很令人沮丧的事，没想到对义渠并没有造成灭顶之灾，他们卧薪尝胆，舔干伤口，重新啸聚，厉兵秣马，再决雌雄。时隔 14 年之后，公元前 430 年（秦襄公十三年），义渠调动大批兵力攻秦，从泾北直攻到渭南。在强大的攻势下，势如破竹，秦国节节败退，义渠人这次出手特狠，一直打到秦人的都城雍（今陕西凤翔）附近，迫使秦人退出渭河下游。义渠终于还以颜色，报了一箭之仇。

此后 30 年是义渠戎国最强大的时期。这个马背上的民族，成为一个打不倒压不垮的民族。它的地域东达陕北，北到河套，西至陇西，南达渭水，面积约 20 万平方公里。这段时期，秦人的主要精力用来对付东方各国，谋求向东发展。所以和义渠互不叨扰，各安其地。公元前 408 年，魏文侯命吴起伐秦，一举攻下秦国洛水以东五座城池，在那里建立了西河郡，并在西河西界筑长城以界秦，史称右长城。魏武侯执政时，魏发兵 5 万，把秦国 50 万军队打得落花流水。义渠惧怕魏，将兵撤出原秦国的上郡。魏随即占去上郡地，并越过桥山（今子午岭），在上郡西界修筑长城以界戎，史称左长城。从此义渠在东面同魏接界。在此后至公元前 352 年的 46 年里，义渠同魏以长城为界，双方从未发生战争。

四

义渠的兴国之路不是一帆风顺的。一段风平浪静之后，危机紧接着向它逼近了。

那是商鞅变法之后，秦国国力大大增强，得到了西部霸主的地位，迁都咸阳。公元前 352 年，秦出兵攻魏，收回被魏占去的西河郡和上郡。从此，义渠东面和南面均同秦国接界，双方摩擦又起。就在秦人颇为得意获得诸侯国强势地位的同时，却遭逢后院起火。义渠在洛这个地方打败了秦人。公元前 331 年，秦趁义渠戎国内乱，秦惠文王遣庶长操兵平定。义渠被迫臣服于秦，双方时战时和，秦对义渠地稍蚕食之。公元前 327 年（秦惠文王十一年），义渠以国为秦县，以君为秦臣，正式成为秦国的属地。但是，义渠戎国仍然明服暗不服。公元前 327 年，秦又讨伐义渠，此次战争，秦兵曾将义渠郁郅城（今庆阳）夺去。在此设置义渠县，义渠王被迫再次向秦称臣。公元前 320 年，秦惠文王曾深入义渠腹地游观北河，到达灵州、夏州等地（即今宁夏）。

义渠人的血管里流淌着桀骜不驯，他的俯首称臣，只是一种被迫的低头，内心远远没有臣服。他在大国的博弈中寻找着重新站队的良机，这是一场较量，也更像是一场赌博，时刻考量着这个草原小国的谋略和智慧。

公元前 318 年，义渠趁中原诸国混战，脱离秦国统治，朝贡于魏，同时，联合东方五国伐秦。《战国策·秦策二》记载，义渠君曾出访临近的魏国，提倡合纵抗秦的名臣公孙衍（张仪的对头）与之交谈说："中国无事于秦，则秦且烧焫获君之国；中国为有事于秦，则秦且轻使重币而事君之国也。"意谓秦对义渠的态度，取决于列国形势的变化：当中原各国威胁秦国时，秦国将讨好义渠；反之，秦国将攻掠义渠。果如公孙衍所言，面对齐、宋、韩、魏、赵五国伐秦，秦臣会陈轸对秦王说："义渠君者，蛮夷之贤君也，不如赂赂之以抚其志。"秦王曰："善。"秦王担心后院起火两面受敌，为消除后顾之忧，接受臣下"赂之以扰其心"的建议，给点甜头拉拢义渠。于是秦国以锦绣千匹，美女百名，送给义渠王。

有没有搞错？受礼方向来是秦国，这次怎么变成义渠了。在小恩小惠的诱惑面前，义渠王并没有受宠若惊，更没有见利忘义，而是始终铭记着与东方五国的盟约，他的脑海十分清醒，召集群臣说："这是公孙衍之计谋，我们不能上当受骗。"此后，义渠仍起兵伐秦，"大败秦人李帛之下"，恢复了部分领土。

五

强秦怎可能甘拜下风？时隔不久又重新崛起。公元前314年，秦国在中原战场取得胜利后，调集重兵从东、西、南三面入侵义渠，先后夺得25座城池，使义渠戎国土大大缩小。但是，由于当时义渠戎国全民皆兵，人自为战，郡自为战，奋勇抵抗，仍守住了部分领土，而未亡国。

公元前310年，秦又伐义渠、丹、梨，未克。公元前306年，秦昭襄王立为国君，昭襄王母宣太后摄政。她对义渠戎国改变正面征讨的策略，采用怀柔、拉拢的政策，以堕其志。义渠戎国大败后，也想与秦重修旧好，以休养生息。义渠王就利用昭襄王刚即位的机会，亲自到秦国去朝拜。

宣太后下书请义渠王来甘泉宫，让其长期居住，赐予锦衣美食，以优厚的物质款待。后义渠王同宣太后淫乱，生有二子，经常来往于义渠和甘泉宫，完全失去对秦国的警惕。时隔34年后，秦昭襄王三十五年（前272），宣太后诱杀义渠王于甘泉宫。接着发兵讨伐义渠，群龙无首的义渠戎国在秦大军压境下随即土崩瓦解。义渠戎国亡，秦在义渠故地置北地、陇西、上郡。北地郡治义渠县，领土成为秦国的一部分。义渠戎也融入汉族，从此逐渐汉化。

有人质疑宣太后对朝夕相处34年的老情人怎么能下得去手？这是不了解宣太后的为人处世风格。作为义渠的终结人，宣太后这个人很有特点。她可不是弱不禁风、心慈手软的小女子，她开朗豁达，敢作敢为，最大的特点是我行我素，不按常理出牌。《战国策·韩策》记载："有一次她在朝廷接见韩国使者说的一段话令朝臣咋舌：'以前我侍奉男人时，他如果只用大腿压在我身上，我感到很累；他要是全身压在我身上，我却一点也不嫌重'。"宣太后说这话的目的不是总结床上技巧，而是用此比喻阐发外交政策。清代学者王士桢在其笔记《池北偶谈》中曾表示强烈不满："此等淫亵语，出于妇人之口，入于使者之耳，载于国史之笔，皆大奇！"

宣太后其实是以性交的体位来比喻她面临的外交困局。当时，楚国围困了它北面的韩国，韩国屡次向其西面的秦国求救，但秦国却不愿意施以援手。韩国派出使者尚靳，告诉秦昭襄王韩灭唇亡齿寒的道理，当时垂帘听政的宣太后，就对使者讲了那段艳词后并说："夫救韩之危，日费千金，独不可使妾少有利焉？"

历史上把宣太后称为芈八子，这应该是她的号而非名。从八子的身份看她似乎不是出身于楚国特别有权有势的家庭，所以没有背景。芈八子的夫君是秦惠文王，她为其生了三个儿子，但秦惠文王一死，惠文后就整顿后宫，芈八子的长子嬴稷立马被送到燕国当人质，饱受恓惶和迫害。幸亏继位的秦武王逞蛮力举鼎暴死，天大的馅饼才降临在嬴稷头上。夺位成功后，地位尚不稳，宣太后急需有力的帮手。即使不帮忙，也绝不能添乱。其时，义渠归顺于秦，基础并不稳固，加之刚即位的秦昭襄王年纪轻难于服众，这个蛮荒部落随时可能反叛，那秦国的麻烦就大了。所以必须要笼络住。加之义渠王当时年轻力壮，野性十足，对于年轻守寡的成熟妇人，诱惑力难以抵挡。于是宣太后和义渠王一拍即合。

初期的交往如胶似漆，接连生下了两个儿子。在她接下来长达三十多年的实际掌权时间里，义渠部落果然很仗义，没有找秦国的麻烦。这样，秦国得以喘息之机，东征西讨，壮大国力，成为诸侯中的一霸。三十多年后秦国羽翼已丰，宣太后终于向老情人下手了，《后汉书·西羌传》称："宣太后诱杀义渠王于甘泉宫。"《史记·匈奴列传》则记"宣太后诈而杀义渠戎王于甘泉。"可见是通过"诱""诈"而致命一击。

甘泉宫位于今天陕西淳化县城北甘泉山，现在仍存有汉朝甘泉宫遗址，这里当时应该是宣太后的行宫。而义渠部落位于今天甘肃宁县，两者的直线距离250公里左右。宣太后选择这个时候动手自有道理，秦国已经固若金汤，卧榻之侧岂能长期容忍他人酣睡？当剪除了义渠王，位于甘肃宁夏一带的义渠领地全部被秦国收入版图后，秦国便不再有任何的后顾之忧。

六

被秦国宣太后杀死的应为义渠最后一任国君，但史籍上"宣太后诈而杀义渠戎王于甘泉"这句话却也令人生疑。当年秦武王暴死后，宣太后的儿子作为在燕国的人质而能回国继承王位，全赖宣太后在宫斗中获胜，"庶长壮与大臣、诸侯、公子为逆，皆诛，及惠文后皆不得良死"，权力斗争就是如此你死我活。

宣太后既以女主掌权，一是有朝内之臂膀，即外戚穰侯、华阳君等人的辅助。范雎说："穰侯专秦权，恶纳诸侯客"，甚至"闻秦之有太后、穰侯……，不闻其有王也"。二是在朝外有义渠王的支援。故秦武王时还曾讨伐义渠，到昭襄王初立，义渠王即朝秦，并与宣太后私通，且在宣太后掌权近四十年内双方相安无事，充分说明与义渠的裙袂关系，作为宣太后牵制昭襄王的后盾，奈何轻易放弃，残暮之年杀之？这根本不合常理。

与其说是宣太后"诱杀义渠王于甘泉宫"，倒不如说是秦昭襄王所杀更为合理。秦昭襄王早就对母亲的宫廷不检点举止耿耿于怀，常常示以颜色，昭襄王见到范雎时就说过："义渠之事急，寡人旦暮自请太后；今义渠之事已，寡人乃得以身受命。"况且灭义渠后，昭襄王当即亲政，而且立即拜范雎为相，"废太后，逐穰侯"，独掌权柄。足见义渠对于宣太后一派的支柱作用，这恐怕才是昭襄王必要杀之灭之的原因，宣太后也只是在儿子的一再督促下，为了秦国的利益方才痛下决心。

七

秦国在吞并义渠之后将西北边界推至了今天的内蒙古、甘肃一线，直接与胡（匈奴）相对。秦灭义渠之后，基本上征服了西方的戎族，解除了后顾之忧；秦昭襄王在此筑长城备边，闭合疆域而成"四塞之国"：东有函谷关、南有武关、西有散关、北有萧关。

战国前期的义渠，已经"筑城数十"，其民众肯定早已开始过着农业与畜牧业相结合的定居生活，经济已发展到较高阶段。从义渠境域内发现的春秋、战国时期的墓葬遗存器物种类包括陶器、青铜器、银器和铁器，精致的工艺水平反映其手工业相当发达。据《山海经·五藏山经》所载，义渠所在陕西一带，有符禺之山、英山、竹山、泰（秦）冒之山、龙首之山、岐山等六处产铁之山。地有铁矿，又懂得金属（青铜）冶炼，加上春秋战国时期冶铁业大发展的时代背景，义渠是可能有冶铁业的。

同时，义渠是半农半牧民族，考古发掘随葬品中马具数量众多，其养马用马程度可想而知。义渠既为秦灭，其民自然为秦所用，这里的居民风俗劲勇，民皆习战，"修习战备，高上气力，以射猎为先"，自是优秀的兵源。宣太后也好、秦昭襄王也好，无论是谁主导诛杀了义渠王，秦国据有了这里的土地和人民，自然大大增强了经济与军事实力。更重要的是，关中四塞，可谓险固，范雎游说秦昭襄王时就称赞曰"利则出攻，不利则入守，此王者之地也"。关中对中原，在地势上呈高屋建瓴之势，四面以山河为险阻，几处重要的交通隘道，又立关以守之，从而形成能进能退、可攻可守的态势。因此，及至攻灭义渠之后，秦国方能尽力东向，进而伐灭六国，一统天下。

义渠民族从商朝武乙年间建部落方国算起，至秦昭襄王时共存史八百余年，其中在豳地（今宁县）建立奴隶制君国（前772—前

272）达五百年之久。在政局动乱的春秋战国时代，它直接参与了中原合纵与联横的政治、军事角逐，与强秦较量了四百余年，成为当时秦国称霸西戎的主要对手。

总之，义渠民族是中国历史上一个重要的少数民族，也是融入汉族的少数民族之一。义渠戎国在同其他诸国的竞争中，共同创造了光辉灿烂的中华文明史，它在中国的文明史上占有重要的位置。

八

中国自古以来就是一个多民族的国家，各族人民在祖国土地上劳动、生息和斗争，共同创造了灿烂的历史文化，推进了民族融合的步伐。伟岸的大树不是一朝一夕长成的，雄壮的黄河也是因汇集了许许多多的支流而波涛滚滚的。历史上有许多民族最终融合为汉民族，其中就包括义渠这样的草原雄鹰。"故泰山不让土壤，故能成其大；河海不择细流，故能就其深。"《资治通鉴》里记载唐太宗说："自古皆贵中华贱夷狄，朕独爱之如一，故其种落皆依朕如母。""中国百姓，实天下之根本，四夷之人，乃同枝叶，扰其根本以厚枝叶，而求久安，未之有也。"今之回望，中华民族的不断壮大正是在各民族的交流和融合中实现的。国家统一，民族团结，是各族人民的共同愿望，是历史发展的主流。那些优秀的民族渊源和民族文化将永远铭刻在后人的历史记忆之中。

往昔岁月离我们越来越远，义渠却离我们越来越近。其实它原本就在我们之中。

义渠三考

陈嘉瑞

踏上甘肃省宁县——先秦时期义渠古国的这一片土地，那逝去的烟尘层层散开，展现在人们面前的，是古老又新颖，曾经辉煌、前后持续了八百余年的古国土地。

图腾

2016 年 10 月 26 日，在甘肃省宁县文化局副局长连焕宁的带领下，陕西专家、作家采风团的一行十余人，到了宁县湘乐镇莲花村的莲花池。这是一个生态旅游的好地方。看到眼前的景象，令人想起两千三百年前的义渠古国，大约就是眼前这个样子。蓊郁的古木，原始的篱笆，蜿蜒的溪水，鲜艳的野花，小径尽头，是一片宽广的荷塘。路边，杏黄的狼牙旗在蓝天下飘动，红彤彤的大鼓，架在木架上，端头的鼓面，翻腾着猛犬的图腾。参差错落的，是茅草的屋宇，墙面上，奔腾着狼犬和围猎的图画。抬头远观，山顶上的寨墙，随着山势起伏，齿牙的垛口边，犬狼图腾的旌旗在风中招摇。这些都展示着，历史上的义渠戎国，曾经是崇拜犬狼的一个民族。

公元前 318 年，楚国兰台宫文学侍臣屈原，替楚怀王分析天下形势时决断地说："秦乃虎狼之国"。果然，强秦在后来吞并诸侯、一统天下的征战中，其虎狼之师所向披靡，横扫六军如卷席，其狼性展露无遗。然而，本居关中的农业民族部落，强秦之"狼"性，从何而来？

当年，周之先祖在武功邰地一带生息，遭夏桀的威胁与侵犯，不得已离开邰，率族群迁徙至如今的彬县、长武、庆阳一带的"豳"地。到了古公亶父的时候，又从豳地，迁至关中岐山凤翔的周原一带。这第二次迁徙，便是遭到了当时西北方向的狄戎的威逼。其中，就包括"犬戎"等部族。

追踪"犬戎"这一名称，当和民族的图腾崇拜有关。犬戎，是一古代族名，又叫猃狁，古代活跃于今陕、甘一带，猃、岐之间。商朝时候，就有了针对包括犬戎在内的"减丁战争"，就是商王室在中原以西的陕、甘、青地区，每年发动一次旨在减少羌人数量的例行征伐。甲骨文记载了许多"伐羌""获羌""用羌"的事实。可以肯定的是，"东夷、南蛮、西戎、北狄"中，"西戎"的本来词义是"对西方周期性用兵"，后来才慢慢转义为"用兵的对象"，成为西方少数民族的汉语名称。周朝鼎盛的时期，周穆王曾经远征西部。获"四白狼、四白鹿以归。"就是说周穆王俘虏了以白狼白鹿为图腾的部落。说明在华夏民族的周边，以犬或狼这类动物为图腾的兄弟民族，还有不少。

根据文献记载，犬戎族自称自己的祖先是二白犬，并以白犬为图腾。早在炎黄时期，犬戎族就是炎黄族的劲敌。范晔的《后汉书》中就有记载："昔高辛氏有犬戎之寇，帝患其侵暴，而征伐不克。"这里的高辛氏就是黄帝的曾孙，尧帝的父亲。据史书记载，犬戎的母族——古羌族也崇拜犬图腾。许慎在《说文解字》中说："羌，西戎牧羊人也。"因此，犬戎就是西羌，西羌包含犬戎，同时是以白狼或白犬为图腾的游牧民族。

试想一下，如果古公亶父当年没有受到犬戎的侵犯和滋扰，可能会仍旧待在豳地，安然地生活成一个小小的农业方国。那后来古老的周，也就不可能兴起。后来，武王伐纣，牧野之战，"战一日而破纣之国"的诸侯中，也有犬戎的队伍。整个周王朝，犬戎的日夜觊觎和不断滋扰，一直是西周王朝的心头之患。双方的时战时和，贯穿着西周的始终。最终，义渠诸戎虽然被周王朝打败了，但多年相互征战而得到汲取的游牧半游牧民族的骁勇和善战，注入了这个农业民族更多的雄性与武因。春秋战国时期，秦地和犬戎相接，秦与其在犬牙交错的较量中，"收获"甚多，这为其以后成为"虎狼之师"，横扫六国，建立秦朝，注入了王者的基因。刘邦建立西汉，犬戎后裔的匈奴，同样是大汉的心头之患。他们的存在，使大汉不得安逸，难以逍遥，而要在不断被侵略中激励斗志、居安思危。这以后直到隋、唐、元、明，北方游牧民族对中原农业民族的"犬戎式""相伴"，从来没有远离过。

历史经验反复证明，在中华这一块大地上，长期以种植业为主的农业民族在没有外来滋扰的情况下，会越来越变得"素"性，从而不自觉地沉淀下羊的绵软和善良；而长期以畜牧业为主的游牧民族，不断的抢掠和侵袭，追逐和撕咬，却会在野蛮与血腥中，教会了对象更多地具备了自卫与反击的能力。而这样不断的反复强化与补充，才能使得汉人这个农业民族，不断的孔武而得以强大与繁衍。

历史上，义渠人风俗劲勇，民皆习战，"修习战备，高上气力，以射猎为先"。他们"以战死为吉利，病终为不祥"，作战都是十分英勇。这也是义渠戎国能延续数百年的重要原因。义渠戎国实行全民皆兵，遇到战争，青壮男子都要上战场，于是造成了女多男少。义渠规定，同族十二世之后可以互相通婚，兄长死后，弟弟可以娶嫂为妻。义渠定居陇东高原后，开始从事农耕，逐渐发展成半农半牧民族。

义渠戎国的图腾崇拜是犬。图腾作为民族的崇拜物和民族标志，常常对这个民族的民族文化和民族心理，产生巨大而持久的影响。通过图腾研究，可以了解一个民族的历史和风俗，对认识一个民族的民族特点，具有重要意义。

战车

2016年年初，甘肃考古工作者在宁县发现春秋秦墓。石家墓群位于甘肃省宁县早胜镇西头村石家沟畔以西。截至目前，共发掘东周时期墓葬8座、祭祀坑1座、车马坑1座。车马坑平面大致呈梯形，东窄西宽，四壁斜直，口略大于底。车马同坑，殉车5辆，均为单辕。从发掘可见，春秋时期的车马，已相当发达。由于没有文字记载，石家墓群的发掘只能依埋葬习俗等暂定为春秋秦墓。从中不难看出当年生活在这里各个部落方国的军事实力。

东周车马坑——宁县早胜镇西头村石家墓群发现春秋秦墓。目前已勘探范围面积达15万平方米，共勘探古墓葬257座，时代以东周时期墓葬为主。在已发掘的8座墓葬中，墓葬形制为南北向竖穴土坑墓，随葬品组合上以车马器、铜礼（容）器、棺饰组合等为主。

先秦时代的车，分"小车"与"大车"两类。"小车"主要为戎车，用于作战；"大车"主要用于民间载物。战国时由于车战的发达，小车的制作很讲究，上面装饰有各类金属配件。那时大车被看作"平地任载之具"，只用来拉点笨重东西而已。商周时期的贵族有的把生前所用的车马连同驾车的奴隶一起殉葬，多的可达几十辆车。各地先后发掘的车马坑，即为说明。

《小盂鼎》铭文载，康王25年，犬戎和周人发生过一场规模很大的战争。在这次战争中，周人大败鬼方，俘获鬼方13 000多人，酋长3人，还俘获车、马和很多牛羊。在那个年代，能组织13 000多人的队伍，规模实在是很大了。令人注意的是，俘获品中，还有很多的战车。1980年，陕西长安县下泉林出土了《多友鼎》，从其铭文中可以看到，多友率领的周军，仅在两次战斗中，就缴获玁狁战车127辆。

在战国以前，车马是相连的。一般地说，没有无马的车，也没有无车的马。因此，古人所谓御车也就是御马，所谓乘马也就是乘车。古代驾二马为骈，驾三马为骖，驾四马为驷。《论语·季氏》中说："齐景公有马千驷"。不是说他有四千匹马，而是说他有一千乘车。马车之外，还有牛车。马拉的小车供贵族出行和作战，牛车一般就是运载货物用的。古老的义渠人，当时以半牧半农为主。畜牧业的发展，马牛羊的饲养及驯化，使他们很早就和这类牲畜建立了亲密的关系。在养马用马的过程中，人和马、马和人，形成了比其他民族都要融洽的人畜关系。义渠人亲近马、熟悉马、喜爱马、深谙马的生活习性，进而熟练掌握了驯马术与养马经。同时，久而久之，马这种畜生，在和人的长期接触中，在"人化"的过程中，也更多的富有了人性。这是义渠戎在多年的生活及征战中，能够得心应手地御马、驾驶马车的先决条件。

值得一提的是，义渠地面出产一种马，这种马劲悍威猛，竟然可以"食虎豹"。想想这种马驾上义渠精良的战车，冲进对方的阵营中，对方的马先望风披靡，对方的人也为威所摄，这种人马车的综合战斗力，自然所向无敌。当然这是一种传说，这种马后来也未见流传。但传说本身也说明，义渠之地有良马，应该是无可置疑的。

黄土

走在宁县，走在古老义渠戎国的土地上，才让人震撼地感到什么是真正的黄土高原！

"入河沟仰视，是山无疑，可登上山坡，极目却是一马平川。"黄土，无尽的黄土。这里的沟、川、塬、峁，扑入眼帘的，全是黄土。世界上最大的黄土堆积区就在这里，面积约为 62 万平方公里，相当于 45 个上海或 1 个法国；世界上最厚的黄土层也在这里，厚度达到 200 多米，相当于 50 层楼高。而兰州九州台的黄土堆积厚度竟可以达到

景色优美的董志塬——董志塬位于庆阳市中南部，在泾河北岸、马莲河和蒲河两大河流之间。它的黄土层厚度达 200 米以上，塬面面积 910 平方公里，南北总长 110 公里，东西最宽处 50 公里。盛产小麦、玉米、高粱、糜谷、豆类和油料等，素有"陇东粮仓"之称。

336 米；世界上最大的黄土塬——号称"天下黄土第一塬"的董志塬也在这里。其塬面面积 910 平方公里，在全国所有的黄土高原残原中，面积最大、保存最完整、黄土层最厚。"深谷峻坡山无峰，万顷平畴出横空；娲皇补天欲取土，始将峰巅移苍穹。"这是清末诗人李良栋眼里的董志塬。诗人大胆的想象，使董志塬形成罩上了神奇的色彩。

这里，有着无尽的黄土。黄土是这里最大的主宰。这里最不缺的是黄土，最珍贵的，也是黄土。黄土可以孕育生命。

传说女娲捏土造人。女娲用黄土，调和着溪水，捏成了一个个小人，放到土地上。用泥土做成的小人，一沾上脚下的地气，立时就活了——人就是这样由土变成的。在宁县，久远以来，孕妇生产有"坐土"说。谁家的媳妇"有啥"了，快要坐月子了，家里的老人或丈夫，会事先到有好黄土的崖面或深窑里，用老镢头挖取半担新鲜的黄土，在大太阳底下连晒两三天，或者就放在大锅里大火炒熟，然后用细筛子筛成"绵绵土"，仔细存放以为备用。宁县的一位叫王钊林的先生介绍说："临盆之日，婆婆们会将那土垫在炕上席下合适的地方，产后的月婆子们就裸坐在那隔席的土上，任污物被及时替换的黄土所吸收。于是，在混合着热炕、黄土和乳香气味的暖窑内，一个新的生命就壮实地长成了。""呱呱坠地"一词当然指的是降生，然而它的本意，可能就是这种生而坐土。新生的生命一离开母体，就被身下的黄土所接纳。那土无疑是来自于富有活力之气的大地。人们都是大地的孩子。他还回忆说："还有比'坐土'更玄乎的。那个时代的婴幼儿没有什么'爽身粉''尿不湿'一类的婴儿用品，孩子腿根'交裆'处的细嫩皮肤，经常会因沾尿而湿疹红肿，但只要及时擦上一点'绵绵土'，立马就能好。还有，过去的年月，孩子们的手脚被什么东西弄破了，大人们的办法就是在向阳的墙角捏取一点'绵绵土'抹上，不久就会掉痂长出新肉来。人们称那土叫'刀尖药'。"儿歌中唱："绵绵土，当膏药。今天贴了明天就好了！"这是以土为药……这无边无际的黄土，该有着怎样的灵性与活力！

坐土，这里的生命，就这样从黄土上诞生。皇天后土，孕育了这里的人类。当初，周的先祖公刘，率领他的族人，一路辗转，寻找着新的领地。他和族人们漫漫跋涉，探索寻找，来到了当时被称为豳的这一片土地。在这里，周的先祖像一粒种子，落进了肥厚的泥土。公刘和他的族人们停歇了、驻足了，在这里定居下来。于是，东方古老的华夏民族，开始从这里生根、发芽，继而迁徙、壮大，开始了它的"绵绵瓜瓞"。黄河、黄土、黄种人；土生、土长、民族梦。东方一个伟大的民族，从这里走出了。

这一块神奇的土地，孕育了中华文明。这是一块宝地。华夏民族的根，应该在这里。

土生人，土也养人。这里的人，一生也离不开黄土。即使死了，也要回归黄土，化作土中的一分子。宁县石家墓群的考古发现，古老周秦的墓穴，从今天的地面到墓底，深度竟达 9 米。先秦的人，把自己的祖先，深深地埋在厚厚的黄土之下。哪里有这么好的黄土，哪里有这么好的魂灵皈依所在？生在这一块土地上的人们，是有福的了。

这一方土地上的人伴土而生，生下了，又伴随着四周的黄土而居住。周祖寄存在这一片土地上的时候，居住的形式是"陶复陶穴"，即窑洞。陶穴，即地窑，方坑之下，四周打窑洞；复穴，即在削平的崖面上，打出窑洞。这两种窑洞，都是深深的掘入到温馨的黄土里，在密实的黄土中，掘开一洞人类居住的"洞天福地"。黄土化成的人，就这样居住在黄土中间，和黄土朝夕相伴。岁月更迭，朝代更换，这样的居住，一住就是几千年。

对于黄土高原上的窑洞，尤其是地坑窑，世界著名的建筑家们，目睹之后都是惊叹不已。韩国的建筑学家，在现代材料大肆充斥和滥用的今天，对于黄土的建筑材料，倍加推崇。他们研究，人能居住在用原汁原味的黄土砌成的墙里，用黄土做成的地面，睡在用黄土为材料制成的床上，于人体的神经系统、内分泌系统等，都有着神奇的调节与强化作用。黄土是天然的、与生俱来的，是与人类生活最为亲切和匹配的建筑材料。这样的材料，黄土高原的人，祖祖辈辈就在享用。他们天然地占有了这一片资源，敬畏它、尊重它、顶礼它、膜拜它。黄土，也赠予了高原的人生存生活绵绵不尽的福祉。

夏秋的清晨，站在黄土高原的沟畔上，那气势磅礴的千沟万壑，雾岚缭绕，景象斑斓，氤氲、蒸腾着的，是蓄积了一夜的地气。此时，饱满的地气在朝阳升起的时节，调集、涌动、聚会、融合、汇集起来，随着旭日，冉冉升起。这无尽、宏大、温润、沆砀，不绝如缕、丝丝而生，出千沟、起万壑、目之催人振奋、揽之却又无形的黄土地气，千万年来，生之、笼之、噬之、氲之这一方大地、水土，以及这一方大地上的生灵。它育精灵、化万物，使每一种脚踏土地、根植土地的生物，得地气之福泽，绵绵久远。

珍贵的，是这一片无尽黄土地上、蒸腾不尽的黄土地气。

接上这样的地气，人健康、强壮、生命力旺盛。

接上这样地气，国家兴盛、吉祥、生民安康。

接上这样地气，民族强大、发达、德福双旺。

义渠古国这一片无尽的黄土地，福佑着它的后代子孙，吉祥到永远！

风雨庙咀坪

李战民

深秋时节，层林尽染，落叶缤纷，正是一年之中最美丽的季节。

怀着对活跃在西部古代先民的敬畏之心，我与数十位陕西的历史专家、文化学者，奔赴美丽的陇东大地，专程寻访两三千年前的义渠古国。车子从西安出发伊始，天空即下起绵绵秋雨，潮湿中掺杂着丝丝凉意，不由得让人感叹风雨之无情和历史之沧桑。

一

中华民族是由众多民族长期演变、融合而成的大家庭，已有五千多年的文明史。古代中国，曾经出现过许多神秘古国，比如夜郎、楼兰、大理、西夏等。可惜它们都在残酷的生存斗争中，被历史的洪流所湮没，仅留下简短的记载和传说，义渠戎国就是其中的一个。从文献记载和专家学者的研究中得知，义渠民族是我国历史上一个重要的少数民族，也是融入华夏的少数民族。义渠戎国在长期的生存竞争中，创造了自己光辉灿烂的文化历史，成为中国文明史的重要组成部分。义渠民族从商代武乙年间建部落方国算起，至秦昭襄王时共存史八百余年，其中在庆阳建立部落制君国（前772—前272）历时五百年之久。其间，既与周边邻邦有过和平相处，也与强邻周秦有过殊死抗争，由此上演了一幕幕波澜壮阔的历史话剧。

知晓一个古代邦国历史，首先要弄清其都城之所在。那么，义渠国都的具体位置究竟在什么地方？一度引起许多专家学者的关注。20

世纪 90 年代中期，庆阳师专副校长兼历史系教授李仲立、庆阳地区博物馆馆长刘得桢两位专家，曾经对此做过深入研究，他们在《甘肃宁县西沟发现义渠国国都遗址》的考察报告中认为，义渠都城遗址位于董志塬南部塬面上。此处北距庆阳市 30 公里，东南至宁县县城 25 公里，南距泾河川 35 公里，今属宁县焦村乡西沟和森王两村之地。

此后，另有不少专家学者提出许多不同看法，诸如"义渠故都即宁州城"之说、"寨子河"之说、"西峰附近"之说等，一时众说纷纭、莫衷一是。随着对义渠戎国历史文化研究的不断深入，"义渠故都即宁州城"之说，日益得到广泛认同。甘肃省地方史志办公室原副编审薛方昱先生从文献史料、地形环境、出土文物等三个方面进行研究考证后认为，春秋战国时的义渠国都，就在今宁县县城西北 1 公里的庙咀坪。他在《义渠戎国新考》一文中对"西沟说"提出质疑，认为以地形言之，董志塬为高而平的大原，远离河水，又无险可据，设立都城似不可能。另外，查陇东春秋战国时的故城，如密国都城（今灵台县西 20 公里的百里）、共国都城（在泾川县北 2.5 公里的水泉寺）、郁郅城（今庆城县城），均建在河谷阶地，义渠都城当然不会例外。就交通而言，古代关中通往塞北的故道途经今宁县、合水、板桥、庆城、环县一线。而义渠故城如果位于宁县城西北 30 公里的董志塬上，则既缺水，又无险可据，交通也不方便，因而不具备建都的条件。

学者们这种对历史负责的精神，着实令人敬佩。正是由于他们的执著，才让义渠戎国重新回到人们的视野。这种学术争论也许还会继续进行下去，但目前大家普遍认为，义渠戎国都城无疑是在宁县地域，这为当地大力发展以义渠文化为特色的文化产业经济提供了难得的历史机遇。

二

随着"一带一路"建设的推进，西部这块神奇的土地，再次引起人们的关注。而在历史上，曾经与强秦抗衡数百年的义渠古国，就成为一个绕不过的话题。从政治、经济、军事、文化、习俗等方面深入探究义渠古国的生死存亡，集众人之智，编撰一部为义渠戎国树碑立传性质的专著，就成为我们此行的重要任务。作为采风团的一员，从来到宁县的那一刻起，我就努力寻找自己的视角和切入点，以便能够更好地完成写作任务。让我意想不到的是，这里似乎早就与我有着某种联系，只是一直被尘封在时间的长河里等待机缘。

宁县古称豳、邠州，因古豳国城而得名。说起古豳国城，历史自然要延及先周。夏末，周先祖不窋自邰北迁，来到邖地（今庆城县），历经其子鞠陶一代。不窋的孙子公刘，带领族人一边发展经济积蓄实力，一边寻求新的居住地。《诗经·大雅·公刘》言：公刘"陟则在巘，复降在原。""逝彼百泉，瞻彼溥原。乃陟南岗，乃觏于京"。其意是说他和族人从"邖"迁"豳"，利用宁县庙咀坪易守难攻、取水方便、四周平原适宜耕种的地理优势，与族人一起拓荒务农，从事农耕，在此建立古豳国，国都就在今宁县庙咀坪。《史记·周本纪》称此地："周家立国之本""周道之兴自此始"。

四百余年后，到古公亶父这一代，由于西边义渠等部落不断侵入豳地。于是，古公亶父像他的先祖一样，再次派人另觅新地。古史记载：古公亶父厚置仁德，所以他不愿和戎族打仗，而是极力主张南迁岐山。他还把自己的长女嫁给赤乌代季绰为妻，并封其为赤乌氏国王。《诗经·緜》也说："古公亶父，来朝走马。率西水浒，至于岐下。"古公亶父率姬姓氏族二千乘，循漆水逾梁山来到岐山（箭括岭）脚下的周原（今宝鸡岐山县，史称西岐），实现了先祖回归关中的愿望。

但周族的真正崛起，成为中国历史上建国八百年的分封制王朝，还是周人从岐山迁到沣水两岸后的事情。《诗经·大雅·文王有声》："既伐于崇，作邑于丰。"即沣水西岸的丰京。此后不久，公元前1046年，周文王的儿子周武王又在沣水东岸建立了镐京，正式开启了西周的历史。武王虽迁于镐，而丰宫未废，仍为全国政治、文化之中心。据《诗经》等文献记载，周王室还在沣水西岸建有辟雍、灵台、灵沼等礼仪和游乐性设施。

而我的家乡，就位于沣水岸边周都镐京之地。儿时的我，每次眺望沣河西岸高大雄伟的那座平台，无不充满好奇。平台上，建有一座平等寺，每年农历正月二十庙会，方圆十五公里的人都来此烧香跪拜，祈求神灵保佑，谁也没有注意这座平台的非凡历史。及至长大，读到《诗经·灵台》："经始灵台，经之营之。庶民攻之，不日成之。经始勿亟，庶民子来。王在灵囿，麀鹿攸伏。麀鹿濯濯，白鸟翯翯。王在灵沼，于牣鱼跃。虡业维枞，贲鼓维镛。于论鼓钟，于乐辟雍。于论鼓钟，于乐辟雍。鼍鼓逢逢。矇瞍奏公。"这才知道高台原是周文王兴建的用于观测天象的灵台！从此，敬仰之情历久弥深。随着岁月飞驰，这已成为我每次回到故乡的心灵寄托。

这次来宁县之前，我对先周的历史又做了些功课，知道周人最早发迹的豳地中心，就是我们要去的宁县，既感到兴奋和激动，又充满敬仰和向往。及至宁县后，每到一处，都有一种说不出的亲切感，仿佛置身在自己故乡的感觉一般，不由生出许多联想。比如，周人和戎族的关系，真如史书所谓周人尚德，不愿兵戎相见、生灵涂炭吗？怕也未必。可能有这方面的原因，但更多的则是在不断强大的义渠族侵扰下，被迫采取的一种措施。又比如，周人虽早就离开豳地回到关中，但仍然摆脱不了戎人的侵扰。西周末年，犬戎攻入丰镐，击杀周幽王，西周灭亡，而丰镐遭毁，就像今天的庙咀坪一样，仅有遗址供人凭吊。这是历史的偶然，还是必然？怕是无人能说得清楚。就像我和宁县的关联一样，看似偶然，其中定有某种必然的联系。否则，我怎么会与宁县结缘，又怎么会专程来此寻访义渠古国，走进周人曾经建都的"庙咀坪"呢？

三

庙咀坪，亦称庙嘴坪，位于宁县县城，横亘于城外一条高耸的独立土梁峁，高约 40 米、南北长约 800 米、东西宽约 200 米，整体略呈梯形，顶部平坦可耕，两翼护坡陡峭，多由人工切削挖掘而成，护坡上人居窑洞颇多。放眼远眺，但见庙咀坪背靠北山安定古关，右傍马莲河，左依城北河，与老城、新区、三江两岸，交相辉映，浑然一体，堪称一方风水宝地，千百年来，早已成为仙家看中的庙宇香火旺盛之地。

庙咀坪——又称公刘邑、公刘坪、古豳国城、义渠戎国都城，位于宁县新宁镇庙咀村东北 100 米。面积约 8 万平方米，文化层厚 0.5~3 米，暴露有房址、灰坑等。遗址保存较好，对研究这一区域的文化发展有重要价值。

登上庙咀坪，大半个县城尽收眼底。九龙广场和龙珠岛相互辉映，坐落在三河汇聚之处，宛如一艘超级"航母"。它与庙咀坪上的古豳国遗址公园一样，成为外地游客和县城居民休闲、健身、娱乐的好去处。深秋时节，庙咀坪上林木扶疏，花草五颜六色，异彩纷呈，将庙咀坪装扮得分外妖娆。特别是在面向县城的古豳国遗址标志牌旁，有一株高大、茂盛的古槐树，从根部起就分成两大躯干，耸立在危崖岸边，犹如一对相互扶持的夫妻！而众多的枝丫树冠，则像一个子孙满堂的大家族，在秋风的吹拂下，洒下片片泛黄的落叶，仿佛在向人们诉说庙咀坪数千年的风雨沧桑。

在宁县义渠文化研究院院长于祖培的引领下，我们穿过宁县烈士陵园，漫步在庙咀坪的中心地带。于院长边走边介绍说，庙咀坪是甘肃省为数不多的著名古文化遗址、省级文物保护单位。据1986年出版的《宁县志》记载，义渠戎国在宁县县城西北，曾经在庙咀坪建国定都。虽然此说目前尚有争议，但历年考古发现，庙咀坪下有深厚的文化堆积层，最厚处达3米。在这个堆积层中，包含了仰韶、齐家、周代、汉代等文化层，一直延续到明清时期。其历史名字也有好多个，公刘邑、公刘坪、古豳国城、义渠都城等。后来成为秦汉以后的北地郡、义渠县城和宁州城。历经数千年的风风雨雨，遗址陈陈相因、几经易主，坪南竟成为古刹庙宇重地，遂被近人称为"庙咀坪"，而遮掩了它最初的古都荣光。我们的使命就是揭开笼罩在庙咀坪上的神秘面纱，使其从历史的深处走向当代的前台。

诚如于先生所言，庙咀坪的文化层相互重叠在一起，异常错综复杂，致使这个重要的文明宝库，留下了众多难解谜团，亟待专家学者研究破解。这里曾出土大量新石器时代庙底沟类型的仰韶文化及齐家文化遗存，说明早在5000年前，此处已是先民居住的理想场所。特别是建都这件事情，不论古今，都是事关国家根本的大事。"京师者何？天子之居也。京者何？大也。师者何？众也。"《春秋公羊传》早就指出国都为"天子之居"和"王师"所在，即王朝的政治、军事中心，其重要性可想而知。《管子》也说："凡立国都，非于大山之下，必于广川之上。高毋近旱，而水用足；下毋近水，而沟防省。因天材，就地利，故城郭不必中规矩，道路不必中准绳。"细观庙咀坪之地形，正符合古代建城的这些要求。它依山傍水，近水而不受其害；高而平坦，正宜作小邦之都。

四

历史往往有着惊人的相似之处，我们不妨看看后世王朝建都的历史。就拿中国四大古都西安、洛阳、南京和北京来说，哪一座城市不都是有多个政权先后在此建都吗？西安古称长安，是举世闻名的世界四大文明古都之一，也是中国历史上建都朝代最多、建都时间最长、影响力最大的都城，素有"十三朝古都"之誉！包括曾经与义渠族长期角逐、生生不息的周、秦王朝，也都建都于此。洛阳有"九朝古都、八代陪都"之称，南京则为"六朝古都"。北京最早见于文献的名称叫做蓟。西周及春秋战国时期，曾是北方诸侯蓟国与燕国的统治中心。以后相继成为辽、金、元三个少数民族政权的首都。接着，明、清两代和新中国也都利用前代已有的都城规模，就地设立自己的新首都。

以此推论，庙咀坪在周人迁岐之后成为义渠戎国的都城，不但顺理成章，而且很可能是"鸠占鹊巢"的义渠人早就觊觎的。何况古时生产力落后，建城并非易事，既然周人已经南迁，留下一个现成的城郭，义渠人只要对其稍加修整就可定居，何必另起炉灶再建新都？退一步讲，即便不作新都之用，义渠人恐怕也不会轻易放弃此城，他们会像后来周人在丰京旁边新建镐京那样，在附近兴建新都城而不废弃旧都城，也不是没有可能的。当然，这只是我的大胆推测和猜想，还有待于考古学家的小心求证。

今天，庙咀坪上的古代城郭，虽然早就夷为平地，可追寻的东西似乎也没有多少。仍让我欣喜不已、浮想联翩。尤其是从西安出发时不断飘洒的秋雨，在我们登上庙咀坪的当天竟然停歇了，天也难得一晴，使我们尽情欣赏了宁县美丽的景色，得以顺利完成前往莲花池、古柏庙、早胜石家墓群发掘现场等地的参观考察工作。可是，第三天下午结束考察返回时，天气突然降温，山川原野又处在蒙蒙细雨之中！呜呼，自然界的风雨可以来去无常，历史的风雨又何尝不是这样呢？就像这庙咀坪，周人走了，义渠人来了；义渠人也走了，强秦又来了……。如此走马灯似的，直到明清！这里竟沦为庙宇林立的道场！然而，庙咀坪依旧迎着风雨，承载、创造和诉说着历史的沧桑！

五

庙咀坪是幸运的，庙咀坪是不同凡响的，庙咀坪注定不会沉寂，它的厚重历史永远会引起世人注目。

据悉，正在规划建设的"宁县义渠文化园"项目就锁定在庙咀坪独立的土梁峁上，东至永馨花园、南至九龙广场、西至马莲河、北至北山顶，总占地面积达 3428 亩。该项目从 2016 年到 2020 年，计划投资 7.9 亿元，围绕宁县义渠古城遗址，将全景展示义渠政治、经济、军事、生产、生活、礼仪和风俗，打造中国义渠文化园独一无二的看点，使其成为国家 5A 级景区，全国独具特色的义渠文化参观旅游胜地。

目前，项目虽然还在论证和筹备阶段，但无论从整体规划、投资规模、占地面积来说，还是从历史定位、发展前景来看，都是令人惊叹和非常振奋的。我们相信，随着项目对义渠戎国历史文化的复制再现，这里一定会成为人们更加关注和向往的旅游热点。

就义渠国故城遗址致竹由先生书

刘　政

　　竹由先生，久违尊容，念意日浓。本想就义渠国故城遗址问题，当面聆听先生指教，并同席啜饮，以叙旧话。怎奈先生度假三亚，不便远途来访，故致此书，以陈拙见。先生为庆阳历史文化沥血日久，著述等身，频出高见，想来不会与吾辈计长短，所言有得罪处，还望见谅。

　　据《竹书纪年》记载，义渠族在商代武乙年间，就在今庆阳一带活动，作为中华民族的一个分支，不谓不古老。然两汉以来治史之辈，却以中原唯正统，将中原以南民族以南蛮相轻，将中原以东民族以东夷相蔑，将中原以北民族以北胡相鄙，将义渠族称作义渠戎，义渠国称作义渠戎国。如今，经过几千年的民族大融合，煌煌中华，已血脉一体。故而在论述义渠国和义渠族时，去掉您论文中平时所用之"戎"字，想来也不会见怪。

　　义渠族在商朝和西周早期的四百多年间，在今固原、平凉、庆阳一带活动，先生的考证证据确凿，和国内绝大部分学者意见相同，后学深以为幸。义渠族在春秋战国时期的四百多年间，活动的中心以庆阳一带为主，由于他们向周人学习了一定的农业生产技术和手工业技术，生产习惯和生活习惯，逐渐由以游牧为主向半牧半耕转变，由游移不定向以定居为主转变。先生之论证，以庆阳近多年所出土之文物为证，得到多数专家肯定，我亦为先生的严谨和博学而感骄傲。然而关于义渠族在庆阳一带建立方国时，其国都的具体地址，先生言不在今庆阳之宁县县城，而在宁县焦村镇西沟村，晚学实在不敢苟同。我不是说旧有《读史方舆纪要》《太平寰宇记》《括地志》之记载，新有《陕西省省志》《庆阳通史》《庆阳市志》之录存。自古史志记事，并非完全正确，大家论述，也非没有错讹，真理并非全在权威手中，而况"百花齐放，百家争鸣"乎！

　　新近有幸赴长安，拜访了雪仿玉前辈。一提义渠方国古城遗址，白发苍苍，慈眉善目，和蔼可亲的长者，突然激动了起来。老前辈为"义""渠"两字，研磨藏语十有六年，并亲临甘南川北考察藏语口语，得出的结论是："义"在藏语中作"四"讲；"渠"者，水也。义渠即四水。由于义渠族的前身和藏族的前身都是古羌族，因而藏语中保留了相当多的古羌语，照语言的演变规律推算，义渠族语言中也保留了大部分的古羌语，"义渠"在义渠语中的意思应该和古羌语中的意思相同，亦四水也。老前辈又就"渠"字的篆字结构和演变过程作了考证："渠"字下面的"木"本作"水"，"渠"即四水围城也。就是说义渠国的国都，在一个四水围城的地方。根据这些考证，老先生认为，义渠国的国都就在宁县县城的庙咀坪。庙咀坪西有马莲河滔滔日夜，东有宁江水汩汩春秋，左有九陵水凌凌注入，右有水门沟潺潺灌进。然西沟村地处高塬，何四水之围也！听此一言，吾深为老前辈耿耿之情所动，不知先生您作何感想。

　　又就先生旧作及庆阳多数学人之观点，周先祖公刘所建之古豳国国都，就在今宁县县城之庙咀坪。周人不堪义渠族之袭扰，才在古公亶父之辈，南下岐山，古豳国城就此被义渠族所得。纵考周人建城理念，必背山面水，易守难攻，近于水以便人畜兵马之炊饮，郊于田以利农人耕夫之耙犁。庙咀坪北依北山，掘壕堑可守，修栈道可进。东、西、南三面临水，削山为城，战时居险以自卫，平时取水以给养。北辐南义塬，西临董志塬，东接春荣塬，南毗旱胜塬，四塬皆为沃土。右连马莲川，左勾襄乐川，面濒九陵川，三川都是良田。故周先祖公刘选此处建京立国。西沟村背无依靠，面无险据，平时无水以养百姓，战时无水以屯兵马，何以立国？义渠族既得周城，何不趋利避害，以就庙咀坪也！

先生多次到焦村镇西沟村考察，所据者"周、秦、汉瓦片"之遗存也，可证者比较完整之古城遗址也。不知先生可曾到过庙咀坪，庙咀坪文化层深至两米，仰韶文化、齐家文化遗存俯首可拾。特别是庙咀坪出土之方砖，夹砂回纹，几何图案，经文物专家鉴定，此乃春秋战国时王宫铺地之砖也，与秦都雍城、魏都安邑、齐都临淄、楚都郢城出土的残砖图形完全一致。义渠国在战国时，与魏有交，与秦有往，引进这种王宫用品当是自然。况庆阳境内有"周、秦、汉瓦片"遗存之古城者多矣，先生何独钟西沟村？而出土此等方砖者，独庙咀坪也，先生又何视而不见乎！

竹由先生，清明一至，义渠古城绿柳婆娑，红杏若云，细雨斜风，百鸟鸣啭，然早晚还有凉意。待得谷雨，川上塬下，将麦浪逐起，万亩油菜吐黄泛金，千树桃花夭然怒放，清风温润，骄阳送暖，诚望先生抽暇光临。我将陪侍先生重访西沟，再登庙坪，当面聆听指教。或可约得三二挚友，桂花园踏访秦直道，九里沟探幽鹿鸣谷，品茗吟咏，以度春光。

丙申清明，北地黔首谨再拜。

从游牧文化到农耕文明

高全成

  黄土高原是中国四大高原之一，也是中华民族古代文明的发祥地之一。对此我并不陌生，从我的出生地陕西甘泉，到我的生长地陕西黄龙，再到我的老家河南孟津，都在黄土高原上。面向黄土背朝天，曾是我们祖先数千年不变的生活。由于黄土高原土壤结构松散、植被缺乏、干旱缺水、水土流失、土地贫瘠，早已被经年累月的雨季洪水冲刷成了"塬梁沟峁"，沟壑纵横、残破不堪。在国家实施西部大开发后，退耕还林、小流域治理、三北防护林建设等工程，植被得到极大恢复，生态变得更加多样，让我神思已久。在我的记忆中，最大的塬面是从西安到延安途径的洛川塬和郊道塬，直到这次为追寻古豳地义渠戎国的历史而踏进甘肃宁县的早胜塬、董志塬，才发现这里还藏着如此巨大的塬面，在一望无际平坦的塬面上，刚出土不久的小麦、油菜像一床绿油油的棉被，覆盖在厚厚的黄土上，孕育着来年的丰收。怪不得从上古至今，就有不少中华民族的子民先后来到这里，生生不息的演奏出一场又一场中华文明大融合的壮丽乐章。

豳地的由来

  2016 年 10 月 26 日，一大早，我们这群来自西安的义渠戎国探寻者就在当地文化部门领导的陪同下走向古豳国遗址、走向早胜塬。近日一直淅淅沥沥下个不停的秋雨，不知在什么时候已经停下，连太阳也露出了半个笑脸，似乎在特意关照我们这些远道而来的探幽者。

这里风清气爽、冷热适宜，雨后的空气里，不时散发出丝丝裹挟着泥土味的青苗芳香，远处田园屋舍尽收眼底，让我如归故园，悠然自得。既听不到从远古传来的声声战鼓、阵阵喊杀，也看不到曾经的猎猎旌旗、滚滚战车，更感受不到当时的人仰马翻、血雨腥风，不由不对这个戎狄和周人秦人几千年前厮杀征战、我进你退、犬牙交错、融合发展的古老豳地产生怀疑。

这个"豳地"从何而来？最早的史实是夏朝孔甲帝时期（前1704—前1674）不窋（zhú）放弃后稷职务由邰（今陕西武功县西南，杨凌一带）沿泾河北行至"豳地"，这些夏朝来的后稷的后代就成为最早的"周人"，定居于戎狄之间（泾河支流流经处，董志塬北端，其北为狄，其南为戎）。可见这个"豳地"早于夏朝孔甲帝时期，当源于戎狄。

而这个戎狄又从何来呢？《史记·五帝本纪》中记载："三苗在江淮、荆州数为乱，于是舜归而言于帝，请流共工于幽陵，以变北狄；放欢兜于崇山，以变南蛮；迁三苗于三危，以变西戎；殛鲧（jí gǔn）于羽山，以变东夷；四罪而天下咸服。"《后汉书·西羌传》曰："舜流四凶，徙之三危，河关之西南羌是也。"注云："三危山，在今沙州敦煌县东南，山有三峰，曰三危也。"流放于三危之地的三苗，与羌相融，也称羌戎，其中一个分支就游牧于宁夏固原草原和六盘山、陇山两侧的山水之间，而狄当在更远的北方。"义"为四，"渠"为水，居住于四水环绕的宁县一带的"戎"就称义渠戎，这个"豳"字就源于他们的狩猎活动。义渠戎以游猎为生，从草原进入沟壑纵横的半塬半山区，就分组在山间围猎野猪，这个"豳"字就是山间野猪，听着围猎中发出的响声或者猎取野猪后发出的信号声，将其发音定为 bīn，这也许就是"豳地、豳国、豳州"的来源，也是诗经反复吟诵的"豳风"（《豳风》是豳地一带民歌，共七篇，产生于西周豳地，是《国风》中最早的诗）。

吸引周人来到这"豳地"的，大概不是狩猎野猪的"豳豳之声"，而是这广袤无边的黄土高原。周人先祖不窋将中原华夏的农耕文化带到戎狄之地，教民稼穑，饲养牲畜。在多年的杂居过程中，相互影响、相互学习、取长补短，应该是一个常态。最好的见证就是在今天的宁县依然保留着"放猪"的习惯。

众所周知，放牧是家畜饲养方式之一，也是最经济、最适应家畜生理学和生物学特性的一种草原利用方式。小时候，我自己也干过放牛、放羊的事，今天在关中平原等地，仍然随处可见。但"放猪"却已很难寻觅到它的踪影了。待到走入宁县，才发现这里居然还保留着这样的习惯，似乎伸手就触摸到了远古义渠戎国游牧文化的气息，感受到它就在你的身边活灵活现。

塬上的大墓

走进早胜塬早胜镇西头村一组石家沟畔，一片正在发掘的古墓群展现在眼前。这是 2016 年初甘肃省文物考古研究所开始发掘的一大型东周时期墓葬遗址，目前已勘探范围面积达 15 万平方米，该范围内共勘探古墓葬 257 座，以东周时期墓葬为主。追溯历史除了有限的文字记载以外，最有说服力的证据就是"考古发掘"。而考古中占比最大的就是古墓葬。真要感谢那些创建了墓葬文化的祖先们，将文化的点点滴滴融进各种器物随着先人的尸骨埋葬在地下，待后人发掘去追思那个遥远的时代，去复原那个时代生活的场景，去回顾那个时代的政治经济文化形制，去将顺先人蹒跚而行的历史脚步，去感叹先人创造的灿若星辰的文明。

可惜义渠人崇尚火葬，像现代人一样一把火烧成灰烬，不给后人留下任何追踪历史的机会。但由于他们曾经和周人、秦人等民族长期共同生活在这片土地上，因而，提示我们可以从其他的考古发掘文物上旁引别证。在目前出土的这些文物上，能够看到义渠的游牧文化与周人带来的华夏农耕文明相融合的器物，就是一樽用于祭奠的礼器——双耳三足"鼎"。双耳的鼎是游牧民族用于煮肉的器具，双耳穿绳架起在火上煮肉。有了三足即可"落地"，再与灶相连去足便成了"釜"，是农耕文明的体现，逐渐演变成今天我们所用的锅。作为器具的鼎应该大得多，而这个小巧玲珑的精美器物显然是用作祭奠的"礼器"，这就说明在那个时期"礼已成章"，不仅是"口传心授、身体力行"的传承，而且已成体系、

战国单耳红陶铲足鬲
（良平乡尚洼村出土）

战国双耳红陶铲足鬲
（早胜镇征集）

战国双錾灰陶铲足鬲（春荣乡徐家村董庄征集）

陶器

规章、制度，成为这个地区的人共同践行的礼仪。而这种文化的传承，正是四大文明古国唯中华民族至今屹立于世界的根本。在历史上，曾经有多个民族入主中原，但最终都被同化在这个博大包容的文化海洋里。而这个小小的器物就承载着戎狄与周人的民族文化融合信息，看着它就仿佛看到一幅义渠人从狩猎游牧、架鼎煮肉，一步步走向躬耕农田、栽麻植桑、垒灶煮饭、神庙祭典的民族文化大融合的历史画卷。

遗存的地窖

在早胜塬的许多地方，还保留着一种古老的居住方式——"地窖"。这也是此次行程中，让我记忆犹新的事情。

地窖式民居——亦称天井式窑洞，又名"地坑窑"，为窑洞式住房的一种样式。在平地上，凿掘方形或长方形平面深坑，沿坑面开凿窑洞，内有各种形式的阶道通至地面上，如所在有天然崖面，则掘隧道与外部相通。流行于北方黄土地区。

这种地下窑洞，也叫"地坑窑""天井窑""地阴坑"，是在平地上凿掘方形或长方形深坑，沿坑面开凿窑洞，内有各种形式的阶道通至地面。广泛分布在豫西、晋南、渭北、陇东等黄土地区。被称为中国民间"建筑奇迹"，中国北方的"地下四合院"，也称"凹在地下的村庄""人类穴居的活化石""刻在大地上的符号"，它是中华文明长河中建筑历史遗产的精彩篇章。小时候在洛阳孟津老家，曾经到同学家里的地窑里逗留过，冬暖夏凉是它最显著的特征。与现在的空调相比，更自然、更舒适、更节能、更环保。现在渭北的许多地方依然有大量遗存，但却很少有人住了，倒是在宁县的早胜塬上，依然有人居住，引起了我们几个考察组同伴的关注。我和他们通过一个坡道，走进距离地面深达五六米的地窑院中，院内有狗看门，还养着鸡和猪。主人见有人入内，赶忙从屋里走出，将狗喝住热情迎接。在原始、古朴之中，有一面架在土窑外的微波接收天线，格外引人注目，似在告诉来者，历史已从远古时代走进信息时代，虽然人们还住在地窑之中，但并不妨碍他们享受现代化的生活。

不由感叹，这三四千年的历史跨度，被他们在文化的延续中一步跨越！

融合的历程

站在早胜塬上，回望羌戎、周人、义渠人、狄人、秦人走过的路程，你会看到中华民族自古以来就不仅仅是一个"华夏""汉人""唐人"，而是无数个民族融合的大家庭；中华文化自古以来就不仅仅是一个"中原文化""汉族文化"，而是各族人民在中华大地上劳动、生息和斗争中共同创造的历史文化，是无数个民族文化融合传承的结晶！无论是刀兵相见还是和睦相亲，无论是你争我夺还是交易互利，无论是高墙深堑还是杂处共居，都是民族与文化交融、创造、传承、发扬、光大的形式，推进了中华民族文化的发展。

其实战争也是民族融合的一种方式和路径，抱团是为了生存发展，抱团久了加上地域分割就形成了"民族"，就有了各自为政，就有了相互对垒，就有了阴谋诡计，就有了攻伐厮杀。能在历史上留下痕迹，能把这个痕迹一直留存几千年的，一定是一个曾经辉煌、曾经强大、曾经横扫千军不可一世的民族。比如这些混战、混婚、混了风俗习惯在这早胜塬上的义渠人、狄人、周人、秦人。

而这些大牌儿、大腕儿、大款儿、大鳄之间的风风雨雨、打打杀杀就书写了一部历史，一部革命的历史、一部文化的历史、一部战争的历史、一部吃喝拉撒的历史、一部鸡鸣狗盗的历史、一部生死轮回的历史、一部你来我往的历史、一部更朝换代的历史，更是一部民族融合的历史、文化融合的历史、中华民族生生不息的历史、中华文化源远流长的历史。

打打杀杀完了，成王败寇也罢、割地赔款也罢、互压人质也罢、和平共处也罢，总还是要生存下去、发展下去、延续下去，到哪天物质财富极大丰富了，人民精神境界极大提高了，每个人自由而全面发展了，各民族各国家和谐共容了，"任何人不能用财产来无偿占有他人的劳动，任何人不能用权力来剥夺他人的权利"，共产主义也就实现了。有人说这是"地平线上的一抹霞光"，美丽耀人却不可能实现，但有了这一抹霞光人类就有了期望、有了理想、有了灵魂，有了指路的明灯，有了前进的方向。"世界大同"这是从古至今的梦想，也是引领人们走向光明、走向幸福的灯塔！

走在早胜塬上，你会听到沙沙的风声中若有若无的刀枪剑戟碰撞；你会看到蒙蒙雨雾中若隐若现的婚嫁队伍的彩旗飘扬；你会闻到若实若虚的神庙中香火袅袅；你会感受时断时续的或耕作或经商或征战的人群在你的身边匆匆奔忙……蓦然回首，你就实实在在的站在这块承载着历史、传播着文化、标志着中华文明融合、创造、进步、发展的坚实的大地上。

是啊，在五千年漫漫长路上，各民族通婚血融在了一起，各民族杂居习俗融在了一起，各民族相互学习文化融在了一起，你中有我，我中有你，共同进步成长，在一路的磕磕绊绊中融合成了这中华民族，形成了源远流长的中华文化。是啊，当你漫步在祖国的胸膛，你会感到历史的漫长；当你抚摸祖国的脊梁，你会触到成长的沧桑；当你拥抱祖国的乳房，你会体味生命的强壮；当你走遍祖国的山山水水，你才知道这沧桑就是辉煌！

家在董志塬

吕　锋

　　从部队转业到百年名校西北大学至今，已经整整十八年了。在这座素以文史著称的高等学府里，终日与专家教授为伍，深受文化教育熏陶，在潜移默化之中，我也对人文地理、历史掌故等产生了浓厚兴趣。2016 年 3 月，适逢家乡召开"首届中国·义渠戎国历史文化研讨会"，应邀与黄留珠、赵丛苍、彭建英等我校几位老师一同前往，不但收获颇丰，也使我重新认识了家乡。

一

　　我的家乡在甘肃省东部的庆阳市宁县。此地东与子午岭，南与泾河与陕西省相接，西北、东南分别与合水县、西峰区及正宁县相邻，马莲河自北向南穿县城而过，为宁县最主要河流。宁县历史源远流长，文化底蕴深厚，是中华民族的主要发祥地之一，留下大量的文物古迹和遗址。

　　一是家乡为公刘南迁地南冈所在。在宁县城北河上那个高台叫庙咀坪，又叫公刘坪、公刘邑。为了周族和周老王在北豳开拓的事业得到更大的发展，公刘继承父业后，就着手向南扩展疆土。《庆阳府志》记："夏桀二十二年公刘迁豳。"《诗经·大雅·公刘》中有"逝彼百泉，瞻彼溥原。乃陟南冈，乃觏于京"的诗句，记述了公刘向南迁徙的经过。诗中的南冈就是今宁县县城西边的庙咀坪。公刘在这里营建了宫室，这就是著名的公刘邑。南冈地势优越，三水奔汇，四原辐辏，以此为基点，公刘率领周族人民大力发展农耕，取用日渐丰足，很快便发展成为一个繁庶兴旺之邦。他边稼穑，边"弓矢斯张，干戈戚扬"，进一步开疆拓土，并派人涉过渭水采掘矿石，"取砺取锻"，改进生产工具和武器，不断提高生产、生活能力。我家人老几辈休养生息的大原——董志塬，就是先周公刘农耕创业之地。

二是家乡为古义渠戎国国都所在。夏商时期，宁县属雍州，是周族发祥之地。义渠民族从商代武乙年间建部落方国算起，至秦昭襄王时共存史八百余年，其中在庆阳建立奴隶制君国（前772—前272）达五百年之久。据专家考证，庙咀坪也是义渠族建都的地方。秦始皇曾数游此地，他所修的直道即途经宁县子午岭主脊约60公里。汉代始置义渠等县。公元30年，征西大将军冯异驻军义渠县扼守此地，故自秦汉以来，宁县向为辅翼秦都咸阳或汉长安城的北地军事要地。

三是家乡相传为秦始皇帝长子扶苏墓地所在。在离我们村不远的地方有一荒丘，老人称"太子墓"，相传为秦始皇太子扶苏的墓（一说在陕西绥德县城内疏属山顶，一说在陕西临潼县东17.5公里东谷北里药水村）。这扶苏墓到底是否属实，有待考证，但扶苏曾作为监军（相当于总指挥）与蒙恬一起修筑途径家乡的秦直道，死后葬于他曾为之付出辛劳的直道旁也不是没有可能的。到我记事时墓前已没有任何标志，只是一个长满了荒草的大土堆。每当黄昏降临，扶苏墓上空乌鸦遮天、叫声凄厉，让人心生恐惧。大人也说那里常有鬼狐出没，叮嘱我们不要到那里去，以免被鬼神附体。但我们总是成群结伴到那里，以村为单位形成好几个小组，模仿电影里打仗的镜头进行战斗。往往是把衣服弄得又脏又破，回家后招来大人的责骂。但老实几天后又偷偷跑出去，玩得不亦乐乎。

四是中国共产党甘肃基层组织创建者王孝锡既是西北大学校友，也是我的宁县同乡。王孝锡1903年出生于甘肃省宁县一个农民家

扶苏太子墓——位于宁县新宁镇梁高村，群众称"太子墓"，相传为秦始皇太子扶苏的墓。古宁州八景之一"太子荒丘噪暮鸦"说的即是。《元和郡县图志》《大明一统志》《嘉庆重修一统志》及省、府、州、县志历有记载，均以为"秦始皇太子扶苏监蒙恬军筑长城，始皇崩，丞相李斯矫诏赐死，葬于此。"

庭，1924年考入国立西北大学，并结识了魏野畴等共产党人，次年在学校党组织的领导下，积极投入反对陕西军阀吴新田统治和五卅运动。1926年加入中国共产党。他是中国共产党在甘肃早期革命的领导人之一，也是甘肃青年运动的先驱者之一，在甘肃早期的革命活动中，曾借助国民党西北特派员等多重身份进行地下革命斗争活动，宣传马列主义，播撒革命火种，创建了甘肃省第一个农村党组织——中共彬宁支部以及甘肃省第一个革命青年组织——青年社。

二

从古城西安出发，经咸阳北向而行，在国道312线的凤翔路口进入与秦直道平行的凤甜公路，半个小时车程后，就会进入泾河谷地。这时向北望去，千万年风雨剥蚀而形成的道道山脊和条条沟壑分明告诉人们，前面依然是一座东西走向的山脉。然而，沿盘山公路而上，登临"山顶"之后，就会惊奇地发现，出现在面前的，不是想象中的植被稀疏、黄沙弥漫的群山，而是一片葱茏而开阔的平原。这就是被人们称为"天下黄土第一塬"的董志塬。

1952年秋天，我出生在董志塬上隶属宁县新宁乡一个叫巩吕村的地方。村名源于村中的两大族姓，据说都是明洪武年间从山西洪洞大槐树逃难至此的。父亲是一个老实巴交的农民，母亲是大字不识的家庭妇女，共养育了两男三女五个孩子。由于家庭人口多，日子一直过得紧巴巴的，两眼破败的土窑洞，不知是从哪一辈传下来的，里面除了几床破旧的棉被和锅碗瓢盆等吃饭的东西外别无他物，用家徒四壁来形容一点也不过分。于是，父母便将希望寄托在我们兄弟姐妹身上，再穷也要送我们上学。

1968年，我以优异的成绩考入宁县二中，到离家10多公里的县城上学。宁县二中创建于1956年，是新中国成立后宁县建立的第一所独立高级中学，也是当时县城里的唯一一所中学。绝大多数和我一样的农村孩子，都是步行到学校。我们沿着塬上的乡间土路，一路上说说笑笑、打打闹闹，不论是去学校，还是回家取干粮，两个多小时的路程，感觉没走多久就到了。并且，觉得能在县城上学是件很自豪的事情，一点都不觉得累。

在这里听地理老师讲，县城以西我家住的那个地方叫董志塬。大约形成于距今二三百万年前的第四纪，在那时凹凸起伏的原野上，可以看到相互交错的湖河沼泽，高大粗壮的栎树，成群结伴的剑齿象和羚羊、骆驼、野马、犀牛在林草间觅食、嬉戏……后来，随着喜马拉雅板块的升高，东亚大陆季风气候的形成，热带草原在西伯利亚的狂飙中逐渐消失了，席卷着沙尘的大风日复一日地向这里运送来了层层黄土，经过上百万年的漫长岁月，黄土高原终于在今天的黄河中游地区形成。自从有了人类活动以来，董志塬历来为"控镇萧关，襟带秦岭"的战略重地。我们儿时经常玩的那个大土丘，即为古宁州八景之一"太子荒丘噪暮鸦"。

1970 年，刚满十八岁，高中还没有毕业，我就报名应征参加了中国人民解放军，而且是在与老家毗邻关中平原上的古都咸阳。由于董志塬与关中平原紧密相连，而且隔河相望，无论在文化背景，生活习惯等方面都有许多相近、相似、相同之处，特别是在说话、吃饭上，几乎没有多少差别。虽然身在他乡，并没有感到有什么不便之处。唯一让我不快的是几个本地战友，在说话之间有意无意地总带着高人一等的感觉，好像我们都是从边远的不毛之地来的。

虽然我也承认，关中平原不论是历史文化，还是经济发展，尤其是古都咸阳的繁华，都不是我的家乡宁县所能比的，但还是拿在家乡流传很广的一句俗语："八百里秦川不及董志塬的一个边边"来与他们理论。往往争得面红耳赤，仍不肯认输。好像面对的不是一个战壕的战友，而是不共戴天的敌人。

一晃多少年过去了，如今想起来，还觉得好笑呢，但对家乡的爱却是有增无减。尽管父母双亲已经故去多年，老家的旧窑洞也早就夷为平地，故乡已经离我越来越远。但仍会时不时回到家乡，看望兄弟姐妹和同学，重温儿时的岁月和梦想。

三

其实，自从我转业到西北大学后，我们家便成为老家在西安的接待站。由于工作的关系，不论是家乡的兄弟姐妹、还是亲朋好友，凡是来到西安我都热情接待，大到上学就业，小到看病寻医，能办的事情二话不说，难办的事情也多方协调，尽可能帮助解决，但也仅仅限于亲戚和朋友之间。2016 年初，得知家乡要召开"首届中国·义渠戎国历史文化研讨会"，需要邀请西安方面的著名历史学家参加研讨，成为我为家乡做贡献的一个绝好机缘。

由于义渠戎国距今已有二三千年的历史，地面已无任何遗迹可寻，文献记载也不是很多，多年来专家研究的观点虽多，共识却少。

随着一部电视剧《芈月传》的热播，义渠戎国文化研究再度兴起。为弘扬义渠戎国历史文化，为进一步做好保护和开发工作提供坚实的史实基础，宁县县委县政府决定举办这次研讨会，对与会专家学者的邀请格外重视。既要求是在全国有知名度和影响力的专家学者，也要对义渠戎国历史文化有相当的了解和研究。

于是，我在西北大学选择了三位老师参加研讨会，得到了县委县政府的认可。其中著名秦汉史专家、博士生导师黄留珠教授学富五车、著作等身，曾任中国史学会理事、中国秦汉史研究会副会长、陕西省历史学会会长。现为秦文化研究会名誉会长，主要研究秦汉思想文化等，"义渠戎国"也在他的研究范围之内。科技考古专家、博士生导师赵丛苍教授，曾参与《两周考古》《周公庙墓群性质管窥》等考古发掘，对此段历史也不陌生。还有彭建英博士，她的老家就在甘肃民勤，主要研究方向为中国古代民族史，尤侧重于北方与西北民族史。

在"首届中国·义渠戎国历史文化研讨会"期间，他们与来自全国各地的专家学者参观访问、踏勘遗址，而且各抒己见，分别从义渠戎的族属、社会性质、活动地域和特有文化，义渠戎国与先周、秦国的关系等多个角度展开讨论，为开好会议做出了突出贡献。这次研讨会成功召开后，在这些专家学者的大力支持下，我又担负起编撰《发现宁县·义渠国都》的联络工作，数次往返于西安与宁县之间，并和更多的学者一起走在周人、义渠人、秦人既休养生息，又互相征战的董志塬上，登上儿时常去的太子墓、庙咀坪等遗址，兴奋激动的心情难以平静。

我以为这是历代先人和大自然对我们的馈赠，保护好、利用好这一丰厚的遗产，不仅仅是家乡人和地方政府的担当，也是我们在外游子义不容辞的责任，让董志塬青春常在，让庙咀坪重现生机，是所有宁县人共同的心愿。只有这样，才能把根留住。今后我们不论走向何方，都不会迷失在岁月的风雨之中，重新找到回家的路。

追梦义渠

朱文杰

从义渠国都庙咀坪说起

一部热播的电视连续剧《芈月传》断断续续看了几集，可以说我是冲着孙俪饰演的芈月去的，谁知一瞬间反而关注上了那位义渠戎国年轻的君王翟骊。一位英俊而剽悍，孔武有力，忠于爱情到有点痴迷，浑身充满野性，被当下时髦年轻人追捧的所谓"男神"。

当然，对义渠王的关注，也扩展到对义渠戎国的关注。义渠古国在哪里呢？仿佛在那遥不可及缥缈的梦里。此时的我，心里一闪念间也曾想过，能否有机会去一探其秘呢？

巧的是，想什么来什么。2016 年 10 月 25 日突然接到邀请，参加《发现宁县·义渠国都》采风活动。虽然这一段时间很忙，正主持一个文学征文和两本书的编校工作，但仍非常愉快地接受了邀请，甚至感觉有点迫不及待。

《宁县县志》记载，春秋战国时的义渠戎国在宁县县城西北，曾经在庙咀坪这个地方建国定都。这如同闪电一道从我脑海中划过。而当我就真的站在义渠戎国建都之地的庙咀坪上时，有点如梦的恍惚。

庙咀坪位于宁县新宁镇西一道独立的土梁峁处，从山根由东西两条小沟截断，中间仅留一车道，其他三面凌空。东北部有一小丘孤兀而立，台北高南低，呈鸡腰形。梁峁高约 40 米，塬顶平坦，南北长有 800 米、东西宽则近 200 米，整体略呈梯形，两翼护坡陡峭，多由人工切削挖掘而成。它背靠北山安定古关，右牵着马莲河，左拉着城北河，梁峁前端广场上竖一根九龙柱，巍然耸起。举目俯首间，只见庙咀坪依山有靠，尽占高华之地脉，地势奇异且有险可守，再者得河而灵，水善利万物，可保一方生民之安宁，堪称风水宝地。四周辐射之处，沃土绿洲，秀水环绕，适宜农耕，加之地处战略要地，为古代游牧族进入关中之通道。因之成为古代筑城垒塞，建都立邑的最为理想之地。

庙咀坪远眺——庙咀坪位于宁县新宁镇西，横亘于城外的一条高耸的独立土梁峁。它背靠北山安定古关，右傍马莲河，左依城北河，前端九龙柱高上云端，其形如一只巨大神龟河中探水，与老城、新区、三江两岸，交相辉映，浑然一体。

庙咀坪也称庙嘴坪、公刘邑、公刘坪，确实非同一般的有名。因为后世建成的关帝庙高居坪端，还有狄梁公仁杰祠，坪南成为古刹古庙重地，遂俗名为"庙嘴坪"。后"关帝庙""狄梁公祠"于抗日战争时期毁于日寇飞机轰炸，只有"唐狄梁公之碑"孑立荒野。1982年，迁移在如今的博物馆院内。

庙咀坪名重一方，首先在于它有距今五千到七千年的仰韶文化，继之而下的齐家、商周、春秋战国、汉、唐、宋、元、明、清至今一以贯之的深厚文化内涵。还有，周先祖公刘在此建国立邑的，两千多年令学术界迷茫、争论、面纱难揭的古豳国。而更具历史意义的是它是衔接神话传说中的神农氏炎帝文化与黄帝文化的桥梁纽带，是从创自周代的中华传统思想文化的奠基地。

义渠为什么选此立都？我有点明白。一是兵家必争之地，通向中原、关中之战略要地。二是陇东大原土地肥沃，水草丰茂，适宜农耕，其中心的庙咀坪，更是周先祖早已开发过的风水宝地。

据《庆阳府志》载："夏桀二十二年公刘迁豳""周道之兴肇始于此"。《诗经·大雅·公刘》中有"逝彼百泉，瞻彼溥原。乃陟南冈，乃觏于京"的诗句，南冈就是今宁县城西之庙咀坪。《庆阳大辞典》记有："豳国，夏桀时，不窋之孙公刘率族人从不窋城（今庆城）南迁至公刘邑（今庙咀坪），建立豳国。""乃觏于京"说明庙咀坪也曾被称为"京"，豳国都城在此，又驻扎军队"师"，因此就联称"京师"，周族建立西周后，遂把国都叫"京""京师"。令人感慨而惊异的是，中国历代首都之称"京师"，竟然是从这个小小的庙咀坪诞生的。

建国立邦，要地必先占之。例如：长安、洛阳身处要地，就成了十多个朝代相继建都的千年古都。周祖古公亶父为了避义渠强敌率众离开豳地南迁岐山周原，向关中更为丰饶的渭水流域发展。周人南迁而留下庙咀坪一带，义渠为什么不坐享其成，而乘机占而居之呢？他们与先周杂居，虽也发生过大大小小争战杀掳，但也有不短时间和睦相处，磨而融合的时候。当人畜兴旺的和平年月，各民族人民也会发生互通有无，以物易物，频繁交往，甚至联姻的事发生。传说古公亶父娶的就是戎人姜氏女，可见他们之间的融合，在某一特定时段是非常之紧密的。这一切都从侧面证明义渠人对豳国建都之地是非常熟悉和了解的。我胡乱猜想：他们可能早已对豳国故址的今庙咀坪，垂涎三尺了。

陇东大原地区是先周农耕文化的发源地，先周留下的农耕文明底蕴深厚，加之土地肥沃，水草丰茂，以及在政治诸方面，受到先进文化的影响。后来，聪明的义渠人与先周南迁后的遗民杂居。肯定会从周人身上学到不少先进的农耕技术，戎人逐步由狩猎发展为畜牧业，人口也大量增加，并开始由游牧变为定居。终于发展成当年能驰骋天下，叱咤风云的雄强之国。

但是，这个小小的方国义渠戎和其他戎人一样，在夏、商、周三朝的正统视野里，是野蛮落后不开化的民族。因此，从甲骨文时期开始，他们居住的地区即被记载为鬼方。而犬戎，在中原人眼中被视为像狗一样卑贱的人。

但我们今天研究探寻这一段历史，绝不能轻蔑、鄙视义渠人，定义他们为落后的野蛮民族，而要还原他们符合历史的真实的本来面目，发掘义渠人推动历史前进的积极一面。

义渠人无疑是一个个大写的"人"，顶天立地的"人"。何况，人类是智慧聪明的高级动物，善于学习，是其天性，人心都是向善的！可以说，当年义渠人非常仰慕周人的生活方式和文化，也熟悉周人那一套治国之经验，继承学习仿效成为可能。并且在生活习俗上逐步与周族同化，发展成为区别于其他羌戎的义渠族，建立了更加强大的义渠戎国。

义渠名称最初是地名，而非族名，只是在西戎占据了此地后，义渠地名才成了西戎的代称。最后变成了民族名称。

义渠名称中的"义"，在中华文明之初，与善、美这几个字基本范畴是同源同义的。许慎《说文解字》有："义，己之威仪也。从羊从我。"《礼记·中庸》有："仁者人也，义者宜也。"《辞海》有："义"这个字是汉族人最古老的文字，义者宜也，善也，仁义也，美德也，义是"周礼"中最重要的德尚之一。而义渠名称中的"渠"的意思？《辞海》有：渠者"灌田之沟"。原来渠和沟是一个意思，难怪王莽时期将义渠改为义沟。后来又出现西渠、西沟这些名字，说明义渠本属汉族村落的地名。

当我一步步踏着有四五百级的台阶，登临庙咀坪之顶，身处其境时，感觉这一塬顶的规模似乎有点小。再一分析推算，这里属黄土高原地貌，经过二三千年风雨侵蚀，植被破坏，水土流失，此遗址肯定不如当年广阔，面积也肯定缩小了不止三分之一，遂心安。于是，从庙咀坪，开始了我的追梦义渠第一步。

史料记载，义渠戎国自商武乙年间建国，至秦昭襄王共存史八百余年，其中在甘肃庆阳建国（前772—前272）达五百年，以甘肃宁县为中心分布在今庆阳、平凉以及宁夏固原地区。义渠民族是中国历史上一个重要的少数民族，也是融入汉族的少数民族之一。义渠戎人数虽少，但由于长期以打猎为生，剽悍好斗，义气血性，非常团结，战斗力极强。加之长期为生存自保，与周围狄戎部落，以及先周进行过无数次残酷的血战。锻炼出了一支骁勇善战的军队。

关于义渠戎国之都城，有好几种说法。由于史料的匮乏，显得扑朔迷离。从周代开始，庆阳地区就是义渠戎国辖地。但是，过去对这个问题众说纷纭，争执质疑不断，除"庙咀坪"之外，还有"西沟村"之说、"寨子河"之说、"西峰附近"之说。这当然都有不可全信，令人质疑的地方。但我想，最好都不要互相否定，各种说法引经据典，其实资料有限，但这些资料和传说都不可能是空穴来风，因为一个游牧民族居无定所、忽强忽弱，有着被赶得四处流窜的历史，也有短暂兴盛安居乐业的历史。仅义渠戎国君王有多少代？叫什么名字？全已成谜。而他们八百余年历史，都城和根据地肯定不止一个。连西周也有岐山周原、长安丰镐、洛阳。秦帝国也有凤翔、栎阳、长安、咸阳。更何况一个覆灭了的，正史很少记载的义渠戎国呢？因为历史是残缺的，湮灭了一些东西在所难免。再者，历史都是由胜利者撰写的，隐匿、篡改、遗漏、选择，肯定会带来偏差。

可以说，庙咀坪是走向文明氏族制度的变革之地，是中华农耕文化的肇始之地。目前，义渠戎国在宁县县城西北庙咀坪建国定都，相对最成熟，也最可靠。想推翻它或代替它，我想只能等待文物考古的惊天新发现了。

义渠戎国与秦国的纠缠

义渠戎国的兴盛衰落都与秦国有纠缠。可谓冤家一对，首先是芈八子、宣太后的芈月与义渠王的情爱纠葛了。这在电视连续剧《芈月传》和《大秦帝国》之第二部《纵横》中都有详尽而生猛恣肆的表现。

无论是认为芈八子和义渠王私通是为了稳住义渠，不要让秦国腹背受敌。那时候秦昭襄王刚刚继位不久，秦国面临山东列国联兵伐秦的危机。还是当时的义渠戎国在秦惠文王时期曾经多次被秦国征伐，多次战败，惠文王最后一次对义渠的征伐让义渠戎国几乎灭国，在秦昭襄王继位后，当时的义渠王，也就是与芈八子私通的那个君王还亲自来秦国朝贺。当时的义渠王赴秦，看来是专为结好来的，以让义渠休养生息。

《史记·匈奴列传》记载："秦昭襄王时，义渠戎王与宣太后乱，有二子。"这一段被后人津津乐道的艳史，或称桃色事件，从另一个侧面则说明义渠戎与秦国关系的不同寻常。可以想象，没有长期密切的互相接触来往，这种事情或传闻是不可能发生的，当然不会被正史记载。说明义渠戎王在秦国并非是称臣纳贡朝拜时的短暂逗留。

到公元前272年，"宣太后诱杀义渠王于甘泉宫"，接着发兵灭了义渠，在该旧地置北地、陇西、上郡。北地郡治义渠县。

这里面，宣太后诱杀义渠王的内情应该很复杂，是发现了义渠王图谋秦国的迹象，采取先下手为强呢？还是宣太后情断义绝，或者宣太后已失势失权，是她儿子秦昭襄王嬴稷逼她所为呢？但这一切的策动，应该有吞并义渠，收编义渠各部军队，借用义渠强大的军力，以壮秦军，把秦军改造为一支更为强大虎狼之师的谋划在内。

据史籍记载，西戎曾给秦人教"击技"。"击技"为骑马使用兵器进攻防御的格斗术。可见义渠壮士曾为秦兵老师。

"发兵灭了义渠"，应该是吞并、招降更正确，或者假传义渠王手令，兵不血刃的诱降。义渠既为秦灭，其民自然为秦所用，义渠戎国民风剽悍，民皆习战，战不畏死，"修习战备，高上气力，以射猎为先"，自是最为难得的优质兵源。所以，宣太后也好、秦昭襄王也罢，任是谁主导诛杀了义渠王，秦国据有了这里的土地和人民，自然大大增强了经济与军事实力。

笔者设想，虎狼之师的秦军肯定有一支由义渠戎人组成的铁骑劲旅，甚至有一支敢死队存在，传说义渠戎国曾以极为残忍的手段训练死士，上战场便服下发狂的药物，一旦遇敌便是不死不休。他们信奉："以战死为吉利，病终为不祥。"

电视连续剧《芈月传》还让笔者联想到，西安临潼秦兵马俑人物俑中的秦军将士，被专家从相貌上确定为关陇壮士。这"关陇壮士"，应该包括活跃在陇山东西南的义渠壮士在内呀！

我还对导致西周覆灭的"幽王烽火戏诸侯"特别关注，如今来了趟甘肃宁县，才知道灭周的犬戎竟可能是义渠戎国。

《礼记·王制》篇载"西方曰戎"，说明"戎"居住在我国西部和西北部，与周人为邻。肯定这一点的专家说：义渠以西为古西戎之国，或称义渠之戎。义渠戎，一个被国人很容易忽略的种族，却有着足够的历史明证。

也有观点认为义渠之戎和犬戎不是同一个民族。犬戎族自称自己的祖先是二白犬，并以白犬为图腾的西北最古老的游牧民族，属于西羌族，是炎黄族先祖的近亲。

义渠戎以狼和犬为图腾，显示的就是勇猛凶狠和势不可挡。义渠戎能纵横陇山一带八百余年，主要靠的就是这一点。

史载，周幽王时期，幽王烽火戏诸侯，以军国大事为儿戏。被犬戎族趁机攻杀，幽王的宠妃褒姒被掳，都城丰、镐西北被犬戎占领。强盛约三百年的西周由此覆灭。

据《后汉书·西羌传》概述："及平王之末，周遂陵弭，戎逼诸夏。自陇山以东，及乎伊洛，往往有戎。于是渭首有狄、峼、邽、冀之戎，泾北有义渠之戎，洛川有大荔之戎，渭南有骊戎，伊、洛间有杨拒、泉皋之戎。"但势力最强者为义渠戎国毋庸置疑。当然，笔者猜测如此重大战役也可能是各地戎、狄部落组成的联军。因为直到唐朝，中原民族还把一切西北游牧民族统称之为"犬戎"和"戎狄"。

唐代诗人胡曾写有《咏史诗·褒城》："恃宠娇多得自由，骊山烽火戏诸侯。只知一笑倾人国，不觉胡尘满玉楼。"

笔者也于1985年写过一首小诗《烽火台》被《诗选刊》1987年8期选载，特摘录诗中一小段：

> 幽王导演了
>
> 一出古典的悲喜剧
>
> 燧火愚弄了旌旗
>
> 为买一笑
>
> 赤地千里
>
> 大漠燃起的马粪上
>
> 系着周天子的孤魂
>
> 狼牙棒挑着一顶
>
> 可怜、可笑、可憎的王冠

幽王死后，诸侯联合驱逐犬戎，为天子牧马的秦国凭借着多年和游牧民族对抗的优势参与平乱，从此走上了争夺天下的大舞台。而从此以后，犬戎便成了华夏民族最值得警惕防御的劲敌之一。

有一种说法是义渠戎国的建立和兴起拉开了春秋战国"无义战"威武雄阔的序幕。经这次宁县采风，初步接触研究义渠戎国历史，笔者深以为然。

周平王东迁时，秦襄公因救助和护驾有功，平王封他为诸侯，"赐之岐以西之地"，并赋予征讨西方戎、狄之全权。虽说是空头支票，但正好被秦人借用而师出有名。到了秦穆公时，任用百里奚等将相，一举击败了晋国。从此，被中原诸国一直蔑视为戎、狄的秦国，声威大振，成为"春秋五霸"之一。公元前624年，秦穆公又采用从戎人那里离间招来的大臣由余的计策，攻伐北地义渠。《史记·秦本纪》有记载："（穆公）三十七年，秦用由余谋伐戎王，益国十二，开地千里，遂霸西戎。"

但秦只是"霸"西戎，而不是灭西戎，之后的秦国仍然要面对戎族的不断纠缠，在众多戎族中，对秦最大的威胁正是义渠。

接着秦穆公野心膨胀，"问鼎中原"成了他最大的战略筹谋。但当时晋国的势力也很雄厚，像座大山一样阻挡着秦国东进的道路。于是，秦国就先下决心廓清自己西北的地域，以巩固后方。把进攻矛头转向义渠。公元前444年，秦伐义渠，"执其君以归"。义渠战败，但仍不甘雌伏，吸取教训，厉兵秣马，通过14年时间的养精蓄锐，于公元前430年（秦襄公十三年），倾全力攻秦，从泾北直攻到渭南。想着义渠敢于主动伐秦，而且深入秦国的关中腹地，足见其实力之强大，不可小觑。这是一次空前的大胜仗，够秦国铭心刻骨，永不敢相忘。义渠戎国不但收复了过去的失地，而且把疆域扩大到20万平方公里。它的地域东达陕北，北到河套，西至陇西，南达渭水。

此后数十年内，是义渠戎国最强盛的时期。周贞王八年（前461年），秦国攻灭大荔戎；与此同时，赵亦灭代戎（北戎）、韩魏也兼并了伊、洛、阴戎，"自是中国无戎寇"。在其他各戎相继为华夏族的武力逐出历史舞台之际，义渠却"筑城数十，自称王"，作为最后一个戎国延续到了战国时期。

公元前331年，秦趁义渠戎国发生内乱之机，秦惠文王遣庶长操兵平定，义渠臣服于秦。但是，义渠戎国仍然明服暗不服，寻机就偷袭秦国。公元前327年，秦又伐义渠，将其郁郅城（今庆城）夺去，打得义渠再次向秦俯首称臣。

公元前318年，义渠趁中原诸侯国混战，又起兵进攻秦国，他先朝贡于魏。在魏公孙衍动员赵、韩、燕、楚四国与魏联合攻秦时决定配合，从后边攻秦。大战之前，义渠还拒绝了秦以"锦绣千匹、美女百名"的利诱拉拢。义无反顾，趁势率大军猛烈攻之，"大败秦人李帛之下"。但这次五国伐秦以败北收场，反倒是义渠铁骑乘虚而入，呼啸而来，奇袭成功，打了秦国一个冷不防。秦国遭此重创，只得减缓了东进"逐鹿中原"的步伐。这是秦国第二次败于义渠，使他们不得不把战略重心重新转向义渠戎国。

公元前314年，秦调集重兵从东、西、南三面入侵义渠，先后夺得25座城池，使义渠戎国疆域大大缩小，实力锐减。

传说义渠骑兵的坐骑，是叫"骇"的一种马。早在周文王末年，姜太公曾派使臣南宫适出使义渠，义渠王送骇（难驯的马）、鸡和犀，文王又将这些东西献给商纣王。还有，西周时著名的谋士、重臣姜子牙知道戎部落善战，还建议周文王有效利用并派大将南宫适带着无数美女、精美的青铜器以及周朝生产的美酒和特产出使戎部落。事实上，南宫适此行不单是为了讨好戎部落首领，而真实目的是为了换取戎人制造的当时最先进的一种战车。

六盘山一带茂密的森林，促成了戎人善于用木造房、制车。在中国历史上，青铜器和战车的出现是一次巨大的飞跃。著名历史学家许倬云在《万古江河——中国历史文化的转折与开展》中的"中国文化的黎明"一节中写道："青铜与车的使用在中国文化圈里引发过十分重大且深远的变化。两者之间，青铜的出现较为有迹可寻。但中国何时开始用车在考古学上尚未能找到确切的时间。但这两项重要发明的信息进入中国地区很可能是同时发生的，而且可能都是经过中亚与内亚草原上的交通路线，间接传递进入的。"从姜子牙派人向戎人求战车这个历史事实来看，戎人造战车早于且先进于周人。而南宫适是目前文字记载中，从中原地区到戎部落地区的第一个使者，他将战车引进到周后，对西周政权的建立起到了积极作用，也是战车走向中国军事史的开端。

我们参观宁县石家古墓群，位置在早胜西头村一组石家沟畔以西，发掘出的东周时期墓葬 8 座、祭祀坑 1 座、车马坑 1 座。当考古组专家介绍车马坑中的车马，说到义渠发明了战车，在两千年前独领风骚。我的眼前似乎出现了战车滚滚、铁骑奔腾，一支义渠大军山呼海啸般冲杀而来，不可阻挡，威武雄壮的宏大场面，让人不由得浑身发冷，感到极度震撼。

战车发明，证明了义渠人走在当时的科技前端。而从周延续到秦，这一优势必然有所继承和发扬。义渠人唯有借战车铁骑，否则，公元前 430 年和公元前 318 年，义渠两次大败秦军，将不可能取得成功。车骑是战国时期衡量国力强弱的标准之一，到后来秦吞并义渠，达到"战车千乘，奋击百万。以秦卒之勇，车马之多，以当诸侯，譬若驰韩卢而逐蹇兔也，霸王之业可致。"不能说其中没有义渠人的功劳在内。

战车发明，属于一种变革，可与后来的赵武灵王"胡服骑射"相媲美。而梁启超认为赵武灵王是自商、周以来四千余年中的第一伟人。但义渠戎人创造战车却默默无闻。看来，历史有时也不公平。

再则，赵武灵王的"胡服骑射"属于军事改革，"胡服"，衣短袖窄，类似于西北戎狄之服；"骑射"，就是学习戎狄等游牧民族被称为"胡人"的骑马、射箭。在这一点上，秦国也是最早实行"胡服骑射"军事改革的，应该更彻底。因为秦人本身就被中原诸侯国认为是戎狄之人。

有人说：义渠戎人犹如一把两千年里没有生锈的战刀划过当时中国西北方的天幕。其中最耀眼的一笔，是将烽火戏诸侯，来博取褒姒一笑的周幽王斩杀于战刀之下，结束了西周的统治。义渠戎国的建立和兴起拉开了春秋战国"无义战"威武雄阔的序幕。在与秦国争战纠缠中，一会败而臣服，一会胜而打到秦之渭南，拖住秦东进的步伐，但也把秦军磨炼成和自己一样的虎狼之师。最后，竟成了秦国统一六国的主要推手。如此一个在中国两千多年前周秦时代的历史上，举足轻重，不可轻视的游牧民族政权，确实是应该给予撰史立传，大书一笔的，使历史的残缺之月，获得圆满。

……

感叹宁县古城文化积淀的深厚，这里有先周之公刘建立的古豳国、秦之蒙恬和秦公子扶苏带领三十万大军在宁县境内筑长城凿直道、有义渠王国在此立邦建国。

感叹汉之刺楼兰王的傅介子的故乡，唐之良相狄仁杰及宋之著名文学家范仲淹在宁县的活动。

感叹宁县人杰地灵，风水宝地，五千年中华文明历史积淀深厚。

君子之范与先周文化

张培合

  光阴有如白驹过隙，来也匆匆去也匆匆！转眼间，我已从甘肃陇东高原宁县出门 34 年了，34 个春秋，真是弹指一挥间的功夫啊！

  记得在我 19 岁那一年金秋时节，当我带着全家人的期望，怀揣梦想满怀信心地离开老家宁县春荣镇远赴兰州上大学时，全村人都为我喝彩，也为我高兴，更是对我寄予了厚望！希望我将来能够有出息，能够为村子里的父老乡亲提供一些力所能及的帮助，更能够为村子里增光添彩！那时，村子里我叫爷爷、奶奶的有 20 多位，叫伯伯、叔叔、婶婶的也有 40 多人。可如今，整个村子里叫爷爷、奶奶的一个人也没有了，叫伯伯和叔叔、婶婶的长辈也是屈指可数了！这么多年，我每次回到老家就发现熟悉的庄稼地里又多了几个新坟堆，这让我心如刀绞表情木然，继而唏嘘不已，只能慨叹光阴的无情和生命的短暂无常！尽管如此，我的这些长辈们由于长期受先周文化和儒家文化的熏染，骨子里已经养成了勤劳、俭朴、厚道以及处处与人为善的品德和习俗，他们的品德和影子永远深深地刻画在了我的脑海，也深深地影响了我的精神世界乃至价值观、世界观、人生观等诸多方面！

  人常说："一方水土养一方人！"其实养什么样的人，这并不完全取决于这里的水土，而是主要取决于这个地方的文化传承和民风习俗。我老家宁县曾为先王之地，周道之兴肇始于此，加之公刘、庆节、傅介子、狄仁杰、范仲淹等等在此或教民稼穑、或执政为民、或传道授业、或广施恩泽。所以，如今回想起来，慢慢思量，恍然意识到家乡的许多长辈，当年处世为人中的许多点点滴滴确实有君子之范！尽管他们中的许多人目不识丁，可他们处事待人的行为在如今看来也符合君子的许多特点，因为他们血液里流淌着中国优秀传统文化的因子，这早已固化成了他们坚毅而良善的品格！所以，尽管他们已经离开了人世，然而，他们平凡而伟大的精神和高贵的品质却润物细无声地影响着后世的人们，当然也包括我在内！他们熠火不息的精神光芒一直在照耀着我前行的道路！

20世纪80年代初，在兰州上大学期间，我发现许多老师都是从繁华的北京、上海、南京等大城市甘愿来到相对落后的西北城市兰州，呕心沥血、殚精竭虑地从事教育事业，而且，他们不图名不图利地忘我工作，甘守清贫、矻矻终日地执著奋斗。许多人把毕生精力和才华，甚至生命都奉献给了大西北这块浑厚的热土！时间虽然已经过去了30多年，可他们的高尚品德和孜孜不倦、甘为人梯的敬业精神和责任心至今仍令我难以忘怀，而且时常像放电影一样在我脑海里反复播映，着实令人感佩！这难道不是令人敬仰的君子之范吗！

后来，我终于如愿以偿地来到了我梦寐以求的文化高地——古都西安！在西安这30年中，前20年，我除过烦冗的工作，就只有如饥似渴地去学习，拼命地阅读，默默地积累，诚惶诚恐、不耻下问地去求师，如履薄冰、谨小慎微地去藏锋匿芒。先后结识了雷珍民、贾平凹、杨尚勤、陈忠实、王西京、肖云儒、桂维民、温友言、雷涛、吴克敬、冯积岐、周明、何西来、红孩、李斌银、郭立宏、刘学智、袁春乾、张山、李艳秋、李杰民、吴福春等老师，并得到他们的鼎力帮助和教诲。尤其是这些老师深厚的学养和严谨的治学精神，以及高贵的人品感染了我、教化了我、影响了我。

在这些当行大家身上我学到了不少修身为人以及处世治学的内容，他们都是我的一面镜子，我经常从里面校正我自己！他们都是横亘在我面前让我值得仰望的一座座高山，尽管我深知今生今世可能也永远无法逾越，但是，我愿意谦恭地靠近他们，学习他们，借鉴他们，以丰富和完善我自己！这些老师都具有中华文化里塑造的理想人格君子的特点和风格，如君子和而不同、君子喻于义、君子怀德、君子泰而不骄、君子诚实守信、君子之交淡若水等等。

在当今商业经济发展的社会环境下，君子文化就显得弥足珍贵，这些具有君子之范的人更值得人们尊重和学习。为此，最近我出版了《君子之范》《知行合一》两本书。在序中我开宗明义："君子文化是中国优秀传统文化的老树新枝，必然会绽放出馨香艳丽的花朵，更会提升全社会的道德风尚，也有利于构筑和谐社会，有利于中国梦的实现。所以，在当下中国，弘扬君子文化迫在眉睫，而且君子文化完全具有可操作性、示范性和普及性，君子不在别处，君子就在我们身边！"

这两本新作出版后，在全国引起很大反响。中国科教网就"君子文化"这个话题，对我进行了采访。问到在日常传播和普及的君子文化中，与故乡宁县的文化熏陶有哪些联系呢？又一次开启了我对故乡记忆的闸门。

这几年走进宁县的国内外人士越来越多，旅游观光和投资兴业的人也越来越多。我的家乡宁县正变得越来越美，也越来越有吸引力了！尤其是宁县曾经是古义渠戎国的都城，而且做都城的历史长达五百余年。义渠作为当年少数民族以及各民族长期聚集生活的地方，对中华各民族文化大融合及文化大发展起到了至关重要的作用，也对各民族文明互鉴和进步起到了极为重要的作用，尤其是作为大秦帝国时三大贵族"孟、西、白"居住地，对秦文化及秦文明也产生了积极影响。所以，在现代化的今天，走进宁县研究探讨义渠古都时，各民族在这里的文化生活及文化融合状况，对增进文化认同、文化自觉、文化自信有着极为重要的现实意义和现实价值。我十分高兴地看到了家乡政府极为重视历史文化的挖掘、研究、保护和开发利用工作，而且取得了不俗业绩，这对繁荣宁县文化旅游以及经济发展，改善人民生活状况，推动精准扶贫有很好的现实意义。作为长期在外工作的游子，我们乐于看见这样的一种发展理念，有深厚文化支撑的事业必然是健康的事业，有深厚文化做依托的城市其发展理念必然具备可持续发展的基础，所以，我们会全力以赴、矢志不渝地支持宁县人民政府为民造福的文化旅游发展理念，让全世界更多的人关注庆阳、关注宁县，走进庆阳、走进宁县，从而了解庆阳、了解宁县！

宁县古称宁州，有着极为厚重和丰富的人文历史，这段尘封的历史一旦被打开，你才会发现这是一块神奇的热土。三千多年前，周的先王部族奔走于戎狄之间，戎狄是什么？就是西北方向，西戎东夷、北狄南蛮，戎狄之间就是奔走于西北方向，这个部族首领不窋奔到庆阳庆城扎根创业，开始了开荒拓土教民稼穑，初创农耕文明。第二代叫鞠陶，继续沿袭并发展农耕文明。第三代公刘就从庆城迁移到了今天的宁县城，建立了一个小国家叫古豳国，公刘就在这儿开创了中国先期的周文化即先周文化。在宁县这个地方度过了九个王，接下来这个古公亶父的王由于受戎狄的侵袭和骚扰，被迫过漆水涉沮河，翻梁山，到达岐山的周原，凤鸣岐山。下来是季王，再下来是周文王，从岐山迁都到沣河西岸叫丰京。到武王又迁到东岸叫镐京，武王完成了伐纣的工作，建立了统一的周王朝，这就是西周。

周文化影响了中华民族几千年，所以周易、周礼，很多中华礼仪之邦的文化都来源于先周文化。如果说周文化是一条河流的话，庆阳就是这条河的上游，所以宁县宁州作为古豳国这几百年是非常关键的，对先周文化的形成以及后来对西周文化的影响起到了举足轻重的作用。

儒家文化源于周文化，周和儒家文化中出现最多的就是君子这个词，无论是四书五经，还是后来很多典籍，君子都是受人尊敬和爱戴的人物，所以君子之范源于周文化，我觉得这就是宁县也出了好多人物的原因之所在。宁县或者庆阳一带在中国出了很多有名的人。比如当时范仲淹守边就在庆阳，写了一首赫赫有名的词叫《渔家傲》。狄仁杰就在宁县这个地方当了三年刺史，计斩楼兰王的傅介子就是从宁县走出来的。还有杂家的集大成者傅玄，也是宁县走出来的。所以这个地方有深厚的文化土壤，它对君子文化形成当然有促进作用，这个地方倡导的文化现在认真探究其实就是君子文化。到现在宁县那些山区的老年人，都知道什么事该做，什么事不该做，伤天害理的事不能做，骗人的事不能做，坑蒙拐骗的事不能做，昧良心的事不能做，凡做事一定要讲良知，举头三尺有神明等。这是什么？这就是君子之范。

其实，我创作《君子之范》这本书，明确创作的思路和源泉，还是得益于 2013 年，那段时间我一直在反思当下我们这个社会的种种乱象。冷静地反思了以后，我对中国古代许多经典著作又进行了反复研究，发现当下某些人缺失的就是君子文化。但是君子文化也并不是每个人都完全缺失，其实我们身边有一些人他们确实有君子的示范作用。只是他们的这种精神内涵、他们的一些行为没有被挖掘出来。不但雷珍民、贾平凹、杨尚勤、陈忠实、王西京、肖云儒等这样的文化艺术名家有君子之范，我家乡宁县许多的父老乡亲依然保有君子之范。因而，书稿中的许多篇章几乎都是一挥而就，文不加点就写成的。

习主席在北京大学讲话时也大谈君子文化，希望中国每个人都按君子的这种规范"去做好仁义礼智信，去做好温良恭俭让，去做好忠孝忍勇廉，去做好达则兼济天下、穷则独善其身"等。这也是我出这两本书的初衷，希望大家从中受益，同时报答故乡宁县的养育之恩。

还是义渠

刘新中

一

陇东的草木黄了，灿烂一片，间或有几丝绿色，交织出斑斑驳驳，正是深秋的季节。

七拐八绕，上坡下坡，我们的汽车在山间穿行。突然，闪过一个山嘴，眼前一条长长的谷地，一河两岸，楼房高低起伏，人流熙熙攘攘，同行者不约而同："哦，宁县。"

我从关中来，应约为这块土地写点什么。

在此之前，我与宁县素未谋面，但对于它，并不陌生。它是古义渠戎国的都城，有着深厚的历史文化。在中华民族文化的大版图上，有它涂抹上的亮色。

它不会也从不应该被岁月小觑。

这是一块有温度的土地。

千百年来，地面上的建筑建了再毁，毁了再建；一茬茬新人，送走一茬茬老人，自己复又成为老人。但它始终以亘古不变的生活热情，拥抱头顶的太阳。

这亦是一块有回忆的土地。

遥远的墓葬，星星点点的遗痕，无时无刻传递着先人们对后人的嘱托。春雨过了，来了秋风，大自然以它精准的伴奏，在时光的弦上，弹出让人心颤的声音。

二

不久前，一部电视剧《芈月传》在全国的各个电视频道里，播得如火如荼。里面有些背景与桥段，涉及这块土地。

三千多年前，这里曾建立过一个国家，叫义渠戎国。义渠戎国的大王翟骊曾劫持过秦国的婚嫁车队、抢夺了秦国的美女和粮食；义渠王对芈月一往情深，几经曲折，在草原上按狄戎习俗和芈月结为夫妻，而芈月借用义渠王的力量，争取了时间，掠得了大秦的实际权力。并且利用情感与美色诱惑义渠王滞留在咸阳，待到大秦国力日渐昌盛的时候，把他杀害于宫中。

艺术借助历史的博大与深厚，为我们又叙述出了一曲野性与凄美相掺的爱情故事。

怀柔拉拢也罢，真心实情也罢，抑或人性与理念的搏击也罢，总而言之，它把一段传说，演绎得轰轰烈烈。

草原雄阔，野花摇曳，蓝天悠悠，马蹄哒哒；

情仇未尽，烟尘不绝，宫门深深，余音袅袅。

一瞬间，无数双眼睛，盯向了这里。

三

遥想当年，这里的水草是丰美的，牛羊是肥壮的。日升月落，春种秋实，人们迎着太阳起，伴着晚霞归，安居乐业，自由自在。抵御外敌，自有彪悍的战马，锐利的箭镞。

我们来的第二天，到了宁县的湘乐镇宇村，这个村子有座古庙，古庙里有两颗大柏树，据言已有数千年了。

我绕着它走了几圈，但无论何种方向，太阳照射浓淡的不同，它都以一种不可阻挡的气势，笼罩住我全部的身心。

在我的眼里，它像两样器物，一为戈，一为犁。

也许，上苍让它降临到这块土地上，就是赋予它这样的真实使命，烽烟不起时，它低眉垂眼，安详慈善，人们祈祷它，庇护苍生，风调雨顺；战火燃烧时，它剑拔弩张，筋骨毕现，将士叩拜它，赐我力量，给我勇气。

斑斑驳驳，苍劲古朴，它对得起这副容貌；

内藏波澜，大智若愚，它担得起这份责任。

这是义渠戎国的两只手，一只手营造和平的生活，一只手保卫和平的生活。

从古庙门口远望，一条长川，黄土厚重；万千植物，郁郁葱葱。生命的意义，正体现得淋漓尽致。

四

戎字在汉语里会意为从戈，从甲。戈是一种兵器，甲指的是铠甲。两个字联合起来就是战争的意思。过去，汉民族把许多游牧民族称为戎，意即他们好战。

义渠戎，就是世代沿袭下来外部世界对义渠戎国的通称。很难说是蔑视，但绝对不是褒奖。

远距离的打量历史，其实，你会发现，跨越人类弱肉强食的初级发展阶段后，义渠戎国，早早的就跨进了先进的农牧业文明，有了现代国家的概念。

如今的董志塬中心及东南部泾水之北。这里地势平坦，土地肥沃，水沛草丰，宜耕宜牧，义渠民族和先周南迁后的遗民杂居，不断学习周人的农业生产技术，学习周族文化，在生活风俗上逐步与周族同化，发展自己，武装自己，成就自己。

义渠人马上打出了一片天地，但马上绝不是生活的终极目的，长期的历史演进中，善于学习的义渠民族与时俱进，迎合了时代潮流的涌动，推动了中国历史的发展。

从宁县展开，偌大的庆阳地区出土了大量的新石器遗址。从这些遗址中发现了房屋、窑穴及糜子、油料等粮食作物。

多点的证据足以诠释义渠民族生活的真实面目。

五

他们的行进轨迹，似一条弯弯曲曲的河流，时而开阔，波涛汹涌，俯傲四野；时而狭窄，不甘约束，激流飞溅；但方向始终未变，注入渭河，汇入黄河，流向广阔的海洋。

他们从哪里来，其实并不重要。如今的考古学家们引经据典，各执一词。一万年以后，这种讨论依旧会存在。

公元前772年，他们正式建立方国（都城在今宁县城西的庙咀坪）。从此，中国历史上出现了义渠戎国的名称。

此前，他们和其他民族的打打杀杀，你抢我夺，是小溪小河的融汇过程。

义渠建国不久，国界西达西海固草原，东抵桥山，北控宁夏河套，南达泾水，面积约10万平方公里。兵强马壮，力量空前壮大。

此后，又是打打杀杀，你抢我夺。

公元前430年，兵强马壮，力量空前壮大的义渠戎国，全力攻打同样强大的近邻秦国，从泾北直攻到渭南，疆域扩大到20万平方公里。它的地域东达陕北，北到河套，西至陇西，南达渭水。

此后数十年内，是义渠戎国最强大的时期。

公元前272年，比义渠更强大的秦国终于灭了义渠。

百川归海，天地逻辑，义渠不幸，历史大幸。

六

义渠戎国完成了它的使命。

它的筑城技术，日臻成熟。战国前期的义渠，已经"筑城数十"。以城为家，结束漂泊，农业与畜牧业相结合的定居生活，说明它的生活形态已定位于一个较高的文明阶段。

它的器皿制造，相当完备。从义渠境域内发现的春秋、战国时期的墓葬遗存器物种类包括陶器、青铜器、银器和铁器，精致的工艺水平不仅仅反映出他们手工业水平的发达，而且反映出他们生产力的水平。据《山海经·五藏山经》所载，义渠所在陕西一带，有符禺之山、英山、竹山、泰（秦）冒之山、龙首之山、岐山等六处产铁之山。丰厚的大自然馈赠为义渠民族提供了施展能力和才智的舞台。

它的养马驯马，当属一流。考古发掘随葬品中马具数量众多，说明了马和他们生活紧密联系的程度。马既是实用的生产器具，也是重要的交通工具，同时亦是对外讨伐征战、对内保家卫国的武器。马在人类历史的演进过程中，有不可或缺的积极作用。

它的彪悍与血性，足可称颂。弯弓射月，枪挑寒星，民皆习战。这里的居民风俗劲勇，作为独立的义渠戎国时的子民也好，演进并入秦之后作为秦的子民也好，他们当仁不让的是优秀的兵源。秦灭六国，统一中华，自有他们无可厚非的贡献。

还想说一个"京"字。据宁县学者考证，"京"是"明堂"的原始名称。宁县庙咀坪的古名就叫"京"。"京"从由来的曲曲折折到如今的内涵定性，有许多说法，但庙咀坪给予它的文化注入，则不可否认。

无论如何，中华文化灿烂的篇章里，义渠戎国应该有它的位置，它在其中的作用，怎么渲染也不过分。

七

站在庙咀坪上，举目眺望，风轻云淡，山峦起伏，河流蜿蜒。

大片大片的树木，形成绿色的丛林，小路弯曲，直达幽深。

人在风景之上，风景裹挟风云。

仍然能大体辨出义渠建立都城建制的轮廓，遗址高台坐北朝南，背靠高山，三面临水，地形险要，易守难攻，在冷兵器时代，从军事斗争需要上它几乎无懈可击。

它开阔而雄浑，剖面上层为黄土，下层为青砂岩，坚固牢靠。占地面积将近十万平方米，可建房，可屯粮，可藏兵。平时休养生息，安居乐业；战时则可以不变应万变，静气在胸，临风迎雨，岿然不动。

最重要的是它下临马莲河、城北河、九龙川、水门沟四水交汇之处。这四条河水如今枯瘦了些许，当年它曾经丰腴、宽展。有水就有船，船是古代最重要的交通工具，义渠古国乘船可达广袤的关中。

人们常常爱用一个词夸赞某个地方好，得上苍之眷顾，有天地之便利，曰风水宝地。庙咀坪就是这样的一块风水宝地。

中国的传统文化中，有风水之说。狭义的风水是指坟墓、住宅的地形地势。宽泛的风水学是人类生存环境的科学。譬如地球南北两极有地磁场存在，人睡觉选择头北脚南，顺应了地磁力线，就容易睡得香甜；盖房子坐北朝南，照射的角度不同，冬季就阳光灿烂，夏日就少受烈日的骚扰。草木多了，河水就丰沛充盈；总栖身阴坡，就遍生癣苔。

陇东这地方，早在华夏民族开创之初，便是禹贡雍城的地域。中国的谷神后稷就在此教导人们种大豆、谷子、麦、麻等。当年，这里要风有风，要雨得雨，该冷则冷，该热则热，于农业的成长来说，是上好的风水。中国的农耕文明由此起步，自然有其充分的理由。古义渠民族是聪明的，他们优中选优，把都城安排在庙咀坪这块地方。按风水宝地的标准，这块地方安全、健康、宜于生存，便于发展。前面开阔、后有靠山，左有青龙、右有白虎，是"形"，亦是"势"。

义渠人顺"形"应"势"，打造庙咀坪，完成的一心一意，尽心尽情。所以，庙咀坪体现的不仅是地理环境的文化，也体现了历史发展的文化，更体现了人类生存意愿即吉祥的文化。所谓天时、地利、人和，庙咀坪全做到了。

庙咀坪因此不朽。

八

由庙咀坪出发，又是千年。依旧是这方山水，一路走来，它留下了一串深深浅浅的脚印。

一个扶苏墓，面向苍天，向这个世界发出悲怆的叩问。

秦始皇统一六国后，沿南北走向的子午岭修筑直道，即今"秦直道"遗址。当时担任这项大工程的将军为蒙恬，太子扶苏为监军。秦始皇巡守时死于途中。咸阳宫里，阴谋与野心相伴，罪恶和卑劣携手，赵高矫诏立二世胡亥为秦王，连下数道伪诏赐死太子扶苏。扶苏回京，途至宁县，遂自杀于宁县，葬于宁县。这也许不是一种巧合，秦与义渠曾长期征战，扶苏对这块土地不会陌生，他把躯体与灵魂安放在这里，是一种寄托；距京城不远不近，不即不离，这是一种何等缜密的心思。至今，寒风潇潇，细雨蒙蒙，留给人们无限的人生思考。

一条九龙川，逶迤绵延，寄予了人们对清明吏治的讴歌。

九龙川因唐人狄仁杰任宁州刺史时除恶龙治水患为民除害的动人传说而得名，一代明吏，不惧邪恶，以身作则，除弊兴利。它是实事，有狄仁杰的真实事迹做铺垫；又是传说，在一代又一代人的渲染和传颂中，表达着老百姓对清明政治最真诚的呼唤，对生活最美好的愿望。

一通牛公碑，昂然屹立，似挺直的脊梁，说明了做人做事应有的坚守。

这通碑，不仅文辞优美，笔法苍劲，且记述了陇西人牛知业收复宁州、修葺造城的事迹；它叙述的重点在于表彰了牛氏父子独立不羁正直不阿的志向，鞠躬尽瘁、匡扶社稷的劳苦，高尚的道德情操和卓越的军事才能。

一座政平唐塔，庄重严谨，反映了宁州人民的智慧与才华。

　　政平唐塔——凝寿寺塔位于庆阳市宁县政平乡政平村泾河北岸，地处马莲河、无日天沟河、泾河三河交汇处，该塔即是凝寿寺内之塔。这里历史悠久，唐代在此设过定平县，明代设政平驿，清代为镇。明代因遇山洪，淹没凝寿寺，仅存此塔至今。

政平唐塔自唐代修建以来，历代都曾修葺。塔基平面呈正方形，高五层、22.1米。塔室底径2.11米，呈梯形直通塔顶，第一层正南开券门，二、四层东西向开券门，三、五层南北对开券拱门，五层设天宫，上建宝顶。各层叠涩出檐，铺以简瓦，檐下每面建拱二朵，一斗三开，以普柏杉承檐。拱眼壁上雕刻牡丹、莲花、兰花等花卉图案，角施斗拱，宋代维修时将第三层改为双砖斗拱，便形成了上唐下宋的风格。

还有普照寺贞元铜钟，还有大代碑、梁公碑，还有湘乐砖塔等等。

这些各个时期的文化遗存，至少说明了，义渠戎国虽然不存在了，但它实实在在的文化基因，却以各种形式被保持了下来，并且，时不时还要顽强的表现出来。塔与庙，或者碑与墓，并不重要，关键是它发散出的文化精神。

国不在，土地在；

土地在，魂在；

魂在，对生活的追求在。

所谓岁月不朽，日月常新。

九

照金是一个如今热得烫手的地名。

照金，位于陕西省铜川市耀州区西北部。

照金革命根据地是中国共产党在西北地区建立的第一个山区革命根据地，在中国革命史上写下光辉的篇章。在照金革命根据地形成以前，刘志丹、谢子长、习仲勋等人坚持在宁县活动了四五年之久，开展兵运活动和武装斗争。

宁县东部子午岭山区就是他们活动的重要地区之一。

当革命活动顺利时，他们以宁县为立足点，乘胜向南、北扩展；当北上南下受阻时，他们又以宁县为落脚点，保存实力，相机发展。

刘志丹、谢子长、习仲勋等一批共产党人在宁县这块红色土地上，为建立西北红军和革命根据地做出了重大贡献。

没有宁县，刘志丹、谢子长、习仲勋等人的革命活动生涯，则不完整；同样，没有宁县，照金革命根据地，则缺乏脉络上的清晰与叙述上的断流。

我曾写过《北有照金》《照金的红色》等文章，目光扫描过宁县这块土地。山高沟深、官府的统治难以触及当然是这块土地敢于革命勇于斗争的天然优势。

但不甘贫穷、勇于争取新生活的愿望和诉求才是它顽强的不容忽视的文化元素。

1915 年，宁县东南区 5000 农民包围县城，提出"反对新税，归交农具"的口号，点燃了陇东农民革命斗争的烽火。

1925 年，出生于宁县太昌镇的青年王孝锡在家乡组织了"青年社"，在苦难深重的宁县大地上建立起了第一个进步组织。1927 年，又与任鼎昌等人秘密成立了甘肃第一个农村党组织——中共太昌支部，宣传革命真理，撒播革命火种。

以后，又有抗日战争，解放战争。宁县都以自己无可厚非的贡献与努力，显现了自己的真性情。

十

文化在延续。

宁县县城在一条大川里，马莲河穿城而过，两侧山塬沟峁，起伏翻卷，许多故事，就依附在这些自然形成的皱褶里。

距离我们下榻的宾馆不远，有一座辑宁楼，形制与面貌古色古香，它建于五代后梁龙德二年（922 年）。是当时的州衙门楼，清康熙年间又于之上建置谯楼，上置角鼓，以警晨昏。它是宁县县城标志性的人文景观之一。

辑宁楼——位于宁县县城中部，约建于五代后梁龙德二年
（922 年），为州衙门楼。辑宁楼曾屡遭兵燹，楼高 15 米，楼基为
东西长 15 米、南北宽 5 米、高 7 米的城堡式建筑，中间有一拱
门，上有二层五间砖木结构大楼，雕梁画栋，气势壮观。1993 年
经甘肃省人民政府批准为省级文物保护单位。

宁县也有许多现代化建筑，如雨后春笋，蓬蓬勃勃，颇有些剑
拔弩张之势；而辑宁楼沉稳、凝静、内敛。两种气质的结合，或者，
相互观照补充，也许就是宁县人如今的发展思考。

借助好山、好水，他们推出了以秦直道、政平古镇、绣花楼等
为代表的历史文化；以狄仁杰斩九龙、傅介子杀楼兰王等为代表的
传奇文化；以莲花池、宁江驿等为代表的自然生态文化；以王孝锡
纪念馆、革命烈士陵园为代表的红色文化。还有义渠文化研究院的
建立和义渠戎国文化园的宏大设计。

破茧成蝶，前提是需有生命的茧，再给它温度、阳光、风。宁

县的文化是茧，而如今宁县人做的是促进温度与阳光和风的保证工作。

变化在发生，变化在持续发生。翩翩起舞的彩蝶，就在我们的眼前。

站在高处，遥想义渠当年，依旧望得见山，山连着山，凡山皆有名；看得见水，水环绕着水，是水就有灵。

十一

悠悠岁月，不尽烽烟，由义渠而宁州，由宁州而宁县，地域管辖曾几度分分合合，打乱了又归整，归整了又打乱。

总归义渠来得响亮，意味深长。

义渠最早的解释来自于羌语，意思是四水之国。

我忽然心生感慨，先人们早已为我们谋划好了，四水之国表示国皆有水，水不仅仅是生存环境，它还是生命之源。

无论何时何地，水都代表一种强大、自信、坚忍、进取。

何必宁县，还是义渠。

扑朔迷离的义渠王与宣太后

董邦耀

随着电视剧《芈月传》的热播，义渠王和宣太后的爱恨情仇，牵动了许多人的心。观众也越来越关心义渠王的一切，甚至对是否存在义渠部落产生了兴趣。不久前，应邀参加《发现宁县·义渠国都》编撰座谈会，与来自甘肃宁县和西北大学等方面的历史专家进行座谈，受益匪浅。尽管电视剧中许多情节都是虚构出来的，但义渠王翟骊和宣太后却是真实的历史人物。义渠戎国不但与强秦抗衡了几百年，而且是融入华夏的少数民族之一。

神秘的义渠古国

早在商、周两代的千余年间，庆阳就居住着义渠民族。古义渠戎国之都，在今甘肃庆阳西南，即宁县。这里为古西戎之国，或称义渠之戎。商时有存，周初义渠君曾入朝周王。春秋战国时期，他们在这里建立了强大的郡国，与秦、魏抗衡，并参与中原纵横争夺之战，成为当时雄踞一方的少数民族强国。战国早、中期，义渠的势力还相当强盛，与强秦周旋近四百年，成为秦国的心腹之患。秦厉共公三十三年（前444），秦军挟攻灭大荔余威，"伐义渠，虏其王"；但虏其王却并未灭其国，因为史书又记十几年后，"义渠来伐，至渭南"。敢于主动伐秦，而且深入秦国的关中腹地，足见义渠实力颇强。后被秦灭掉，融入华夏族。

义渠民族可溯源于商代前，是西方羌戎民族的一个分支，原居宁夏固原草原和六盘山、陇山两侧。商代，他们同居住在陇东的狄族后裔鬼方相互为邻又相互攻击。后来又同由先周姬姓部落建立的豳国经常发生冲突，不断蚕食其领土。大约在公元前12世纪的商康丁年间，由于北方狄人南侵，周祖古公亶父率众离开豳地南迁岐山。戎狄两族乘机占领陇东大部分地区。文王末年，姜太公曾派使臣南宫适出使义渠。义渠戎王送马、鸡和犀牛给文王，文王又将这些东西献给纣王。由于义渠同周人相处关系比较和谐亲密，而鬼方（猃狁）同商周对立，所以每次战争后，鬼方失败逃走，远奔河套，而义渠趁机内迁。这样，义渠就逐渐占据了陇东大原地区（庆城、宁县、镇原等地）。这里土地肥沃，水草丰茂，畜牧业得到空前发展，义渠人口也大量增加，由游牧状态定居下来。他们在同当地周族后裔的杂居中，学会了农耕技术，并效仿周人建立城堡和村落，从而发展成为区别于其他羌戎的义渠族。

义渠在历史上出现得极早，商王武乙三十年（前1118），周文王的父亲季历就出兵讨伐过义渠，还俘虏了义渠君主；于是直到西周，义渠都臣服在周朝的王权之下。周穆王曾讨伐戎狄于大原，周宣王曾料民于大原。周王朝在多次镇压少数民族遭到激烈反抗后，遂改变策略，采取安抚政策，将五戎即义渠、郁郅、乌氏、朐衍、彭卢等安置于大原地。五戎中，唯义渠居大原中心地带，南临泾水。这里自然条件好，宜耕宜牧，义渠很快强大起来。

西周末年，犬戎叛周，兵临镐京城下，并杀幽王于骊山，周平王惧戎狄，慌忙迁都洛邑。义渠趁周室内乱，宣布脱离周王朝的统治，正式建立郡国，在今宁县庙咀坪建立了都城。从此，中国历史上有了义渠戎国的名称。义渠戎国建立不久，随即出兵并吞了彭卢、郁郅等其他西戎部落，扩大了疆域，并先后筑城数十座，派兵驻守。它的国界西至西海固草原，东达桥山，北控河套，南到泾水，面积约10万平方公里。在政局动乱的春秋战国时代，它直接参与了中原合纵与连横的政治、军事角逐，特别是先后同强秦经历了四百余年的反复军事较量，成为当时秦国称霸西戎的主要对手。直到秦昭襄王三十五年（前272），宣太后诱杀义渠王于甘泉宫，秦国随即出兵灭义渠，将义渠逐出黄河以南地区，在其地设置了陇西、北地、上郡三郡，并在边境开始修建长城。义渠戎国亡，领土并入秦国。

血气方刚的义渠王翟骊

历史上的这个少数民族部落首领翟骊是一个精明能干非常有政治头脑的人，在外是杀伐果断的义渠王，而在芈月面前则是一个温顺听话的翟骊。芈月为了秦国政权的稳定，与义渠王举行了少数民族婚礼仪式。芈月和义渠王的关系，有点类似于埃及艳后克丽奥佩托拉和恺撒的关系。在秦武王嬴荡死后，秦国陷于内战，义渠王拥重兵于秦国边境意欲趁火打劫。

而义渠王在进入秦国后，与秦宣太后生下两子，义渠王与芈月的结合，最开始并不是因为两情相悦，而是各取所需，芈月一直在利用翟骊来获得秦国政权的稳定，翟骊也是为了让西部少数民族获得口粮。不过最后翟骊爱上了芈月，而芈月为了国家，不得不牺牲翟骊。当然，也是随着秦国政权的稳定强大，秦王嬴稷渐渐不满意义渠王与秦宣太后在一起，欲杀义渠王手下大将。翟骊进宫救部下未遂，这才意识到原来自己一直被排除在外，矛盾爆发后，芈月无奈之下，选择了儿子与国家利益，于是设下埋伏，牺牲了义渠王。

也有说义渠王与芈月的关系，用现代意义词汇说就是"情人"，在古代特别是春秋战国时期，这叫面首。在春秋战国时期太后找面首是很正常的，一般国君儿子都是睁只眼闭只眼。但是义渠戎国比较特殊，是秦国相邻的比较有实力的草原游牧民族，是秦国的一大心腹之患。所以，宣太后和义渠王的特殊关系，从个人角度可以满足她生理和心理的需求；从政治的角度，可以安抚义渠戎国，减少秦国边患，让秦国集中精力向中原发展。

宣太后虽然刚开始对于翟骊有着利用之心，但后来在翟骊对她全面的信任和爱情之后，愧疚于自己对翟骊的欺骗，在面对嬴驷的利用和黄歇的敌对之下，她更觉得翟骊真情的难得。但是一山不能容二虎，为了儿子和大秦，她不得不牺牲翟骊。在翟骊死后芈月倍加伤心，她将对翟骊的爱寄托于两个爱子嬴荓和嬴悝身上进行补偿。

芈八子之子嬴稷在秦武王嬴荡死后继位，因为年纪较小所以由芈八子执政，就是秦宣太后。因秦武王死后义渠对秦国非常狂傲，芈八子担心义渠造反，所以就与义渠王私通了，长达三十年，还生了两个孩子。

就有人质疑芈月谋杀了义渠王。宣太后既以女主掌权，一是有朝内之臂膀，即外戚穰侯、华阳君等人的辅助。范雎说："穰侯专秦权，恶纳诸侯客"，甚至"闻秦之有太后、穰侯……，不闻其有王也。"于朝外，则应有义渠王的支援。故秦武王时还曾讨伐义渠，到秦昭襄王初立，义渠王即朝秦，并与宣太后通，且在宣太后掌权近四十年内双方相安无事，充分说明其与义渠的暧昧关系。作为宣太后牵制昭襄王的后盾，奈何轻易放弃，残暮之年杀之？这根本不合常理。

对于翟骊的谋杀，也有几说：

公元前306年，秦昭襄王立为国君，因年纪尚小，由其母宣太后摄政。她改变正面征讨义渠戎国的策略，采用怀柔、拉拢、腐蚀的政策，以堕戎王之志。她书请义渠王于甘泉宫，让其长期居住，并以优厚的生活款待他。后义渠王同宣太后淫乱，生有二子，使义渠王完全丧失了对秦国的警惕。

嬴稷慢慢长大，政权也慢慢的交到了嬴稷手中，嬴稷自然不能容忍这种行为，再加上义渠始终是隐患，所以就以芈八子为诱饵，设计伏杀了义渠王。

　　与其说是宣太后"诱杀义渠王于甘泉宫"，倒不如说是秦昭襄王所为更合理。秦昭襄王见到范雎时就说过："义渠之事急，寡人日自请太后。今义渠之事已，寡人乃得以身受命。"灭义渠，秦昭襄王即亲政，而且立即"废太后，逐穰侯"，独掌权柄。足见义渠对于宣太后一派的支柱作用，这恐怕才是秦昭襄王必杀之灭之的原因。

　　翟骊死后，秦国完成对义渠的兼并。不仅得到无数良马骑兵，而且从此东进西征再无后顾之忧。可芈月却因翟骊之死大受打击，卧床不起，水米不进。

　　庸芮、芈戎、魏冉、白起欲看望芈月，却被拦在殿外。公子芾和公子悝给芈月请安，芈月依旧闭门不见。香儿、惠儿、穆辛见状跪请芈月开门，芈月终于开门见人。芈月面容憔悴、白发垂肩，群臣见状心疼不已，嬴稷亦倍感自责。

　　义渠王的墓，后人有三说：义渠王陵在今甘肃；义渠王被杀，国被灭，草草掩埋了事，就像商鞅一样，没有墓；芈月将义渠王以君王礼葬在了骊山上。

雄才大略的宣太后

　　宣太后（？—前265年），芈（mǐ）姓，又称芈月公主、芈八子、秦宣太后。战国时期秦国王太后，秦惠文王之妾，秦昭襄王之母。秦昭襄王即位之初，宣太后以太后之位主政，执政期间，攻灭义渠戎国，一举灭亡了秦国的西部大患。死后葬于芷阳骊山。

　　虽然宣太后的出生年代并无确切记录，但从已有的记录来看，宣太后芈八子的老公也就是秦惠文王，生于公元前354年，死于前311年，享寿43岁。而宣太后的儿子秦昭襄王生于公元前325年。那么，就算宣太后生孩子时14岁的话，宣太后的出生日期应该在前330年左右。

　　宣太后本是楚国人，后成为秦惠文王的姬妾，称芈八子。前306

年，秦武王因举鼎而死。因秦武王无子，他的弟弟们争夺王位。赵武灵王派代郡郡相赵固将在燕国作为人质的公子稷送回秦国。在宣太后异父兄弟魏冉的帮助下，公子稷继位，即秦昭襄王。魏冉随后平定了王室内部争夺君位的动乱，诛杀惠文后及公子壮、公子雍，将悼武王后驱逐至魏国，肃清了与秦昭襄王不和的诸公子。因秦昭襄王年幼，由宣太后以太后之位主政，魏冉辅政。出身为楚国公主，儿时便聪慧绝顶，与黄歇有一段青梅竹马的爱情，命运捉弄下跟随姐姐芈姝作为陪嫁嫁入秦国，开始了新的人生。秦国后宫魏琰一家独大，芈月与姐姐芈姝联手平定后宫奸邪，期间秦王嬴驷倾慕于芈月，姐妹反目，秦王嬴驷驾崩后芈姝贬斥芈月至燕国，相遇义渠王翟骊并成为其王妃；最终芈月凭借其果敢与智慧在翟骊的相助下重回秦国辅佐儿子登基并以太后之尊临朝，平义渠定西部，芈月的一生都给秦朝的政治做出了杰出的贡献。

宣太后既然壮年守寡，后来又把持朝政，肯定就不会独守空闺。虽然作为太后她不可能正式下嫁于人，于是她就有了许多的情人。而头一位就是秦国外境戎狄之义渠王。当初惠文王在世时，义渠是归附服从了秦国的，但是秦昭襄王继位，年幼无知，前来朝贺的义渠王年轻力壮，性情桀骜不驯，对新秦王心生蔑视，分分钟都有可能重新反叛。

在这样的情形下，宣太后以一国太后身份向义渠王暗通款曲，使他成了自己的情夫，自然戾气大减，叛乱的心思也就少了。

其实说起来，宣太后见于史籍的第一位情人来头不小，而且宣太后与之情好，也是利国利民的一件大事。

戎狄所处位置，在秦国的长城外，乃是秦国举足轻重的大后方。正因为宣太后牺牲色相，笼络住了义渠王长达三十年之久，使得秦国能够毫无后顾之忧，腾出手来增强国势，并且在诸侯国间征战不休，屡有斩获。

三十年后，秦国已成为诸侯国间的老大，国势大强，已经不用畏惧戎狄的威胁了。于是宣太后选了一个黄道吉日，将情夫诱到甘泉宫去"度假"，然后就在温柔乡中突然发难，将义渠王杀掉，并立刻派兵灭掉了戎狄，将甘肃、宁夏一带原属义渠王的领地全部收入囊中。从此，秦国不再有西部边陲的后顾之忧，进而为宣太后的玄孙嬴政能够放手一搏，成为始皇帝奠定了重要基础。

义渠王与宣太后的儿子

史上有说芈月和义渠王在草原上，就按狄戎习俗结为夫妻，借用义渠王的力量，取得了大秦王位，并为义渠王生下两个儿子泾阳君嬴芾（音：拂）和高陵君嬴悝（音：亏）。

也有说宣太后和义渠王私通是从前 307 年开始，这一年，秦昭襄王 18 岁，宣太后 32 岁左右；宣太后杀掉义渠王是在前 272 年，这一年秦昭襄王 53 岁，宣太后 67 岁左右。宣太后死于前 265 年，这一年，她大约 74 岁。秦昭襄王死于前 251 年，享年 74 岁。

太史公司马迁也说，宣太后在与义渠王来往的三十年中，还为义渠王生下了两个儿子。但是这两个儿子后来如何却不见下文。若是被以宣太后为首的秦国杀死了的话，一定会见于史籍，以此进一步证明"秦乃虎狼之国"。而竟不见记载，可能这两个孩子早在父母来往的三十年间就已经夭折了，鉴于当时的医疗生活条件，这个可能性更大——而儿子死了，当然也是进一步促使宣太后对情夫痛下杀手的因素之一。

《史记·匈奴列传》记载："秦昭襄王时，义渠王与宣太后乱，有二子。"公元前 272 年"宣太后诱杀义渠王于甘泉宫"，据说，和义渠王一同死掉的还有他和宣太后生的两个儿子。

也有人说两个儿子居然都没能养成，自己也不可能再生育，以血缘怀柔的政策失败，她才终于向义渠王下了杀手。

还有人说芈月和义渠王只有一个孩子，叫嬴芾！

这些，大概都是猜想和传说。

总之，宣太后充分利用了她身为女性的一切优势，并把它们发挥得淋漓尽致，甚至达到了千军万马也达不到的目的。义渠王不幸，把这个娇滴滴的女人等同弱者，就只能有如此下场。

以爱之名，为义渠王作证

周晓粉

　　站在这片土地上，脚下是千层万层的黄土，眼前是密密麻麻的绿色植被和纵横交错的沟壑，脸，还不时被淅淅沥沥的雨点拍打着，远处马莲河上方的水汽氤氲成一片浓雾，让人隐隐约约看不清周围的景象，欲盖弥彰。有多少历史也是如此，被团团迷雾遮挡着，露不出本来的真相。而想要了解它，就只有走进它、唤醒它。这广袤深邃的黄土高原，庄重的记载了过往的繁华与苍凉，那些发生过的事情都被掩埋在这黄土中，一层黄土就是一段历史，一层黄土就是一个故事，随着岁月的更迭，便垒成了这座黄土高原。而义渠，就是一个被埋在黄土之底的民族，这个生于黄河上游的族群，在华夏文明中也曾熠熠生辉。

　　初识义渠，源于《芈月传》，北方的民族，总是威武豪迈、义薄云天。义渠君以高大、勇猛、有情有义的形象俘获了不少观众的心。剧中的义渠族逐水草而居，像大部分北方民族一样，过着彪悍的生活，大碗喝酒、大口吃肉，表面上粗狂、豪迈，但内心却藏着无限柔情。尤其是当义渠君见到芈月之时，貌美机智的芈月像一把蜜箭插在义渠君的心上，从此再也无法拔出。芈月的出现，让义渠君的情感世界变得丰富、细腻，就像是投入一潭静水中的石块，让他的内心泛起了层层涟漪，于是，在长生天的见证下，他们结为夫妻。对芈月的一见倾心也让他成为了她坚强的后盾。在芈月走向执掌秦国大权的路上，义渠君几次救芈月母子于危难之际，直至最后帮助嬴稷登上王位，芈月也成了中国历史上一位声名显赫的太后。站在王位上的嬴稷忌惮位高权重的义渠君，加上其与自己母后的私情让他觉得羞恼，于是便在朝中大臣的帮助下将义渠君诛杀。看到这里，人们都会为义渠君感到愤愤不平与可惜，曾经的苦战沙场，英勇杀敌换来了他人的权利与荣华，可同时也换来了自己生命的终结。

而这也只是艺术的戏说，并不能成为正史来审视。而正史中是这样记述这段历史的："公元前306年，秦昭襄王立为国君，强悍的义渠对秦国虎视眈眈，威胁着秦的政权。因秦昭襄王年纪尚小，由母亲宣太后摄政，她改变正面征讨义渠戎国的策略，采用怀柔、拉拢、腐蚀的政策，以堕戎王之志。她书请义渠王于甘泉宫，让其长期居住，并以优厚的生活款待他。后义渠王同宣太后淫乱，生有二子，使义渠王完全丧失了对秦国的警惕。34年后（前272年），宣太后杀义渠王于甘泉宫，接着发兵攻打义渠，义渠戎国亡，领土并入秦国。义渠戎国灭亡后，义渠族也融入汉民族，逐渐汉化，成为华夏民族的一部分。"不管是电视剧还是正史，有一点是可以肯定的，那就是宣太后与义渠王的确在一起过，并且义渠王都以死亡为结局。

可正史中所提到的只是一个大概，有很多地方让人捉摸不透，既然宣太后是想堕戎王之志而请其居于甘泉宫，为什么后来又与其淫乱并育有二子？也许是戎王意志坚定不为荣华所动，于是宣太后便委身于他，牺牲自己以拉拢戎王。可既然宣太后对其起了杀心，为何要等34年才动手？还有义渠王机智勇猛，难道就没有看出宣太后的不良用心？这一切，如今已经很难再考证。可是我们也许能够推断出来，宣太后与义渠王之间肯定是有情存在的，也许就正如电视剧中演得一样，义渠王与芈月互相爱慕，所以义渠王才"明知山有虎，偏向虎山行"，芈月也能与其生活34年，繁衍子嗣。在政治与权力的决斗中，他们以爱的名义互相保全，可最终他们的个人感情还是没能逃脱残酷的政治斗争。但从客观的角度来讲，义渠王的牺牲成全了秦国的强大，为秦国的统一奠定了基础，加快了民族融合的步伐。

渭水悠悠，记录着义渠逐水草而居的生活，莽原森森，野马奔腾而过，是义渠人狂野不羁的真性情。这个曾经骁勇善战的民族，凭借自己的实力雄霸一方，却又在强秦的怀柔政策中灭亡，这让人不由得想起孟子的一句"生于忧患，死于安乐"，义渠王，这个义渠民族核心权利的象征，最后却成为义渠的末代英雄。曾经的振臂一挥万声呐喊，曾经的策马扬鞭驰骋疆场，都成为过往的辉煌，还有那曾经的柔情和为芈月母子保驾护航，为自己挣得权位的同时又将自己和义渠的命运葬送。至此，义渠八百多年的历史便画上了句号，在历史的舞台上谢幕。这是结束，但又是开始，义渠族开始融入到秦人之中，成为中华民族民族融合中的重要组成部分。

历史就是相同故事的不断重复，芈月与义渠王的故事也不断的在历史上上演着，尤为相似的便是清朝孝庄文皇后与摄政王多尔衮的故事。皇太极驾崩后，多尔衮与皇长子豪格陷入了皇位之争，当时多尔衮由于立下赫赫战功而成为继位呼声最高的，最后在多方势力的权衡、角逐与妥协中，当时的庄妃之子福临被多尔衮拥立成帝（即顺治帝），福临由于年龄尚小，遂由多尔衮为摄政王辅政，待福临年长后归政。顺治二年，多尔衮就晋为皇叔父摄政王，权势煊赫。在他摄政期间，政治、军事、社会等方面都治理的井井有条，为后来顺治的亲政做好基础。但有一件事情却非常的扑朔迷离，即多尔衮与孝庄之间的情感问题，史学界流传着"太后下嫁"一说："多尔衮把持朝政多年，孝庄恐其野心蔓延，不能归政于顺治帝，便委身下嫁，以让顺治早日亲政。"顺治七年十一月，多尔衮薨于古北口外喀喇城，其政敌遂纷纷出来翻案，揭发他的大逆之罪，顺治帝即下令追夺多尔衮的一切封典，毁墓掘尸。

不管是义渠王，还是多尔衮，他们两个都多少让人有些扼腕叹息。他们都曾经勇驰沙场，战功累累，为了爱情，不惜放下对权利的追求，可最终却都成为政治斗争的牺牲品。自古英雄难过美人关，再英勇的男子汉，在面对爱情的时候都会生出无限的温柔，可也正是这份温柔有时候会将他们送上断头台。政治斗争是残酷的，容不得一丝仁慈之心，更容不得半点儿女情长，否则，就只能沦为牺牲品。纵观中国历史，在政权更迭的同时也不乏政治的钩心斗角，每当大权初建之时，朝堂上都要上演一次"飞鸟尽，良弓藏，狡兔死，走狗烹"的"大戏"，曾经为建立政权立下汗马功劳的权臣被定以"莫须有"的罪名，被皇帝们除之而后快，毫无往日情谊可言。这样说来，宋太祖赵匡胤算是智商与情商俱高的一位皇帝，只用一次宴会就"杯酒释兵权"，既保全功臣，又加强了自己的统治。

对义渠王、多尔衮个人来说，也许他们的遭遇是不幸的。但对历史发展的进程而言，却是有益的。中华民族在形成之初，并不是单一的民族，而是由多个民族组合在一起，慢慢的融合，兼容并蓄。直到今天，中华民族也不是一个单一的民族，而是一个由56个民族共同组成的大家庭。所以，包容是中华民族最大的特征，我们华夏子孙身上流淌的不仅仅是汉民族的血液，更有无数个曾经被中华文明吸引、融合的民族的血液。如果只停留在春秋时代来看秦灭义渠这件事情，或许对于义渠人及义渠族来讲是一件悲剧，但是如果放眼整个民族上下五千年的发展来看，秦灭义渠是一种进步的表现，是中华民族发展、壮大的表现。就像马莲河汇入泾河，泾河汇入渭河，渭河汇入黄河，而后都汇入大海中一样，义渠融进秦，秦融进汉，汉又成为中华民族重要组成部分，这是历史发展的必然，也为中华民族增添了异样的光辉。

脚下的黄土坚实而厚重，这是义渠人坚忍不拔、自强不息的生命力的写照；董志塬上的一马平川与土塬外的沟壑万千形成鲜明的对比，就像是义渠人粗狂豪爽和柔情蜜意两种性格的反差。马莲河的水缓缓地流着，带着曾经生活在此的义渠人一直融入华夏文明的摇篮——黄河，这河水里，有爱、有恨、有笑、有泪，也有许多不为人知的故事，或浪漫温馨，或肝肠寸断。虽然义渠王的命运以悲剧收场，但却掩盖不了他曾经不羁的豪情与浪漫的柔情，爱，成就了他，也毁灭了他。但是，至少我们可以以爱之名，为他作证，证明他并不是一个粗鲁、愚钝的莽夫，证明他并不是一个无能的人，而是一个曾经爱的轰轰烈烈的英雄，是中华民族灿烂历史长河中一颗璀璨的星辰。

高原上响起一阵清脆悦耳的铃声，义渠君牵着芈月的手笑着从远处走来……

走进义渠古国

伏　萍

晚秋时节，有幸与西北大学考古学家、历史学家及作家朋友一同前往甘肃宁县，亲密接触神秘而久远的方国——义渠古国。

冷雨萧瑟，应该是扫去生机无数。但甘肃东南部的宁县，却依然是红了树，黄了叶，绿了田，更替交错中，沃野平畴，雨露润泽，那些令人心醉的色泽，点缀着高原的山山岭岭，仿佛一幅狂野的写意画。而那些挖掘出来的文物古迹，又为这片神奇的土地涂抹上了谜一般的色彩。

时间刷新着历史，有的消亡，有的新生，有的颠覆，有的神秘而朦胧……宁县，一座寄托着安康与宁谧的城池下面，又曾经埋藏着怎样的惊天秘籍？历史的义渠，人文的义渠，文化的义渠，追随着专家学者的脚步，探索与发现，近距离接触它，"四面青山三面水，一城秀色半城坡"——今日之宁县，让我们一同探寻一个曾经辉煌却又消亡了数千年的义渠古国。

义渠戎国究竟在哪里

我曾经问身边的朋友，你听说过义渠戎国吗？朋友爽快地回答说："没有！"我又问，那你听说过《芈月传》吗？朋友回答："当然！那里面好像有个义渠王，很是受人尊重！"是啊，若不是《芈月传》的热播，除了专家学者，又有几人还知道在我们中华民族的土地上，曾经存活着这样一个古老而辉煌的民族——那个被后人称之为义渠戎的少数民族古国？

那么，义渠戎国究竟在哪里？循着历史的脉络及考古学家的足迹，义渠戎国已经呼之欲出，庄严而豪放地浮现在人们眼前。它确切的建都位置虽然没能一锤定音，但多已认可，今天的甘肃宁县就是古义渠之国。据《宁县志》记载："周平王东迁之后，义渠戎族在这一带建立义渠戎国，雄踞一方"，而在宁县庙咀坪出土的大量先秦时期的文物中，经专家多方考证，充分印证了义渠戎国的都城就在庙咀坪。

这里地处高台，北高南低，北靠太子冢，东邻城北河，西有马莲河，登高眺望，依山傍水，天然屏障，攻可防，退可守。曾是游牧民族的义渠戎人，多以骠骑射猎为主，人们称之为义渠"戎"。有人说，称"戎"是一种语言歧视，带有贬义性。其实，中国的汉字本就是用来区分事物的符号，过去，一个优越的定居文明对那些迁徙来的非主流群体叫"戎""狄""蛮""夷"，西戎、南蛮、北狄、东夷，虽然多少带有歧视，但也算是为我们透露了一些真实的信息，它们可归类于现在的少数民族。

走近这里，义渠古国都的痕迹无处不在。黄色的泥土下，暴露有住室、窑穴和灰坑，学术用语"文化层厚 1～3 米，属新石器时代仰韶文化、齐家文化，还有周、汉的遗存"，所有的推测，都是通过出土的彩陶、钵、盆等器皿及土质考证的。

据记载，古义渠戎国从商时就已经存在了。早在商、周两代的千余年间，他们就生活和居住在庆阳的宁县一带。春秋战国时期，他们在这里建立了强大的君国，并依托优越的自然条件，大力发展农牧业和手工业，经济实力不断壮大，便与相邻的秦、魏抗衡，参与中原纵横争夺战，是诸戎中战斗力较强的一支，成为当时的虎狼之师。直到公元前 272 年为强秦所灭，融入华夏族，他们在历史上共存续了八百余年。

也就是说，义渠戎国并非小说和电视剧杜撰的虚无古国，它实实在在地存在过。而如今，随着考古学家与历史学家的深入挖掘与研究，它似乎已经从远古的泥土中走出，大白于天下，并矗立在宁县的土地之上，借助风云之神力，为后人捎来他们未尽的声音。

出土的文物会说话

宁县文化灿烂，底蕴深厚，它地处泾河中上游，土地肥沃，依山环水，适宜人类居住，是中华民族的发祥地之一。

据统计，全县有文化遗迹近千处。立于皇天后土之巅，我们仿佛听到了远古人类交谈的声音。蒲河人群、马莲河人群、九龙川古村落……一个个曾经鲜活的生命，于日月星辰之中，似乎争先恐后要洗尽泥土尘埃，为我们佐证一段非凡而悠久的历史；新石器时代的仰韶文化、齐家文化遗址，又无不昭示着人类向文明迈进的步伐；秦长城、直道、烽燧更是宁县人民勤劳勇敢的见证。还有董庄的彩陶罐、西周的"中生父"铜鬲、北魏的石佛造像、唐狄梁公碑、凝寿寺塔等等，都在默默地告诉我们，远在20万年前，这里的人类是如何繁衍生息。而五六千年前，先民们已经开始从事种植、畜禽饲养、制陶生产。那些出土的陶器和炭化粟粒，让我们想象着曾经的繁荣与辉煌，记忆着人类的进化与存亡。

一方水土养一方人。古时的宁县，当然，那时叫宁州，可能以前的以前，叫豳州，还有可能叫其他什么名字，总之，宁县的名字是随着社会的发展和历史的变更而演变来的。这是一片神奇的沃土，四条河流交汇于此。所以，今人推测，古人称此地为"义渠"，肯定有中国象形文字的味道："义"，就像四条河流交汇的地方，"渠"，水所居也。可是，古物说话了，它们说，这个"义"字只是简化了的汉字而已，古时应该写作"義"，古代义渠族人以"義"为名，昭示着三层意思：一是身份，据说，他们是西北地区被叫作"羌"的游牧民族；二是宏图，以武求生存，获得公平；三是由"羌"变"義"，实现"他称"到"自称"的历史大变革，告诉世人，他们有了自己的方国。

有山有水有河流，自然美，生态美，在这片广阔无垠的高原地域，曾经有过戈壁、沙漠、草原、河流、森林、高山，游荡着许多游牧民族，他们像旋风般，周期性地涌动，生息于这片律动无常的风水宝地之上。

然而，这片土地总在发生着激烈的骚乱。因为食物？因为水源？因为生存？因为欲望？还是因为王权？许多庞大的部落永远都在流动。至于明天将流向何方？他们的双脚又会落在哪一块土地上去收割牧草和谷物？甚至，今夜，他们将在哪里燃起篝火，支起帐篷，都将是一个未知数，他们相信，马所能及的地方，就是他们生存的土壤。

于是，早期义渠族人在六盘山、陇山两侧逐水草而居，处于"少五谷，多禽畜，以射猎为事"的状态，原始的游牧生存方式，使他们对自然有着高度的依赖性。同其他戎族一样，义渠族人视天、地、水、火等为神灵，并心怀敬畏、祈求祭祀，一求人丁安，二求六畜旺，三求出师捷。后来，义渠族人东迁大原，在与周族后裔的杂居中，学会了农耕技术，并效仿周人建立城堡和村落，"筑城以卫君，造廓以守民"，养兵攻伐，直接参与中原合纵与连横的政治、军事角逐，并先后同强秦经历了四百余年的反复较量，其鼎盛时期，疆域东达陕北、北到河套、西到陇西、南到渭水，面积达到 20 万平方公里。

总之，每一次战争之后，都在改写着历史。三皇五帝夏商周，先秦两汉魏晋，唐宋元明清，直至今日……有人统计，人类历史以来，战争就没有停止过，没有大战争，也会有小战役。毕竟人类的历史就是一部战争与征服的历史。而古义渠族人在商代前是羌戎民族的一个分支，"逐水草而居"，游牧射猎，居无定所。之后强大，才有了国名、氏名。义渠戎国自西周末年建立郡国至秦昭襄王时被灭，共存史了八百余年。可想而知，他们应该是一个多么强悍的民族。他们的强悍，得益于他们崇尚的"战死为吉利，病终为不祥"的价值取向，上下同心，作战勇猛、宁死不屈，外加因地制宜，发展经济，稳固政权，政令畅通，善于学习，这些成为义渠戎国能够延续数百年的重要原因。

宁县的辑宁楼，是一座标志性建筑。它就像一位长者，庄严而肃穆地守护着宁县的北大门，也在讲述着那个久远年代的刀光剑影。而贞元铜钟，又成为宁县人们的福祉之音。残缺的大代碑，仍然不失为一件精美的艺术杰作——青石雕琢而成的石碑四周，刻有文字，讲述着北魏时豳州刺史为孝文帝立追献寺事迹的故事，追忆了孝文帝的英明睿智。同时，从这些碑文的官吏姓氏分析，进一步印证了此地在北朝时期是个胡汉杂居地，且以氐、羌部族为主。因此，该石碑的科考价值远远超出人们的想象。还有梁公碑，它是为宰相狄仁杰立的庙碑，碑文由宋代范仲淹撰写，对狄仁杰的功绩给予了极高的评价。那时，狄仁杰任宁州刺史，在任只一年，却功绩卓著，兴利除害，使百姓安居乐业，民风淳朴，百业俱兴，宁州人民感其

义渠及古豳文化旅游区——位于宁县县城庙咀坪，整个古豳文化旅游区纵贯县城南北线，是以历史文化、红色革命文化、自然生态文化为主要内容的国家3A级旅游景区。

德政，为其立生祠，碑曰"德政碑"。还有牛公碑，记述了后梁龙德二年，因梁王朝内乱，宁州被内寇攻陷，陇西人牛知业奉命率本军收复宁州，遂任宁州刺史。牛知业秉承父亲牛威的风范，独立不羁、正直不阿、鞠躬尽瘁、匡扶国家，有着高深的道德情操和军事才能。宁州人民感其功德卓著，随立此碑。当然，除了功德记事外，后人还从这碑文中，寻到了当时的郡县归属。而这些碑文，无不以自己沧桑的历史告知着未来……

是啊，若不是这些抵挡风吹日晒雨淋的碑文"说话"，恐怕那曾经过往的历史也会失去许多真实。宁县那些地上、地下的点点滴滴，将一个久远的历史呈现在世人面前，将历史的页面推向纵深，穿越时空，再现着远古人类的生活与图腾。

俗话说，内行看门道，外行看热闹。正是有那么多挚爱于自己事业的考古学家、历史学家孜孜不倦地探索与发掘，在孤寂中与历史对话，在坚守中让沉默的历史还原，才会让我们这些外行人能够穿越时空隧道，了解和看到一个全新的过往世界，让内心充满智慧。

宁县是一个文化气息浓厚的地方。这文化来自于祖祖辈辈的血脉传承与积淀。它们用这些积淀，创造出宁县绚丽多彩的民间文化：刺绣、剪纸、石雕、皮影制作、戏剧头帽制作和秧歌戏，成为认识历史、解读远古文化的脉络。宁县人崇尚文化，尊重历史，净心洁身，享受宁静自然与淡泊归真的生活。用侯昌明书记的话说，"历史是对过去的见证，文化是一个地方的灵魂，历史通过文化来展现，文化反映着历史的章节"，所以，他们喜欢追本溯源，探究与发掘历史，让未解之谜启迪心智，让历史照进现实。相信，随着义渠文化的研究和考古深入，义渠之谜终将清晰地浮现在世人面前。

我们行走于宁县的山梁与沟壑，亲吻着不因时代沧桑与人事变更而永远处之泰然的大自然，如同躺在母亲的怀抱，人们释然了许多。这游荡不定的山间空气中，有一种庄稼的香味儿和旷野的清馨。这味道是那样的亲切，和着秋日里阳光的味道，将大自然那山野的呼唤，一声声地嵌入到我们的血脉：国家统一，社会安定，经济繁荣，人民安居乐业，生态美，自然美，这才是我们骨子里呼唤着的最深沉的声音……

义渠古国探秘

田　冲

　　中国历史上有没有义渠戎国？义渠戎国到底在哪里？疆域有多大？都城何在？义渠人的生产生活文化形态到底怎样？那一群在草原上生活的义渠人的来龙去脉是什么？这些问题带给了我们许许多多的思考，也引起了我们极大的探索兴趣。

　　向西，向西，再向西！西部，曾是整个中华民族的骄傲与自豪，滔滔黄河，是中华民族的摇篮，有多少的民族与同胞，为一睹西部的神采与风华，不远千里，跋山涉水来体味它的荣光。西部，也曾经辉煌过，一条丝绸之路牵住了世界的目光，丝绸之路上的很多古城，曾是中国最有活力的城市。西部是一个令人神往的地方，西部是一个令人激动的名词。

　　向西，向西，再向西！在一个秋日的早晨，我们从西安出发，向西部挺进，来探寻义渠古国的历史，探寻义渠国都的所在，解开这个长久以来萦绕在心头的结。历史的记忆，历史的文化，历史的传统、习俗、文明，都是前人留给我们的有待开发的宝贵资源和财富。探寻那些远去的历史与文明，有助于我们更好地发展和进步！

　　经过四个小时的车程，我们来到了甘肃庆阳市宁县境内。宁县古称宁州，历史悠久，文化源远流长，境内周先祖公刘生息"北豳"古城、秦始皇巡游的"秦直道"、王昭君出塞时的"绣花楼"等遗址与子午岭秀丽的景致、九龙川火红的桃林、小河沟绵延的峡谷诸名胜相映生辉，闻名遐迩。更有沐浴于朝霞中的五代砖塔、碑林和烽燧城障，底蕴沉雄、风光旖旎，牵引着我们的脚步和目光。

　　宁县县城全景——宁县位于甘肃省东部，隶属庆阳市。东、南与陕西黄陵、长武相连，西临甘肃泾川，北与庆阳市合水、西峰接壤。辖18个乡镇、257个行政村、13个社区，总人口55万人。素有"人文古郡""革命摇篮""陇上门户"和"黄土绿洲"之称。

　　宁县是周族发祥之地，"周道之兴自始"（《史记·周本纪》）。《庆阳府志》记载："夏二十二年公刘迁豳"，在宁县城西庙咀坪筑公刘邑，建古豳国，壮大了农耕业，开疆辟域，经过十代四百余年的经营和发展，成为了西北最强大的部落方国。

　　然而，历史的演进是不以人的主观意志为转移的。在他之后，又有一支强大的部落在这里兴盛起来。在宁县境内县城附近的庙咀坪，考古专家们发现了大面积大范围义渠国都的遗址。庙咀坪前面临水，一条马莲河弯弯曲曲，从很远的地方流经这里，继续向前奔流而去。庙咀坪就坐落在一处地势相对高出几百米的依山傍水比较平坦的高原之上，这里山清水秀，有山有水，视野开阔，易守难攻，作为一个几千年前的华夏历史古国，在这里建都，自然是风水宝地，绝佳之选。

　　站在义渠国都的遗址上，昔日恢弘的国都早已不见踪影，地表之上有着很厚的黄土层，地下就是当年义渠戎国的国都，在一些裸露出来的地方，可以看到当年生活在这块土地上人们生活活动的踪迹，按专业的说法就是文化层，深达一米以上的文化层中以布纹瓦片为主的建筑残件密集，随着岁月的演变，沧海桑田，当年的建筑城池，或因战火，或因地震，或者其他自然灾害或者人为原因，早已不复存在，这里现在已被作为耕地，种上了各种果树和蔬菜，算是在正式发掘开发之前的一种保护。在这块土地上，随处可见断壁残垣，这些几百年几千年前的砖和瓦，见证着岁月的沧桑和昔日一个王朝的兴衰。

站在这里，举目远眺，青山巍巍，绿水如带，似乎还能听见当年战马的嘶鸣，也似乎看到了那远去的刀光剑影，忽然让人想起电视剧《三国演义》的片头曲，那歌声似乎就在耳旁回荡："滚滚长江东逝水，浪花淘尽英雄。是非成败转头空，青山依旧在，几度夕阳红。白发渔樵江渚上，惯看秋月春风。一壶浊酒喜相逢，古今多少事，都付笑谈中。"仔细地品味这首歌词，给人许许多多的感慨和遐想，似乎这首歌词就是为了这个千年前的义渠古都而写的，当年那些生活在这片土地上的生龙活虎的"英雄"们，不管是声名显赫位高权重的国王抑或贵族，也不管是战绩卓著的将军或武士们，或者是有倾国倾城、沉鱼落雁、闭月羞花之貌的美人们，也早已长眠在这片古老而安详的土地上，再也看不到见不到他们的飒爽英姿，再也无法瞻仰他们的威仪，只能在这片义渠古都的遗址上，凭吊当年的英魂，想象他们的音容笑貌。

此时此刻，站在庙咀坪这片义渠古国国都的遗址上，横亘在眼前的是一条川流而过的弯弯曲曲的马莲河。马莲河静静地流淌着，这条流淌了几千年甚至几万年的古老的河流，似一位老人在默默地诉说着这片土地的前世今生，诉说着这片土地上曾经演绎过的许许多多悲壮的故事和传说。

马莲河是甘肃庆阳境内最大的一条河流，古称湟涧，汉代称泥水，北魏后称马岭河。唐代因两大支流马岭水和白马水在庆城南汇合，故而将庆城以下的河段称马莲河。马莲河源头有二：一条发源于陕西定边县马鞍山，另一条发源于宁夏盐池县麻黄山。其向南流至宁县政平注入泾河，是泾河最大的支流。马莲河全长375公里。

而泾河又是渭河的一级支流，也是黄河第一大支流渭河的第一大支流。黄河是中华民族的母亲河，黄河流域是中华民族的主要发祥地，也就是说，马莲河流域也是中华民族的主要发祥地之一。在这里，众多部族交替上演着大气磅礴的历史话剧，演绎着他们的悲欢离合、喜怒哀乐。

据考证，义渠是春秋战国时期陇东和陕北高原上的一个相对比较发达强盛的大国。义渠戎，是远古时期游牧民族的一支，周文王末年建立国家。义渠建国不久，随即出兵兼并了周围其他西戎部落，扩大了疆域，并先后修建城池二十五座，派兵驻守。《后汉书·西羌传》："及平王之末，周遂陵弛，戎逼诸夏。自陇山以东，及乎伊洛，往往有戎。于是渭首有狄、獂、邽、冀之戎，泾北有义渠之戎，洛川有大荔之戎，渭南有骊戎，伊、洛间有杨拒、泉皋之戎。"这些众多的戎、狄族，在春秋时期，尚处于从原始社会向封建社会的过渡时期，文化落后于中原地区，常以游牧为生。

西周王朝建立后，从穆王到宣王，多次派兵攻伐义渠诸戎，时战时和，宣王三十九年至四十年，"王料民于大原"，采取安抚政策，将五戎安置于大原地（即今庆阳、固原地区），五戎之中唯义渠戎留居今董志塬中心及东南部泾水之北。这里地势平坦，土地肥沃，水沛草丰，宜耕宜牧，义渠戎和先周南迁后的遗民杂居，不断学习周遗民的农业生产技术，学习周族文化，在生活风俗上逐步与周族同化，发展成为区别于其他羌戎的义渠族。

西周末年，战败后逃往朔方的犬戎即猃狁背叛周王室，率兵南下，杀周幽王于骊山。周平王惧狄戎，乃迁都洛邑。在此之前，义渠戎趁周室内乱，宣布脱离周王朝的统治，正式建立方国。从此，中国历史上出现了义渠戎国的名称。义渠建国不久，随即出兵并吞了彭卢戎（在今镇原彭阳和庆阳彭原）、郁郅戎（在今庆阳、环县、合水）、朐衍戎（在今盐池）、乌氏戎（在今泾川、灵台），扩大了疆域。其国界西达西海固草原，东抵桥山，北控宁夏河套，南达泾水，面积约 10 万平方公里。义渠戎经多年休兵养士，兵强马壮，力量空前壮大。强大后的义渠戎国，当然不甘心岁岁朝贡，俯首称臣，他们也有统治天下称王称霸的雄心，加之他们擅长骑射，行动迅疾，作战能力也远比以农耕为主的西周强大，所以义渠戎国和强大的西周比起来，虽然在国力上、人口上、国土面积上，远远处于劣势，但在军事作战能力上，却常常不甘示弱，和西周时战时和，战败了则求和纳贡，战胜了则占领土地，掠夺粮食财物。

西周以后，建国于渭水流域的秦国也悄然崛起，长期和邻邦的戎、狄不断发生战争。秦穆公称霸西戎后，时刻想"问鼎中原"，但当时晋国的势力也很雄厚，像座大山一样阻挡着秦国东进的道路。于是，秦国就想先廓清自己西北的地域，便把进攻矛头转向义渠。公元前444年，秦伐义渠，"执其君以归"。义渠战败后，吸取教训，厉兵秣马，通过十四年时间的养精蓄锐，于公元前430年（秦襄公十三年），倾全力攻秦，从泾北直攻到渭南，不但收复了过去的失地，而且把疆域扩大到20万平方公里。它的地域东达陕北，北到河套，西至陇西，南达渭水。此后数十年内，是义渠戎国最强大的时期。公元前306年，秦昭襄王立为国君，昭王之母宣太后摄政。她改变正面征讨义渠戎国的策略，采用怀柔、拉拢的政策，以堕其志。义渠戎国大败后，也想与秦重修旧好，以休养生息，以图东山再起。义渠王就利用秦昭襄王刚即位的机会，亲自到秦国去朝拜。但义渠王一到咸阳，就被早已盘算好的宣太后久留于秦。到公元前272年，"宣太后诱杀义渠王于甘泉宫"。电视剧《芈月传》中，表现的就有这一段历史。接着秦发大兵一举灭了义渠，在该旧地设置北地、陇西、上郡。北地郡治在义渠县。义渠戎国从此不复存在。

义渠从商代武乙年间建部落方国算起，至秦昭襄王（前272）时共存史八百余年，其中在豳地建立奴隶制君国（前772—前272）就达五百年之久。古义渠戎国在灭亡之后，开始正式融入秦国的统治，成为中华民族大家庭中的一员。

　　义渠戎的历史长达八百多年，在中国历史上也算是一个存在时间较为悠久的古民族之一。与之比邻而居的强大的周朝（前1046—前256）是中国历史上继商朝之后的第三个也是最后一个世袭奴隶制王朝，周朝共传31代38个君王，共计791年。周朝分为"西周"（前1046—前771）与"东周"（前770—前256）两个时期，其后秦汉开始成为具有从中央到地方的统一政府的大一统国家。推算可知，义渠的历史，基本上和周朝相当，还稍长一点。仅仅其在豳地建立奴隶制君国（前772—前272）就达五百年之久，基本和东周的历史重叠。其疆域面积最大时达20万平方公里，相当于现在的一个陕西省，两个江苏省或者浙江省，或者三个宁夏回族自治区，或者相当于现在的一个英国，一个白俄罗斯，抑或两个多韩国、匈牙利或者葡萄牙。在中国古代，在秦朝没有完成中国统一之前，这么大的一个国家，也算是国土面积空前辽阔的大国强国。一个国家它能够存在那么长久，疆域面积还那么广阔，在数千年前人们从原始部落向奴隶制过渡的过程中，小国林立，冲突不断，各领风骚数十年，城头变幻大王旗，有的小国可能存在十几年几十年就不复存在，湮灭于历史的尘烟之中，在历史的长河中连名字和浪花也不曾留下，义渠戎国长期立于不败之地存在发展下来，可谓创造了一个历史的奇迹。

　　在政局动荡的春秋战国时代，义渠戎国顽强地挺立中国的西北，其奥秘何在？想必义渠人有一颗强大的内心，有自己的战争思想和战略思维，有自己独特的外交思想，有自己的安身立命之本。在当时，义渠人直接参与了中原合纵与连横的政治、军事角逐，特别是先后同强秦经历了四百余年的反复军事较量，时战时和，成为当时秦国称霸西戎的主要对手。合纵与连横，简称纵横，战国时期纵横家所宣扬并推行的外交和军事政策。苏秦曾经联合"天下之士合纵相聚于赵而欲攻秦"，他游说六国诸侯，要六国联合起来西向抗秦。秦在西方，六国土地南北相连，故称合纵。与合纵政策针锋相对的是连横。合纵与连横是当时一些国家之间的外交策略，各自根据自己的需要，通过外交手段，和一些国家联合，去共同对付另外一些国家，从而达到保全自己，稳定、生存甚至发展的目的。义渠人的聪明也在于此，他们也通过一系列的外交手段为自己的民族赢得了生存和发展的空间。义渠民族作为游牧民族，马背上的民族，骑射之术自然擅长，加之他们刚强勇猛，他们素有"以战死为吉利，病终为不祥"的精神信仰，所以对敌作战十分英勇，宁死不屈不降，这也是义渠戎国能坚持数百年的重要原因之一。在古代小国林立冲突不断武器落后的情况下，义渠民族的这种宁死不屈的精神，成为了他们生生不息绵延不绝的精神火种，为他们在艰难的环境中顽强地生存，提供了强大的精神支撑和动力。

义渠戎国尽管在公元前272年被秦国灭亡，但义渠人"以战死为吉利，病终为不祥"的精神没有泯灭，他们的血性，他们的民族性格，他们的坚贞不屈，他们在八百余年中形成并代代延续的民风、民俗、民族心理、民族精神，早已在血液里流淌和传递，作为一种基因，代代相传，绵延不息。可以想象，义渠人在亡国后这种民族精神也被带到了秦国，他们的这种精神，对于秦国的军队，也产生了一定的影响，唐代大诗人杜甫在长诗《兵车行》中说"况复秦兵耐苦战"，这种苦战精神何来？恐怕也是当年义渠人亡国后，义渠的军队被秦军收编继承下来的，也或者是这些义渠人的后人们参加秦国的军队代代相袭的。此后五十余年，秦国经过不断地战争，尤其是公元前230年至公元前221年，秦王嬴政陆续灭掉六国，建立起我国历史上第一个统一的中央集权国家秦朝，自称始皇，定都咸阳。秦王横扫六合，霸绝天下，于公元前221年完成国家统一，结束了长期以来诸侯割据称雄的局面，有利于人民的生活安定和社会生产的发展，符合当时各族人民的共同愿望，为后来统一的多民族国家的建立与发展奠定了基础。

无论如何，一个存续了八百多年历史的古国，其历史、其文化，其民俗、其民风，其精神、其生活，其能够长期存续的奥秘、其兴盛与衰败的过程和缘由，都是值得后人研究的。所谓知古以鉴今，对于我们今天在这片土地上建设和开发，也不无借鉴和参考意义。尤其是研究历史，对于我们开发旅游资源和考古研究，具有重大的价值和意义。

站在这片古老而宁静祥和的土地上，耳畔似有古老苍凉的歌声回荡，眼前有马莲河水滚滚流淌，看着它，像是回到了那个烽火连天的年代，《三国演义》片尾曲那苍凉而荡气回肠的歌声，似乎把我们带到了那个久远的历史年代。"暗淡了刀光剑影，远去了鼓角铮鸣，眼前飞扬着一个个鲜活的面容。湮没了黄尘古道，荒芜了烽火边城，岁月啊你带不走那一串串熟悉的姓名。兴亡谁人定啊，盛衰岂无凭啊。一页风云散啊，变换了时空。聚散皆是缘啊，离合总关情啊，担当生前事啊，何计身后评。长江有意化作泪，长江有情起歌声，历史的天空闪烁几颗星，人间一股英雄气在驰骋纵横！"那些义渠的子民们在草原上纵横驰骋、在马背上骑射猎杀的场面，似乎就在眼前，就在昨天。他们个个英勇善战，骁勇无比，在草原上谱写着一曲曲神话和不朽的传说，正如歌词里的"眼前飞扬着一个个鲜活的面容"，这些鲜活的面容最终消失在了历史的尘埃里。此时此刻，电视剧《三国演义》的片头曲和片尾曲，用在他们身上，我觉得也是非常贴切的。那一幕幕场景，一个个镜头，就像电影电视剧或者梦境一般，在心头飞过，在梦中掠过，在心灵深处飘过。我们感慨于岁月的无情，我们兴叹于时光的流逝。潮起潮落，花开花谢，岁月的长河里，浪花滚滚。义渠人用他们的方式，他们的睿智，他们的青春和热血，在祖国西部的广袤大地上，在八百多年的历史岁月里，书写下了属于自己的辉煌篇章。

遥想当年，义渠古国地域东达陕北，北到河套，西至陇西，南达渭水，旌旗猎猎，马叫人欢，也是万里起风云，一派繁荣景象。无边无际的草原，草原上的牧人和空阔苍凉的牧歌，一群群的牛羊和骏马，在这无边的草原上悠闲地徜徉，何等壮观，何等悠然！当然，这样的悠闲舒适的日子也不会天长地久，草原上物资的贫乏，生活的焦苦，外族的侵扰，使他们也要时时处处以戒备乃至战争状态，时时做好保卫家园的准备，才能保证他们的安居乐业。他们之所以形成"以战死为吉利，病终为不祥"的精神，就是长期处于备战或者战争状态的一种必然的选择和结果，没有这样的精神，没有这样的骁勇，一个相对而言并不十分强大的国家，能够在时局复杂错乱弱肉强食的时代，存在八百多年，简直是不可想象也是不可思议的。我们慨叹岁月无情，慨叹光阴易逝，慨叹这片土地上演绎的一桩桩一件件或悲壮惨烈或荡气回肠的故事，这样一个历史悠久的古国，在沧海桑田的历史演进中，灰飞烟灭于岁月的长河之中，留给我们无穷的想象和无尽的思考。义渠人的精神，义渠人的文化，义渠人的勤劳勇敢，已经世世代代传承给了他们的后人，在他们的子子孙孙的血液里流淌。不论是傅介子智斩楼兰王的故事，还是狄仁杰骑青牛斩九龙的神话传说，从中都不难看出当年义渠人的身影和精神风貌。他们的精神，他们的故事，他们的传说，在广袤的西部大地上，还在流传，还在演绎，还在发挥着影响。抚今追昔，感慨万千，一段历史，一个王朝，在岁月的长河里，曾经掀起了怎样的浪花，流向了何方？谜一样的故事，故事一样的谜，留给后人一剪或明或暗若即若离迷局一般的背影。

后　记

　　研究和探求义渠历史，是历史学家和文史工作者的历史责任。近年来，国内外学者对义渠历史的研究取得了许多重要成果，为进一步深入研究义渠历史打下了坚实的基础。但这些成果或侧重于某一方面，或只述一家之言，支离破碎，只言片语，缺乏系统的、全面的深入研究。我们在编写本书时，既充分汲取了多年来国内外专家学者的研究成果，又根据本编写团队各专家学者的专业研究方向和特长，分配研究任务，承担研究课题，这大大地提高了此书的编写质量和学术水准。

　　首先感谢各位专家学者、作家朋友的大力相助。直接参与此书编撰的人员多达二十余人，他们大多都是年过半百，来自各个不同领域的知名人士。为了确保写作质量，西北大学文化遗产学院赵丛苍教授两次参加编撰座谈会，两次来到宁县进行考察，体现了学者的严谨作风。先秦史研究专家李西堂，在独自完成义渠民族经济、习俗两大部分内容的基础上，又不辞辛苦参与了军事及其他篇章的写作和修改工作。国家一级作家、西安文史馆馆员朱文杰，著名诗人、作家、陕西省艺术研究馆研究员刘新中两位老先生，虽然都年近七旬，仍保持着旺盛的创作热情。特别是朱文杰，由于腿部受伤上山时极为吃力，但在采风过程中却不放过一个地方，写出了近万字的散文《追梦义渠》。还有西北大学研究员吕锋和独立文化学者张培合，都是离开宁县多年的游子，闻知要编撰《发现宁县·义渠国都》这部书，不但前后奔走联系作者与出版单位，并写出饱含深情的作品，为这本书增添了生动鲜活的内容。

此书的编写工作，始终得到了宁县县委、县政府的大力支持，得到了宁县文化广播影视局的积极协调与配合，在此表示衷心的感谢！

三是感谢西北大学出版社的大力帮助。从社长、总编辑到责任编辑，都给予大力支持和帮助，在编审、版式、校对等方面，严格把关、精益求精，不放过任何微小的细节，在较短的时间内完成编辑出版工作。

在本书即将付梓之前，让我们对社会各界人士的大力支持和帮助，再次表示衷心的感谢。坚持古为今用、推陈出新，有鉴别地加以对待，有扬弃地予以继承，为弘扬中华民族优秀传统文化做出更大的贡献。

编者

2017 年 6 月

本书学术顾问及编撰人员

顾问

张岂之：著名历史学家、思想史家、教育家。长期从事中国思想史、哲学史、文化素质教育研究，"国学终身成就奖"获得者。现任西北大学名誉校长、西北大学中国思想文化研究所所长，中央马克思主义理论研究和建设工程首席专家，西北大学和清华大学教授、博士生导师，《华夏文化》季刊主编，教育部哲学社会科学委员会副主任、教育部文化素质教育指导委员会顾问，中华炎黄文化研究会副会长等职务。

石兴邦：著名考古学家，陕西省考古研究院研究员。历任陕西省社会科学院副院长、省考古研究所所长，以及中国考古学会理事、陕西省考古学会副会长等职。

孙皓辉：先后在西北政法大学、西北大学法律系任教，获国务院首批特殊津贴的专家。《大秦帝国》的作者，其中第一部《黑色裂变》入选中宣部第十届"五个一工程奖"。

主编

黄留珠：西北大学历史学院教授、博士生导师。曾任中国史学会理事、中国秦汉史研究会副会长、陕西省历史学会会长等学术职务。代表作：《秦汉仕进制度》《中国古代选官制度述略》《刘秀传》等。

副主编

李战民：资深媒体人、高级策划师、乡村旅游研究专家、《秦尚汇》《方圆管理》杂志总编。

作者

赵丛苍：西北大学文化遗产学院教授、博士生导师。

彭建英：西北大学历史学院副教授、史学博士。

李西堂：西安陆军学院理论教研室副教授。

薛方昱：甘肃省地方史志办公室原副编审。

于祖培：地方历史文化研究者。

朱文杰：国家一级作家、西安文史馆馆员。

刘新中：著名诗人、作家、陕西省艺术馆研究员。

高全成：西安财经学院教授、陕西省民建经济委员会副主任。

吕　锋：西北大学研究员。

刘　政：中国散文学会会员、冰心散文奖获得者。

张培合：独立文化学者、陕西省社会科学院研究员。

周养俊：中国散文诗学会理事、陕西省作家协会理事。

解维汉：西安晚报高级编辑、著名楹联作家。

董邦耀：陕西省文学创作研究会顾问、陕西省交通作协副主席。

陈嘉瑞：陕西赋学学会副会长、陕西省散文学会理事。

伏　萍：陕西省职工作协散文学会副秘书长。

田　冲：青年作家、《西安商报》副总编。

周晓粉：青年作家、《秦尚汇》杂志编辑。

朱　红：西北大学研究生。

王　梦：西北大学研究生。

石　科：西北大学研究生。